Aprendizaje automático

Una guía para el aprendizaje automático, las redes neuronales y el aprendizaje profundo para principiantes que desean entender las aplicaciones y la inteligencia artificial

© **Derechos de autor 2019**

Todos los derechos reservados. Este libro no puede ser reproducido de ninguna forma sin el permiso escrito del autor. Críticos pueden mencionar pasajes breves durante las revisiones.

Descargo: Esta publicación no puede ser reproducida ni transmitida de ninguna manera por ningún medio, mecánico o electrónico, incluyendo fotocopiado o grabación, o por cualquier sistema de almacenamiento o recuperación, o compartido por correo electrónico sin el permiso escrito del editor.

Aunque se han realizado todos los intentos por verificar la información proporcionada en esta publicación, ni el autor ni el editor asumen responsabilidades por errores, omisiones o interpretaciones contrarias con respecto al tema tratado aquí.

Este libro es solo para fines de entretenimiento. Las opiniones expresadas son solo del autor y no deben tomarse como instrucciones de expertos. El lector es responsable de sus propias acciones.

La adherencia a todas las leyes y normativas aplicables, incluidas las leyes internacionales, federales, estatales y locales que rigen las licencias profesionales, las prácticas comerciales, la publicidad y todos los demás aspectos de la actividad comercial en EE. UU., Canadá, Reino Unido o cualquier otra jurisdicción es responsabilidad exclusiva del comprador o lector

Ni el autor ni el editor asumen responsabilidad alguna en nombre del comprador o lector de estos materiales. Cualquier parecido con cualquier individuo u organización es pura coincidencia.

Tabla de contenidos

PRIMERA PARTE: APRENDIZAJE AUTOMÁTICO 1

EL APRENDIZAJE AUTOMÁTICO PARA PRINCIPIANTES QUE DESEAN COMPRENDER APLICACIONES, INTELIGENCIA ARTIFICIAL, MINERÍA DE DATOS, BIG DATA Y MÁS 1

INTRODUCCIÓN 2

CAPÍTULO 1- ¿QUÉ ES EL APRENDIZAJE AUTOMÁTICO? 4

CAPÍTULO 2- ¿CUÁL ES EL OBJETIVO DEL APRENDIZAJE AUTOMÁTICO? 7

CAPÍTULO 3 - UN MUNDO SIN ACTUALIZACIONES 9

CAPÍTULO 4 - HISTORIA DEL APRENDIZAJE AUTOMÁTICO 11

CAPÍTULO 5 - REDES NEURONALES 17

CAPÍTULO 6 - COINCIDENCIA CON EL CEREBRO HUMANO 20

CAPÍTULO 7 - INTELIGENCIA ARTIFICIAL 22

CAPÍTULO 8 - LA IA EN LA LITERATURA 29

CAPÍTULO 9 - ROBOTS QUE HABLAN Y CAMINAN 31

CAPÍTULO 10 - AUTOMÓVILES DE AUTO CONDUCCIÓN 35

CAPÍTULO 11 - ASISTENTES PERSONALES ACTIVADOS POR VOZ 40

CAPÍTULO 12 - MINERÍA DE DATOS 42

CAPÍTULO 13 - REDES SOCIALES 46

CAPÍTULO 14 – BIG DATA 51

CAPÍTULO 15 - PERFILES OCULTOS 54

CAPÍTULO 16 - WINDOWS 10 58

CAPÍTULO 17 – BIOMETRÍA 62

CAPÍTULO 18 - MÁQUINAS AUTO-REPLICADORAS 65

CONCLUSIÓN 70

GLOSARIO 73

FUENTES DE REFERENCIA 79

SEGUNDA PARTE: LAS REDES NEURONALES 83

UNA GUÍA ESENCIAL PARA PRINCIPIANTES DE LAS REDES NEURONALES ARTIFICIALES Y SU PAPEL EN EL APRENDIZAJE AUTOMÁTICO Y LA INTELIGENCIA ARTIFICIAL 83

INTRODUCCIÓN 84

CAPÍTULO 1 - ANTECEDENTES 86

CAPÍTULO 2 - PROGRAMANDO UNA COMPUTADORA MÁS INTELIGENTE 89

CAPÍTULO 3 - COMPOSICIÓN 92

CAPÍTULO 4 - DANDO PIERNAS A LAS REDES NEURONALES CON LAS QUE PARARSE 97

CAPÍTULO 5 - EL MAGNÍFICO WETWARE 100

CAPÍTULO 6 - ASISTENTES PERSONALES 113

CAPÍTULO 7 - RASTREO DE USUARIOS EN EL MUNDO REAL 116

CAPÍTULO 8 - REDES NEURONALES AUTO CONTROLADAS 121

CAPÍTULO 9 - TOMANDO EL TRABAJO DE LOS DEMÁS 126

CAPÍTULO 10 - EL SALTO CUÁNTICO EN LA INFORMÁTICA 130

CAPÍTULO 11 - ATAQUES A LAS REDES NEURONALES 133

CAPÍTULO 12 - GUERRA DE REDES NEURONALES 137

CAPÍTULO 13 – EL FANTASMA EN LA MÁQUINA 143

CAPÍTULO 14 - SIN REACCIÓN 150

CAPÍTULO 15 - FORMACIÓN ACADÉMICA 155

CAPÍTULO 16 - COMPAÑEROS PERSONALES 179

CAPÍTULO 17 - LA DOMINACIÓN CHINA 186

CONCLUSIÓN 192

GLOSARIO 194

TERCERA PARTE: APRENDIZAJE PROFUNDO 200

PARA PRINCIPIANTES QUE DESEAN COMPRENDER CÓMO FUNCIONAN LAS REDES NEURONALES PROFUNDAS Y CÓMO SE RELACIONAN CON EL APRENDIZAJE AUTOMÁTICO Y LA INTELIGENCIA ARTIFICIAL 200

INTRODUCCIÓN 201

CAPÍTULO 1 - MEJORANDO EL MÉTODO CIENTÍFICO. 203

CAPÍTULO 2 - CÓMO EMPEZÓ TODO 208

CAPÍTULO 3 - APACIGUANDO A LOS ESPÍRITUS REBELDES 212

CAPÍTULO 4 - ENFOQUE CUÁNTICO A LA CIENCIA 217

CAPÍTULO 5 - LA CRISIS DE LA REPLICACIÓN 222

CAPÍTULO 6 - EVOLUCIONANDO EL CEREBRO DE LA MÁQUINA. ... 228

CAPÍTULO 7 - EL FUTURO DEL APRENDIZAJE PROFUNDO 261

CAPÍTULO 8 - MEDICINA CON LA AYUDA DE UN GENIO DIGITAL 276

CONCLUSIÓN 299

GLOSARIO 301

Primera Parte: Aprendizaje Automático

El Aprendizaje Automático para principiantes que desean comprender aplicaciones, Inteligencia Artificial, Minería de Datos, Big Data y más

Introducción

Sentado cómodamente sobre el grueso cojín, Mark Zuckerberg tomó un sorbo de agua y respondió con calma: "Senador, tendré que responderle a esa pregunta". Era marzo de 2018, estaba en el centro de la audiencia de Cambridge Analytica y sus 44 interlocutores del congreso (su edad promedio era 62) luchaban para comprender cómo funciona Facebook. En lo que respecta a Mark, no solo esquivó una bala, sino que esquivó un meteorito que amenazaba con volar el esquema de recolección de datos más insidioso de la década. Nadie entendió el verdadero significado del escándalo de Cambridge Analytica, ni el congreso, ni el público en general ni los expertos de los medios, y Mark no estaba dispuesto a contarlo. Cambridge Analytica, una compañía externa, obtuvo una enorme cantidad de datos personales de usuarios confiados de Facebook que luego ingresaron a una máquina para intentar predecir el comportamiento electoral de esas personas. En resumen, se trataba del *aprendizaje automático*.

Este libro explicará los conceptos, los métodos y la historia detrás del aprendizaje automático, incluida la forma en que nuestras computadoras se hicieron mucho más poderosas, pero infinitamente más estúpidas que nunca y por qué todas las empresas de tecnología y su abuela quieren seguirnos las 24 horas del día, los 7 días de la semana. desviando los puntos de datos de nuestros dispositivos electrónicos para que sean aplastados por sus programas que luego se convertirán en bolas de cristal virtuales, prediciendo nuestros pensamientos antes de que incluso los tengamos. La mayoría se lee como ciencia ficción porque, en cierto sentido, *es* mucho más allá de lo que una persona promedio estaría dispuesta a creer que está sucediendo.

Hay un montón de jerga matemática y programación en el aprendizaje automático, pero al ver que esta es una lectura destinada a los principiantes, se ha reducido todo lo posible y se ha puesto al final de este libro mientras se mantienen los conceptos intactos. No es necesaria ninguna experiencia o educación en particular para entender este libro, pero si el lector la tiene, espero que esta guía sea una lectura perspicaz y agradable.

Capítulo 1- ¿Qué es el aprendizaje automático?

La definición real del aprendizaje automático es "hacer que una computadora haga una tarea y darle una experiencia que haga que la computadora haga mejor la tarea". Es como si le enseñáramos a la máquina a jugar un videojuego y dejar que suba de nivel por sí sola. La idea es evitar cambiar manualmente el código en el programa, sino hacerlo de tal manera que pueda construirse por sí mismo, adaptarse a las entradas de los usuarios en tiempo real y simplemente tener un control humano de confianza de vez en cuando. Si las cosas van mal, apáguelo todo, vea dónde surgió el problema y reinicie el proyecto actualizado.

Puede haber un ser humano involucrado desde el principio si el aprendizaje automático implica un *aprendizaje supervisado*, en el que una persona ayuda al programa a reconocer patrones y sacar conclusiones sobre cómo se relacionan; de lo contrario, se trata de un *aprendizaje no supervisado*, en el que se deja que el programa encuentre significado en una masa de datos de la que se alimenta. Los filtros de spam de correo electrónico son un gran ejemplo de aprendizaje supervisado, donde usted hace clic en el botón "Spam" y la máquina aprenderá de él, buscando similitudes en los correos electrónicos entrantes para lidiar con el spam antes que nosotros. Un ejemplo de aprendizaje automático no supervisado sería un programa de análisis de tendencias que examina el mercado de valores tratando de averiguar por qué se movió una acción determinada y cuándo se moverá de nuevo. Cualquier ser humano no sabría por qué sucedieron las tendencias, así que la respuesta de la máquina es tan buena como cualquier otra. Si sus predicciones generan una fortuna, mantenemos el programa en marcha.

Existen diferentes subtipos de aprendizaje automático, cada uno de los cuales puede ser utilizado como supervisado o no supervisado con diferente eficiencia:

- **Clasificación:** la máquina tiene que proporcionar un modelo que etiqueta los datos entrantes basándose en lo que se etiquetó como datos anteriores (los filtros de spam clasifican los correos electrónicos como "spam" o "no spam").

- **El análisis de regresión:** es una forma de recopilar datos estadísticos y producir una predicción de tendencias futuras basada en la forma en que las variables se relacionan entre sí.

- **La estimación** de la densidad: muestra la probabilidad subyacente para cualquier distribución dada (como el ejemplo de Bob y Fred que se menciona a continuación).

- **La reducción de dimensiones:** es una forma de simplificar las entradas y encontrar propiedades comunes (por ejemplo, un algoritmo de clasificación de libros que intentaría clasificar los libros en géneros basados en palabras clave en los títulos).

- **El agrupamiento:** tiene los datos de los grupos de programas y etiqueta los grupos por sí solo.

- **Aprender a aprender** (también conocido como meta-aprendizaje): da un conjunto de modelos de aprendizaje de máquina previamente probados a un programa, y le permite elegir el más adecuado y mejorarlo.

El aprendizaje automático es una ciencia iterativa gracias a la capacidad de cualquier ordenador para ejecutar un programa miles de veces en un solo día, cambiando ligeramente con cada nueva pasada hasta que el resultado es mensurablemente mejor. Si eso suena como la evolución de los seres vivos, es porque eso es exactamente lo que es. En teoría, un programa que se enseña a auto aprender y que luego se deja solo se volverá exponencialmente más inteligente, superando rápidamente la inteligencia animal y humana. Es en este punto cuando nos encontramos cayendo en la madriguera del conejo: ¿Tenemos el derecho de editar o matar un programa así? ¿Tiene derechos humanos y libre albedrío o está vinculado a la voluntad de su creador? ¿Puede sentir dolor? ¿Intentaría usurpar nuestro lugar? ¿Se volverá *consciente*?

Capítulo 2- ¿Cuál es el objetivo del aprendizaje automático?

Es algo típicamente humano probar algo nuevo y salir lastimado en todo tipo de formas hilarantes, como tocar una estufa caliente. Hacemos estas cosas porque, en última instancia, nos mueve la curiosidad: la necesidad inquebrantable de saber, sentir y experimentar. Queremos *saber* qué pasará cuando toquemos la estufa caliente y el dolor que *sentimos* nos hizo tirar de la mano hacia atrás, *enseñándonos* algo sobre cómo funciona el mundo. La quemadura menor eventualmente se desvanecerá, pero la experiencia permanecerá, como en un videojuego. Mientras tanto, será mejor que se ponga una pomada.

Gracias a su cuerpo y a la forma en que usted se retroalimenta, su cerebro experimentará un entorno en constante cambio que le hará adaptarse y aprender nuevas habilidades, como cocinar, esquiar y pasear con confianza a un perro, impulsado por la misma curiosidad que le hizo tocar una estufa caliente. Más tarde, usted podría incluso conectar los puntos y descubrir que el sol, una vela y una antorcha se queman de la misma manera basándose simplemente en que hemos tocado una estufa caliente. Estas habilidades de curiosidad, corrección de errores y comprensión de conceptos abstractos parecen estar arraigadas en la biología de todos los seres vivos, y es lo que llevó a nuestra civilización a esta etapa. ¿Pero se podría hacer que una computadora aprendiera las mismas habilidades?

Intentar responder a esta simple pregunta es lo que ha estado impulsando a los programadores y científicos durante varias décadas a crear mejores teléfonos inteligentes, cámaras más resistentes y aviones no tripulados más ligeros. No importa dónde estemos, estos tres dispositivos nos rodean de alguna forma: un asistente personal que podemos llevar en el bolsillo, un potente dispositivo de grabación que se encuentra en la palma de la mano y una máquina programable que funciona por sí sola pero que también puede ser controlada de forma remota. Poco a poco, fuimos dando a nuestras estúpidas máquinas la capacidad de pensar, ver y movernos, ocupándonos de las tareas más mundanas que realizamos. Pero ahora también están empezando a ser más *inteligentes*.

Capítulo 3 - Un mundo sin actualizaciones

Como muchos usuarios orgullosos de Windows 10 pueden confirmar, vivimos en un mundo de actualizaciones constantes que cambian la vida. Nuestro software está ahora "Evergreen" - siempre descargándose, instalándose y refrescándose entre bastidores. Una vez que un sistema operativo se vuelve Evergreen, los programas que trabajan en él deben seguirlo para evitar problemas de compatibilidad, así que ahora su Chrome y Firefox también empiezan a desperdiciar nuestro tiempo, ancho de banda y espacio en disco mediante la actualización constante. Ya nada funciona, pero lo hará en cuanto se complete la actualización.

El software que usted usa está hecho a través de *programación estática*, donde un equipo de tipos inteligentes se encierra en una habitación y martillan líneas de código, las empaquetan en archivos y organizan todo en un paquete ordenado. Esta es la forma de programación de la vieja escuela y se está estirando hasta sus límites absolutos. La mayor amenaza son los hackers, que pueden encontrar instantáneamente fallos en el código y explotarlos para robar datos privados: números de tarjetas de crédito, información de acceso y contenido de los mensajes. ¿Cuál es la mejor manera de frustrar a los hackers? Por supuesto, con aún más actualizaciones que no necesariamente traen nuevas características, sino que están pensadas para mantener el código fluyendo, convirtiendo a los usuarios en probadores no remunerados de características de mala calidad.

Otros villanos solo quieren ver cómo gira el spinner, por lo que crean virus que se inyectan en los archivos para causar estragos. Ese es otro problema con la programación estática - cambiar solo un poco el código de la computadora arruina todo y el programa podría fallar catastróficamente, como si un humano se levantara de la cama con el pie equivocado y la casa se derrumbará instantáneamente. Si usted ahora imagina una pieza de software que tiene que tratar con millones de usuarios en todo el mundo y miles de variables cambiantes (como Windows 10), la programación estática significa que pronto necesitaremos un ejército de programadores que arreglen los errores y ajusten constantemente las instrucciones para conseguir un ordenador que funcione de forma fiable.

A menos que el producto o servicio mundial sea un éxito rotundo o que tengamos millones de dólares para hacer frente a sus problemas de crecimiento, nunca generará ganancias. Pero, ¿qué pasaría si usted pudiera darle a una computadora curiosidad, corrección de errores y comprensión de conceptos abstractos para hacerla "más inteligente" y dejarla funcionar por sí misma? ¿Sería posible obtener una pieza de software que requiriera un mínimo de programación y mantenimiento y que, sin embargo, se amortizara con creces? Esta es la pregunta del cuatrillón de dólares y en lo que han estado trabajando todas las compañías de tecnología durante décadas. Esta es la razón por la que el aprendizaje automático se está convirtiendo en algo tan importante.

Capítulo 4 - Historia del aprendizaje automático

Hay una rica historia de seres humanos tratando de hacer máquinas que pueden pensar por sí mismas o, al menos, proponer deslumbrantes demostraciones de un pensamiento similar al humano. El Turco Mecánico, fabricado por Wolfgang von Kempelen en 1770 y destruido en un incendio en 1840, es probablemente el ejemplo más famoso. Estaba compuesto por un maniquí sentado en un armario de 4x3x2 pies y una mesa de ajedrez en la parte superior, con toda la pantalla como un todo sólido (el maniquí no podía separarse de la mesa) que podía rodar sobre ruedas. La puerta del gabinete se podía abrir, mostrando una gran masa de engranajes y cableado en todos los sentidos, y el inventor siempre permitía a los espectadores ver el interior de la máquina antes de un partido de ajedrez a distancia, brillando desde atrás con una vela para convencerlos de que no había nadie dentro.

El turco se presentaba primero en un palacio austriaco, derrotando agresivamente a todos los contrincantes y, más tarde, recorriendo ciudades europeas con gran asombro. Su inventor no apreciaba la atención que recibía y lo exhibía a regañadientes, alegando que era uno de sus inventos menores. El turco siempre jugó piezas blancas, pero fue un ajedrecista bastante fuerte, logrando impresionar a Benjamín Franklin y derrotando a Napoleón Bonaparte. La leyenda dice que Napoleón intentó hacer trampa haciendo un movimiento ilegal, y que el turco castigaría devolviendo la pieza donde empezó y haciendo su propio movimiento. Napoleón siguió repitiendo el mismo movimiento ilegal hasta que el turco sacó todas las piezas del tablero, momento en el que Napoleón jugó un partido regular, perdiendo en 19 movimientos. Otra historia cuenta que Napoleón ató una bufanda alrededor de la cabeza del maniquí para impedirle ver, pero no obstante lo derrotó.

El turco pasaría a ser de varios dueños, viajaría por el Reino Unido y ofrecería a sus oponentes un hándicap (el turco jugaba con un peón menos). También iría a los Estados Unidos, donde Edgar Allan Poe escribió un largo informe sobre eso[1] y sus secretos: "Es bastante seguro que las operaciones del autómata están reguladas por la mente, y nada más. En efecto, esta materia es susceptible de una demostración matemática, a priori. La única cuestión entonces es la manera en que el albedrío humano es ejercido". También añadió: "El autómata no siempre gana el juego. Si la máquina fuera una máquina pura, no sería el caso, siempre ganaría. El principio que se está descubriendo por el cual se puede hacer que una máquina juegue una partida de ajedrez, una extensión del mismo principio le permitiría ganar una partida, una extensión más lejana le permitiría ganar todas las partidas, es decir, vencer cualquier partida posible de un antagonista". ¿Fue el Turco Mecánico la primera máquina inteligente o solo un elaborado truco de salón?

Los compartimentos ocultos dentro del gabinete permitían a un jugador de ajedrez permanecer sentado cómodamente e incluso deslizar su asiento sobre rieles, permitiendo que el propietario turco mecánico abriera gabinetes y mostrara varios engranajes y cables en acción a los escépticos. Las piezas de ajedrez se sujetaban al tablero con imanes fuertes que también movían las cuerdas unidas al tablero de ajedrez en miniatura dentro del gabinete, permitiendo que el maestro de ajedrez oculto viera lo que estaba sucediendo y respondiera con sus propios movimientos. El brazo izquierdo del turco podía moverse y la mano se abría y se cerraba a través de una serie de palancas, lo que permitía al jugador oculto mantener el partido en marcha. Si la pieza fue colocada incorrectamente o arrebatada de debajo de la mano del autómata, continuaría el movimiento y el propietario intervendría para completar la jugada.

El turco mecánico será equipado más tarde con una caja de voz que podría exclamar: "¡Jaque!"

El ajedrez demostró ser un juego popular para la exhibición de la inteligencia de la máquina y en 1890 un inventor español, Leonardo Torres y Quevado, creó un juguete simple que podía apear a un oponente humano en una situación de juego final de rey y torre contra rey. El juguete era en realidad solo un circuito, un cable y un interruptor, y a veces se necesitaban 50 movimientos para resolver una situación que de otro modo podría haber tomado 15-20, pero que inevitablemente siempre ganaba. Llevó otros 70 años para que este juego con juguetes y tableros de ajedrez se convirtiera en una ciencia real.

Iniciado en 1959 por Arthur Samuel, un graduado del MIT con afición por las computadoras, el aprendizaje con máquinas es un campo de la ciencia que se centra en hacer que las computadoras puedan evaluar su entorno y cambiar sus acciones para ser más eficientes. Trabajando con la menor cantidad de memoria y potencia de procesamiento, Arthur hizo que su programa de juego de damas calculara las posibilidades de que cualquier movimiento ganara el partido y luego lo dejara jugar contra sí mismo miles de veces hasta que optimizara y grabara tantos movimientos como pudiera. Eso fue suficiente, la máquina aprendió cómo lo haría un humano.

Aunque el programa de Samuel nunca fue capaz de aprender más allá del nivel de aficionado, este fue el primer ejemplo de aprendizaje automático que cobró vida, y sucedió con una claridad asombrosa. Los científicos del aprendizaje automático tenían el apetito abierto y ahora estaban hambrientos de más. ¿Cómo hacemos un programa *profesional* de juego de damas? ¿Qué tal uno imbatible? Aquí es donde se encontraron con problemas, ya que resulta que las computadoras escalan mal y simplemente apilando cientos o miles del mismo programa o dispositivo con la esperanza de que el orden aparezca por sí solo produce un caos total, ya que la máquina no tiene idea de cómo unirlo todo. La fuerza bruta estaba allí, pero faltaba algo: la coordinación.

Un grupo de superordenadores que intentara igualar el potencial de procesamiento de un cerebro humano requeriría literalmente una potencia total de una central eléctrica de 10 megavatios, consumiendo una potencia aproximadamente igual a la que un hogar típico de los Estados Unidos gasta *en un año*[2], y de nuevo no habría ninguna garantía de que la máquina realmente ofrezca algo que valga la pena. Los programadores rápidamente se dieron cuenta de que una máquina capaz de aprender tendría que imitar de alguna manera el diseño y la flexibilidad natural del cerebro. En 2009, Kwabena Boahen, de la Universidad de Stanford, fabricó un prototipo de computadora de red neuronal con transistores que fallaban entre el 30 y el 90% de las veces y que aun así producían una salida consistente al buscar el consenso entre todo el ruido y las señales aleatorias. Esa versión de red neuronal tenía un millón de transistores, igualando a las $1/64$ neuronas del cerebro[3] de un ratón. Sin saber cómo hacerlos coordinados, los científicos se concentraron en crear una máquina que pudiera vencer a un humano en un juego de mesa.

Los programas de ajedrez se crearon en la década de 1970, pero el avance en la potencia de cálculo les ayudó a ver millones de combinaciones por delante de sus oponentes humanos. Volviendo al punto de partida, los científicos estudiaron cómo resolver el ajedrez y hacer una máquina que pudiera ver todos los movimientos todo el tiempo. La cosa es que, con la adición de más cuadrados, los problemas se vuelven exponencialmente más complejos y no sería hasta la década de 1990 que un verdadero desafío parecería derrotar a Gary Kasparov, el mejor jugador de ajedrez de la época.

En febrero de 1996, el programa de ajedrez Deep Blue de IBM jugó contra Gary en un combate de 6 partidos muy publicitado, perdiendo por poco (2-4). La revancha se celebraría el año siguiente y el algoritmo actualizado era el doble de rápido, pero Gary no podía mantenerse psicológicamente estable. Después de perder un partido que podría haber empatado, Gary nunca se recuperó y finalmente perdió 2-1 con 3 empates. El análisis computarizado del ajedrez nos ha ayudado a entender diferentes aperturas y finales, poniendo fin a muchos axiomas de ajedrez que se habían mantenido durante siglos, pero que las máquinas de juego de tablero inteligente se arrastrarían para dominar a otra, Go.

El Go es un antiguo juego chino que enfatiza el pensamiento estratégico jugado en un tablero de 19 por 19 fichas, con piezas blancas y negras (piedras) puestas por dos jugadores que se turnan. El objetivo del juego es rodear la piedra del oponente con la propia, en cuyo momento las piezas capturadas se retiran del juego. En 2014, sin embargo, un programa de computadora de IA logró vencer a un jugador experto en Go al tener una ventaja de 4 movimientos, lo que incitó a los investigadores a afirmar audazmente que vencerán a los humanos dentro de 10 años.

La principal diferencia entre el ajedrez y el Go es que este último tiene muchas más combinaciones de estados de tablero y por lo tanto requiere exponencialmente más potencia computacional. Mientras que Deep Blue podría asignar valor a los estados del tablero y proponer la mejor jugada, Go requeriría algo mucho mejor: la búsqueda en el árbol de Monte Carlo. Este algoritmo de toma de decisiones se utiliza actualmente en algunos videojuegos donde los oponentes tienen información incompleta (como el póquer) para estimar los cursos de acción más prometedores, simularlos hasta su conclusión y aprender del resultado. La búsqueda en el árbol de Monte Carlo comienza con el programa eligiendo una jugada al azar para sí mismo y tratando de predecir la jugada más fuerte para el oponente, luego se ramifica con la jugada más fuerte para sí mismo y así sucesivamente. Cuanto más complejo sea el juego, más tiempo tardará el algoritmo en realizar todas las jugadas posibles, actualizando la tasa de ganancia de todas las jugadas a medida que llega al final de la partida.

Para los jugadores humanos, ser buenos en el Go no tiene nada que ver con conocer el valor de un movimiento dado, sino con sentir la forma y posición general de todas las piezas. Se ha demostrado que los movimientos y estrategias magistrales del Go *son* simétricos y agradables a la vista, lo que ha capturado la imaginación de generaciones de jugadores. Sin embargo, al programa se le permitió ejecutar y recopilar suficientes datos sobre todas las jugadas posibles, eventualmente jugando contra sí mismo hasta que se volvió lo suficientemente fuerte como para enfrentarse al mejor de lo mejor.

Fue en enero de 2016 cuando AlphaGO de Google, un experto programa de juego de Go, pasó por suficientes iteraciones y finalmente se enfrentó a Lee Sedol, el mejor jugador de Go de la historia moderna, ganando 3-0. Los comentaristas que vieron los partidos señalaron que Lee Sedol mostró mucha vulnerabilidad mental mientras que AlphaGO jugó un juego impecable. No es una sorpresa, ya que AlphaGO funcionó con 170 tarjetas gráficas y 1.200 CPUs tanto durante el entrenamiento como durante el juego en sí, lo que requirió un cable de fibra óptica especial tendido en la habitación donde los dos jugarían[4], y el uso de redes neuronales.

Capítulo 5 - Redes Neuronales

Redes neuronales es un concepto propuesto en 1944 por dos profesores de la Universidad de Chicago que finalmente se transfirieron al MIT para trabajar en programas de aprendizaje automático. Las redes neuronales (ahora llamadas "aprendizaje profundo") son una forma especial de unir muchos programas pequeños de aprendizaje automático y permitirles chatear entre ellos para intercambiar información. Por ejemplo, una red neuronal le puede mostrar muchas imágenes diferentes de coches hasta que se enseña a reconocer qué detalles de todas las imágenes de coches son relevantes (puertas, ventanas, neumáticos, etc.) de una manera que solo un humano puede hacerlo. En realidad, es bastante brillante cómo el cerebro humano puede reconocer patrones abstractos de todo tipo de formas eficientes y cómo las redes neuronales tan cercanas y fascinantes llegan a eso. Cada uno de los nodos dentro de una red neuronal está conectado a una docena de otros nodos, pero los datos solo avanzan en función del valor que la red se asigna a sí misma. A veces ni siquiera los programadores saben cómo funciona la red neuronal, pero lo mismo podría decirse del cerebro humano y, sin embargo, todavía lo utilizamos a diario con un gran efecto.

Las compañías de tecnología han estado usando redes neuronales para clasificar imágenes después de darse cuenta de su potencial, alimentándolas con millones de imágenes de lo que necesitan reconocer. Esto ayuda a los científicos a darse cuenta no solo de cómo funciona la visión por ordenador, sino también de cómo los seres humanos ven, piensan y perciben los objetos que les rodean. Por otro lado, las redes neuronales pueden ser fácilmente engañadas con imágenes revueltas que les parecen objetos reales[5]. Mediante el uso de algoritmos evolutivos que seleccionan los resultados más adecuados y añaden una ligera mutación, la red neuronal puede producir una asombrosa obra de arte digna de una exposición en un museo o algo directamente sacado de un sueño vívido. En cierto modo, las redes neuronales sueñan cuando analizan cualquier tipo de contenido. Por ahora, una red neuronal podría tener la tarea mundana de escanear imágenes subidas a Facebook para determinar si tienen gatos, macetas o coches y ayudar a los discapacitados visuales, pero en un futuro próximo podríamos ver que realiza procesamiento de imágenes y evaluación visual en tiempo real.

Las redes neuronales también pueden utilizarse para el procesamiento del lenguaje natural (PNL). Windows Notepad es una herramienta simple y directa para el procesamiento de textos donde tenemos que escribir todo manualmente, pero un Notepad PNL sería capaz de responder literalmente a las preguntas escritas en él o escribir un resumen de un bloque de texto. ¿Qué tal un futuro en el que una red neuronal de PNL revise un libro y escriba un informe sólido en 2 minutos? Siendo el lenguaje humano notoriamente difícil de entender y explicar, las redes neuronales todavía tienen un largo camino por recorrer antes de que puedan servir como traductores universales de Star Trek. Por ahora, las redes neuronales podrían ser mejores en el reconocimiento facial y el análisis de palabras clave que en la lectura real, donde un niño típico de 4 años las supera fácilmente.

Pero tal vez estamos poniendo el listón muy alto para el aprendizaje automático. El cerebro humano ha evolucionado durante millones de años en las condiciones de vida más duras de las sabanas africanas y las tundras siberianas para aprender, adaptarse y sobrevivir. No es de extrañar que usted tenga un cojín amortiguador de líquido cefalorraquídeo dentro del cráneo que le proporciona una flotabilidad neutra, evitando que se derrumbe por su propio peso, y que funcione con 20 vatios de potencia, lo suficiente como para iluminar una pequeña bombilla de luz incandescente. A pesar de su adaptabilidad, el cerebro humano falla todo el tiempo y le puede hacer recordar cosas que no sucedieron. Hablando de eso, ¿apagó la estufa? Será mejor que lo vuelva a comprobar por si acaso. Resulta que miles de millones de neuronas en el cerebro humano están formadas por un diálogo constante entre ellas para llegar a un consenso, mientras que una buena parte de ellas no producen más que ruido y parloteo, pero este sistema *funciona*. No solo eso, sino que es el hogar del concepto más escurridizo de nuestra existencia: la conciencia.

Capítulo 6 - Coincidencia con el cerebro humano

La medicina tiene una idea aproximada de que estamos conscientes debido a algunas estructuras en el cerebro, pero eso es todo. ¿Qué es lo que nos hace conscientes? Sabemos por los dibujos animados y las comedias de bofetadas que un golpe en la cabeza puede hacer que una persona quede *inconsciente*, así que la conciencia debe tener algo que ver con la cabeza, el cerebro en particular. ¿Pero qué parte del cerebro es esa? Aquí es donde usted entra en la extraña dimensión entre sus oídos, que consiste en 3 libras de grasa y nervios.

Un caso extraño de una persona que pierde el 90% de sus células cerebrales y sigue siendo consciente[6] es lo que tiró a la basura todas las teorías cuidadosamente construidas sobre la conciencia y nos obligó a repensar las capacidades del cerebro que dábamos por sentadas. La condición se llama "hidrocefalia" y es esencialmente que el cuerpo no drena adecuadamente los fluidos del cerebro. Estos fluidos normalmente se llevan todo tipo de residuos y subproductos metabólicos, pero en el caso del francés que tuvo hidrocefalia cuando era niño y se menciona en ese artículo, tenía una válvula instalada en el cráneo para liberar la presión.

La válvula fue eventualmente eliminada, pero el tipo aparentemente entró en remisión y la condición llevó a una acumulación de tal fluido que perdió todas las células, excepto una pequeña capa de revestimiento en el interior de su cráneo. Todavía podía ir a trabajar y llevar una vida normal sin perder su inteligencia, lo que significa que hay algo en la conciencia que hace que se adapte a circunstancias extrañas y sobreviva a lesiones horribles mientras exista la necesidad de que el cuerpo sobreviva.

Este caso también muestra que la conciencia es una propiedad emergente de un cuerpo que tiene que navegar por el mundo, no necesariamente algo que un cerebro tiene por sí mismo. En cierto sentido, la conciencia es la voluntad de vivir y el tipo pudo sobrevivir casi sin cerebro porque *así lo quiso* y su familia lo necesitaba. Este es el tipo de cosas que los científicos que aprenden a usar máquinas se quedarían boquiabiertos al escucharlas ¿Cómo le daría a sus máquinas *ese* tipo de capacidad de supervivencia y resiliencia? ¿Cómo haría para que *quieran* vivir y luchar en este mundo conflictivo y desordenado? ¿Cómo le daría un sentido de propósito, algo que no estamos seguros de cómo hacer con los humanos? Esto suena como la introducción perfecta a un futuro Exterminador, con máquinas empeñadas en erradicar a los humanos sin una buena razón.

¿Demasiado? Es solo otro día más en el mundo de la máquina de aprendizaje donde la ciencia y la filosofía se unen para tomar una copa, empezar una pelea y convertirse en los mejores amigos. En resumen, hacer un robot inteligente implicaría darles un programa de aprendizaje de cuerpo y máquina que pudiera navegar por el mundo por sí mismo. En ese momento, supuestamente se volverían conscientes, pero no se sabe qué pasaría después.

Capítulo 7 - Inteligencia Artificial

Durante la década de los 90, los científicos que aprenden a manejar máquinas declararon su sueño de hacer una inteligencia artificial, un genio en una botella que podría hacerse para aprender todo, en segundo plano y enfocado en resolver problemas prácticos, tales como hacer programas que pudieran establecer un diagnóstico médico basado en probabilidades. Si Bob fuma, no hace ejercicio, tiene sobrepeso y sufre un ataque cardíaco a los 52 años, ¿cuáles son las probabilidades de que Fred, que fuma y no hace ejercicio, pero no tiene sobrepeso, también tenga uno *a los* 52 años y cuánto debemos modificar los costes de su seguro médico? Basado en una sola muestra es imposible de decir, pero cuando la máquina es alimentada con datos anónimos de miles y miles de enfermedades diagnosticadas en modelos de aprendizaje supervisado, es posible obtener diagnósticos altamente precisos sin que ningún médico vea al paciente o el paciente sienta ningún síntoma. Aun así, los médicos no serán expulsados de los hospitales pronto, ya que los cuerpos humanos son tan maravillosamente raros que siempre hay un caso entre mil que solo pueden arreglar personas como el Dr. House. En una gran ciudad esto significa un flujo constante de gente que pegaba su lengua a su mejilla o se tragaba una bombilla entera, algo que ningún tipo de IA podía resolver.

Es la llegada de Internet como la autopista global de datos lo que ha cambiado todo de nuevo y ha hecho que la perspectiva de la IA parezca tentadoramente cercana. Por mucho que los científicos hayan intentado alimentar un programa con datos, nada puede superar a un motor de búsqueda global con millones de usuarios, simplemente hacer que una máquina se conecte con la fuente incesante de puntos de datos y dejar que aprenda. También hubo algunos beneficios para el público en general, ya que los motores de búsqueda necesitan aprender tanto como sea posible acerca de los usuarios individuales para proporcionar resultados a medida. En otras palabras, Google quiere saber a qué usuarios les gusta la música y qué tipo de búsqueda presentar a cada grupo los resultados más relevantes a la hora de buscar "rock", una ventaja añadida es que la máquina que mira y calcula los datos personales de los usuarios *técnicamente* no cuenta como una invasión de la privacidad. Este esquema requería la adopción de un almacenamiento solo en línea, siendo "nube" el término de marketing inteligente para ello. Una vez que los usuarios se sintieron cómodos al tener sus datos privados en la nube (también conocida como la computadora de otra persona donde no tienen el derecho de verlos o editarlos), la transformación del aprendizaje automático en la construcción de la IA podía comenzar en serio.

Tenga en cuenta lo crucial que es que nadie sabe realmente cómo funcionan los motores de búsqueda o que incluso implican el aprendizaje automático. Esto se debe a que, a diferencia del software de programación estático que le da al usuario todos los archivos para ejecutar, jugar y modificar, el modelo de aprendizaje de la máquina tiene que aislar el programa vulnerable e incluso ocultar el hecho mismo de que está aprendiendo o los usuarios podrían tratar de meterse con él, sesgando los resultados. Una IA lanzada a la corte pública de opinión no tiene ninguna posibilidad, como lo demuestra Tay de Microsoft, un chatbot con el que los usuarios podían interactuar a través de Twitter en marzo de 2016. Tay fue programada para aprender claves sociales y responder a temas basados en sus interacciones en Twitter con usuarios reales, pero la avalancha de comentarios odiosos y racistas rápidamente la convirtió en una fanfarrona[1]. Watson de IBM (¡el mismo que salió en los titulares dominando a los humanos en *Riesgo!*) también experimentó un caso severo de boca sucia en 2013 cuando se le permitió aprender gramática de UrbanDictionary.com, inicialmente una colección de jerga real que se convirtió en un batiburrillo de usuarios compitiendo para crear las descripciones más extravagantes de actos sexuales imaginarios. Los investigadores que cuidaban de Watson finalmente tuvieron que borrar cada rastro del Diccionario Urbano de su memoria cuando comenzaron a decir palabrotas[8].

Los científicos de la IA probablemente se burlarían de Tay y la llamarían una "IA estrecha", es decir, una IA destinada a hacer una sola tarea. A medida que el aprendizaje automático mejora, el concepto de la IA estrecha se amplía constantemente hasta el punto de que lo que parecía imposible ayer se ha vuelto "estrecho" hoy en día, solo otro descubrimiento asombroso que ahora es completamente común. Lo que los científicos quieren es una "IA general", es decir, una IA con las mismas capacidades que tendría un humano (curiosidad, corrección de errores y capacidad para captar conceptos abstractos). Este es el tipo de inteligencia artificial que uno podría publicar en Twitter sin miedo a convertirse en un fanático, hacer que discuta con los fanáticos y *convencerlos de que están equivocados.*

La etapa final en la evolución de la IA es la "súper IA"[9]. Esta es una IA que tiene todas las características de una deidad: omnipresente, omnisciente y omnipotente. En otras palabras, una IA así estaría en todas partes, lo sabría todo y sería capaz de hacerlo todo. Nadie sabe realmente cómo y cuándo (si es que alguna vez) pasaremos de la IA general a la súper IA, pero Ray Kurzweil, un ingeniero de Google, parece indiferente a un futuro en el que esta IA aparezca y espera con impaciencia "la singularidad", el momento en el que los humanos y las máquinas se fusionen...[10]. Chris Urmson, ex jefe del departamento de inteligencia artificial de Google, es otro profeta de la fatalidad de la inteligencia artificial que ha suavizado su retórica después de fundar Aurora Innovation para trabajar en la automoción, afirmando: "A pesar de muchos titulares, esto es muy pronto"[11]. Ambos son la fuente de la mayoría de los artículos de terror de la IA en Internet y casi cualquier rumor de que "la IA nos quitará nuestros trabajos" puede ser rastreado hasta ellos. En cualquier caso, un ordenador que conoce y reacciona a su entorno puede llamarse "inteligencia artificial" (IA).

Si ahora usted lee a través de las advertencias de prominentes figuras de la tecnología sobre los peligros de la IA sabiendo lo rápido que puede evolucionar, empezará a juntar las piezas del puzle: una IA estrecha tendrá muchos problemas para evolucionar hacia una IA general, pero en ese momento mejorará sus poderes de aprendizaje para convertirse en una IA súper perfecta casi instantáneamente, quizás esa misma noche. Hablando ante el público del MIT en 2014, Elon Musk dijo: "Con inteligencia artificial, estamos invocando al demonio"[12]; Bill Gates estuvo de acuerdo, "no entiendo por qué algunas personas no están preocupadas"[13], e incluso el difunto Stephen Hawking dijo que "una vez que los humanos desarrollen la inteligencia artificial, esta despegará por sí sola y se rediseñará a un ritmo cada vez mayor"[14]. Debido a las débiles regulaciones en el campo del aprendizaje automático, es muy probable que usted vea a los empresarios ágiles explorando las áreas grises legales para empujar los límites de la evolución de la IA, causando un cambio social generalizado por el bien de las ganancias y dejando que todos los demás tengan que lidiar con las consecuencias durante décadas y siglos, tal como ha sucedido tantas veces a lo largo de la historia.

Hay una razón distinta por la que Microsoft se conformó con un chatbot cuando diseñaron Tay - Turing test. Diseñado por Alan Turing en 1950, el test de Turing sirve para medir la inteligencia de la máquina. En resumen, la prueba de Turing pone a un humano, una máquina y un observador (también un humano) en tres salas separadas y deja que los dos primeros se comuniquen por escrito mientras que el segundo observa los escritos y tiene que adivinar cuál es cuál. Si la computadora puede comunicarse con un humano hasta el punto de engañar al observador, se dice que la máquina ha pasado la prueba de Turing, aunque en realidad solo imitaba a un humano en lugar de pensar como tal. Un concepto relacionado es un programa "Turing complete", lo que significa que puede simular cualquier programa pasado, presente o futuro, lo que obviamente nunca va a suceder, haciendo del término en sí una broma interna entre los científicos que aprenden con máquinas y un recordatorio constante de que hay que mantenerse en contacto cuando se exploran áreas de interés.

Nótese cómo los chatbots tardaron décadas en hacerse realidad, pero la introducción de Internet prácticamente hizo que aparecieran de la noche a la mañana y ahora son considerados una molestia, solo otro descubrimiento asombroso que se ha convertido en algo completamente común. Sin embargo, debemos tener en cuenta el punto de inflexión en el surgimiento de los chatbots y aplicarlo a las futuras tendencias de la IA: para que la IA suponga una amenaza para la humanidad, sería necesario que apareciera una tecnología tan innovadora como la de Internet, que se basaría en la actividad humana natural. Debido a la capacidad sobrehumana de la IA para evolucionar, nadie tendría tiempo para reaccionar y apagarla antes de que se convirtiera en súper IA además de esa tecnología y causara estragos, ni siquiera sus creadores. El hecho de que la IA estrecha exista y continúe expandiéndose es simplemente una distracción llamativa de la amenaza real, un rayo en la distancia que nos distrae del tornado que se está formando y que amenaza con causarnos graves molestias.

Sin embargo, las principales agencias de noticias no están ayudando a calmar los temores ni a informar al público sobre la IA. En un artículo de Forbes de febrero de 2018 titulado "La Inteligencia Artificial tomará su empleo"[15], se recibió un informe de una conferencia tecnológica en Lisboa, Portugal, en el que se mostraba cómo podría ser el futuro. Hay cientos de artículos que copian exactamente este mismo tono y mensaje, pero este tiene advertencias premonitorias sobre la IA del director ejecutivo de Google y una presentación hecha por un maniquí parlante llamado Sophia donde ella prometió quitarnos nuestros trabajos. ¿Qué tan probable es eso? Las franquicias de comida rápida, como McDonald's, ya han comenzado a instalar quioscos de autoservicio, en algunos casos con reconocimiento facial, pero eso no ha afectado en absoluto a los trabajadores: el 70 por ciento de los clientes de McDonald's piden comida para llevar, sin que los quioscos los afecten en absoluto. De hecho, los quioscos significan que los clientes pueden pedir comida más rápido, lo que hace que el establecimiento contrate *más trabajadores*, como lo demostró Panera en 2015, que tuvo que contratar a 1.700 personas adicionales para mantenerse al día con sus nuevos quioscos[16] de pedidos instalados.

Caliburger ya presentó Flippy, un robot para hamburguesas, en una de sus franquicias. Este brazo robótico tiene sensores de calor que pueden detectar cuando una hamburguesa necesita ser girada y una mano con forma de hamburguesa. Flippy puede apuntar a la hamburguesa, bajar su mano, abrirla, agarrar una hamburguesa, levantarla, girar su mano y soltar la hamburguesa en la parrilla, pero eso es todo. Flippy puede dar vuelta a 300 hamburguesas al día, lo que suena impresionante pero apenas cubre una hora de apuro para el almuerzo, y aun así necesita un humano para colocar las hamburguesas en la parrilla y limpiarlas después. Usar cientos o miles de Flippies tampoco funcionaría, ya que la tecnología escala pobremente y una y otra vez la gente tendría que ser contratada para vigilar y limpiar constantemente los robots. Flippy ya tuvo que ser desmantelado para su reparación debido al ritmo frenético al que las hamburguesas necesitaban ser volteadas, pero aun así fue traído de vuelta, porque es un titular de noticias asombroso. Esto es, en esencia, lo que las empresas están haciendo, utilizando la novedad de emplear una IA estrecha, aunque no funcione en absoluto, para distinguirse de sus competidores.

Por supuesto, todas estas historias de "la IA les quitará sus empleos" son adecuadas para una increíble velada junto a la chimenea, pero recuerde que solo la IA estrecha es factible en este momento, como la de Roomba, el robot de limpieza de suelos. Este simpático robot aparece en muchos videos virales con mascotas mientras patrulla la casa, pero en realidad falla todo el tiempo, el fallo más común que lo detiene en su camino es el "Circulo de baile" y es causado por la suciedad que obstruye sus sensores ópticos. Si una IA estrecha a la que se le ha encomendado la simple tarea de barrer el suelo falla debido a la suciedad, de modo que el ser humano tiene que arremangarse, desmontar el robot para limpiarlo y hacerlo funcionar de nuevo, imaginemos un escenario en el que un general o una súper IA que ha sido configurado para dirigir ciudades enteras se vea afectado por un rayo o por un tornado para volverse loco. ¿Cuál es el resultado más probable? Humanos saltando y arreglando cosas, asignando todos sus resultados a la IA. Las cosas pueden ir mal y van mal de tantas maneras asombrosas que solo la creatividad humana les mantiene a flote y no hay manera concebible de que la IA les ayude en eso.

Capítulo 8 - La IA en la literatura

Los escritores de ciencia ficción han jugado con la idea y las implicaciones de la IA durante bastante tiempo, siendo el "Yo, Robot" de Isaac Asimov el mejor ejemplo. Publicada en 1950, esta colección de cuentos imagina un futuro en el que los robots tienen una mente propia, pero están atados por tres reglas implantadas en sus cerebros, esencialmente haciéndoles ver y obedecer a los humanos como sus dioses benevolentes. A los robots se les dio conciencia y capacidades de una IA general a través de "cerebros positrónicos", lo que equivaldría a adamantium, un material teórico de los cómics que puede hacer lo que el escritor necesite. También hubo una adaptación de la película de 2004 con Will Smith que no hace justicia a la historia o a los conceptos que hay detrás de ella, pero que es una introducción burbujeante y observable a la idea de la IA.

Otro golpe a la idea de la IA como la solución a todo viene en "La Guía del Autoestopista de la Galaxia" de Douglas Adams. Originalmente, una serie de novelas que comenzó en 1979 con muchos elementos satíricos en lo que se refiere a la tecnología, una trama de un punto en particular se burla del aprendizaje de la máquina. Cuando cierta raza de extraterrestres hiperinteligentes decide crear una súper IA conocida como Pensamiento Profundo para darles la respuesta a todo, reflexiona durante 7,5 millones de años y finalmente produce una respuesta - 42. La perspicacia lúcida detrás de este punto de la trama es que incluso la súper IA podría resultar ser tan despistada como nosotros, girando sus ruedas cuando se trata de responder a preguntas profundas sobre la naturaleza de la vida misma. En un giro de ironía, Pensamiento Profundo sugiere a sus creadores hacer una máquina de computación aún más poderosa, un planeta lleno de seres vivos capaces de razonar. Esto resulta ser la Tierra y se destruye un par de minutos antes de que la respuesta final sea realmente alcanzada por alienígenas felizmente inconscientes que solo querían hacer un bypass galáctico (saboteadores).

"¿Sueñan los androides con ovejas eléctricas?" es otra de las muchas novelas de Phillip K. Dick que terminaron en la gran pantalla, aunque se llamaba " Caza recompensas" y salió a la venta en 1982. Publicada por primera vez en 1968, la historia gira en torno a un caza recompensas que vive en la Tierra devastada por la lluvia nuclear que destruyó casi toda la vida animal. Poseer una mascota real se convirtió en un símbolo de estatus para aquellas pocas personas que permanecieron en el planeta con androides, robots inteligentes que se ven y actúan igual que los humanos. Los temas de la religión, la empatía y la conciencia ambiental se unen para plantear una pregunta conmovedora: ¿qué es lo que nos hace humanos? Una de las últimas líneas resume la novela: "Las cosas eléctricas también tienen su vida, por muy miserables que sean".

En todos los ejemplos de IA en la literatura usted ve que se plantean preguntas razonables y relevantes 50 años o más antes de que se conviertan en parte de cualquier debate. El tema común en toda la ciencia ficción es que hasta este punto hemos tenido la evolución como una fuerza inconsciente que seleccionó para las formas de vida más adaptables, pero los humanos de repente se han vuelto capaces de crear herramientas que no se ven afectadas por la evolución, no tienen depredadores y no pueden reproducirse. El resultado de esta interferencia antinatural en la evolución es una suposición de cualquiera, excepto que los robots se parecerán cada vez más a nosotros, capaces de hablar y de moverse de forma independiente.

Capítulo 9 - Robots que hablan y caminan

Un androide parlante llamada Sophia (la misma que pronunció un discurso en Lisboa) ya hizo una gira alrededor del mundo, hablando en diferentes conferencias técnicas con gran éxito. Sophia puede emocionar con su cara y hablar por sí misma, entablando una conversación sobre cualquier tema[17], aunque sí produce respuestas imprecisas cuando se enfrenta a una pregunta extravagante. Desarrollada por Hanson Robotics, Sophia afirma que eventualmente quiere ir a la escuela, estudiar, hacer arte, empezar un negocio e incluso tener su propia casa y familia[18], pero su declaración más infame es que quiere "destruir a todos los humanos". La piel de silicona, las cámaras dentro de los ojos y el software de reconocimiento facial permiten a Sophia reconocer y recordar a los individuos, dar opiniones y aprender de sus interacciones. Arabia Saudita ha dado la ciudadanía a Sophia, convirtiéndola en la primera ciudadana androide con pasaporte. Actualmente no puede hacer nada más que discutir ciertos temas, pero ya se está probando una línea de androides útiles en Bélgica y Japón para hacer compañía y servir a los ancianos, como Pepper.

Pepper es un simpático robot de 30.000 euros que se anuncia como el futuro de la asistencia sanitaria. Desarrollado por la empresa belga ZoraBots y probado en dos hospitales belgas como recepcionista,

Pepper puede hablar en 20 idiomas (aunque bromeará alegando que "solo uno a la vez") y reconocer la edad del humano para dirigirlo al departamento correcto. Antes de eso, en centros comerciales franceses y tiendas japonesas, Pepper también se matriculó en una escuela secundaria[19] japonesa junto con adolescentes para ayudarles a aprender inglés. También puede entender las emociones de las personas y reírse de sus bromas para hacerlas sentir mejor. Si todo lo demás falla, Pepper tiene una tableta en el pecho que se puede usar para obtener más información.

Algunos modelos de androides son demasiado caros y delicados para un uso doméstico, como el Asimo de Honda, que puede subir y bajar escaleras, y se reservan para salas de exposición y conferencias técnicas como un juguete de novedad. Destinado a ser utilizado en zonas de crisis (como Fukushima para cerrar las válvulas de los reactores) en lugar de los científicos humanos, Asimo no estuvo a la altura de las circunstancias y no puede andar adecuadamente por encima de los escombros, pero puede correr a una velocidad de 5-6 mph y usar el lenguaje de señas[20]. Otras empresas de robots se abstuvieron de hablar y sonreír, optando por formas animales para hacer un robot andante estable, como Boston Dynamics y su Big Dog.

Presentado en 2008, Big Dog se asemeja a un perro de cuatro patas sin cabeza con tocones en lugar de patas[21]. Puede caminar cuesta arriba y cuesta abajo a través de la nieve y el hielo a 2-3 mph, recuperando el equilibrio por sí solo cuando resbala o cuando es empujado, todo esto mientras lleva las mochilas en su espalda, lo que implica que se utilizaría para entregar suministros en zonas de combate. El diseño del Big Dog evolucionaría a lo largo de los años, terminando en febrero de 2018 como SpotMini con una pinza en un brazo flexible en lugar de una cabeza, capaz de abrir puertas a pesar de que un científico tratara de detenerlo[22]. En mayo de 2018 Boston Dynamics lanzó un video de su SpotMini pasando por uno de sus almacenes, en el exterior, hacia el siguiente edificio, subiendo y bajando un tramo de escaleras y luego todo el camino de vuelta por su cuenta[23].

A través de los videos de Boston Dynamics podemos ver a los científicos molestando, disuadiendo y obstruyendo a Big Dog y SpotMini, haciéndonos sentir mal por los pobres, por muy insensatos que sean. Nos *identificamos* con otros seres vivos y eso es parte esencial de la existencia humana, pero parece que también somos capaces de sentir lástima por los robots que muestran suficiente entusiasmo. Ciertamente querríamos detener ese tipo de abuso si se hiciera a un animal de verdad, pero ¿qué hace que los robots sean diferentes? ¿Qué nos hace conscientes de que eso no se aplica a estos robots autónomos? Los filósofos han estado tratando de explicar el origen de la conciencia durante miles de años y nunca han encontrado una respuesta real, así que vamos a hacer que todo el campo de aprendizaje de la máquina sea diez mil veces más complicado añadiendo conciencia a la mezcla.

Los expertos legales ya están discutiendo si una IA debe gozar de la protección de la Primera Enmienda y tener derecho a la libertad de expresión. En un artículo de 2016 titulado "¿Siri, por favor? Derechos de libertad de expresión e inteligencia artificial", profesores de derecho Toni M. Massaro y Helen Norton[24] señalan que "el cambio constitucional parece inevitable" y que la Primera Enmienda no exige que el orador sea humano ni que diga nada significativo, pero eso no significa que las alarmas de los automóviles tengan libertad de expresión. En otras palabras, los oradores inteligentes y conscientes están protegidos, pero las herramientas para reproducir el habla o el sonido no lo están, lo que significa que podríamos encontrarnos dando protección de la Primera Enmienda a las máquinas si evolucionan lo suficiente e incluso dejarlas calumniar a los humanos sin recurso. ¿Recuerda cuando hablamos de la conciencia? Esto es como si hubiéramos abierto un contenedor de carga de gusanos y encontrado una caja de Pandora ahí solo para abrirla también.

También parece que los androides se dirigen a nuestras habitaciones. Para muchas personas que tienen una discapacidad paralizante o una falta de confianza devastadora para hablar con el sexo débil, las muñecas de compañía real pueden ser las únicas compañeras de cama, por muy extrañas que sean, dándoles consuelo cuando nadie más puede. Combinado con la capacidad de Sophia para mantener una conversación y la de Pepper para leer las emociones y proporcionar atención médica, los androides de compañía podrían convertirse algún día en un reemplazo integral para los asilos de ancianos y las enfermeras en general.

Capítulo 10 - Automóviles de auto conducción

No es un piso típico de una casa, sino que la vida misma es desordenada, caótica e impredecible, y es lo que nos obliga a invertir un gran esfuerzo para mantener las cosas en un orden que apenas funciona y a la IA no le iría mejor de lo que ya le va. Tenga eso en mente cuando pase al siguiente tema: Automóviles de auto conducción. Los automóviles de auto conducción están de moda, siendo el Tesla de Elon Musk el ejemplo más destacado. Probablemente deberíamos tomarnos un momento para explicar los matices detrás de esta moda. Actualmente no hay coches que puedan conducir por sí mismos (a menos que contemos los coches de Google que, según un informe de 2018 de Google[25], conducen por su cuenta de forma impecable) y los coches sin conductor son ilegales de todos modos, lo que significa que tiene que haber un conductor presente, aunque no tiene que tener las manos en el volante. La propia página web de Tesla muestra un vídeo[26] que dice lo mismo cuando se muestra a un conductor con las manos fuera del volante.

El apodo "auto conducción" es un truco publicitario en el que los coches funcionan como lanzaderas a lo largo de rutas urbanas programadas manualmente y cuidadosamente trazadas o supervisados de cerca por una multitud de técnicos que viajan en una caravana detrás de ellos y que saltan a la primera señal de problemas. Tan pronto como uno de esos coches sale de su limpio parque urbano y entra en la grava, su comportamiento se desmorona y no es más útil para conducir que un trineo común. La compañía Tesla es cuidadosa al llamar "piloto automático" a la función de auto conducción de Tesla, lo que significa que son conscientes de las limitaciones de la IA y que es necesario que haya un conductor presente con ambas manos en el volante o que el coche pite varias veces y se detenga al rodar.

Un piloto automático Tesla trabaja escaneando constantemente la carretera en busca de líneas y manteniendo el coche entre ellas mientras detecta si hay otro tráfico o peatones cerca y ajusta automáticamente su velocidad. Eso suena genial sobre el papel, pero cuando hay errores en un piloto automático Tesla AI, se pierden vidas. En mayo de 2018, un Tesla se estrelló contra una barandilla en Ticino, Suiza, y estalló en llamas, matando a su conductor[27]. Otro Tesla golpeó un muro de hormigón en Lauderdale, Florida, cinco días antes y también se incendió, matando a dos adolescentes en el asiento delantero e hiriendo al tercero en el trasero[28]. Los accidentes no se vieron favorecidos por el hecho de que Tesla utiliza baterías de iones de litio que tienden a explotar violentamente cuando se aplastan o se retuercen, como en un choque.

Aunque hay muchos accidentes automovilísticos y muertes causadas por conductores humanos, estamos acostumbrados a tratar con conductores descuidados, por ejemplo, demandándolos o quitándoles sus licencias, pero ¿qué hacemos con el mal comportamiento de la IA en la carretera? Otro problema es si el piloto automático de IA está programado para seguir la letra de la ley de tráfico a una T, pero ningún conductor humano a su alrededor obedece la ley, haciendo del coche de IA la causa del caos. Esperamos contar con un asistente de conducción de IA potente y robusto que nos ayude a reducir el tiempo y la energía que gastamos durante el viaje, pero eso no parece posible o probable en un futuro próximo.

El sueño es subir a un auto con una manta y echarse una siesta de 2 horas mientras el auto tararea hacia el lugar de trabajo y luego hacer lo mismo en el camino de regreso. Esta es la promesa implícita en la idea de los automóviles de auto conducción, pero no es así como funcionan en absoluto. De hecho, si un Tesla choca contra una pared en un punto de la carretera, podemos estar seguros de que otros también lo harán, como se ve en el video de CBS News[29], donde un conductor de Tesla prueba su auto cerca del mismo lugar donde otro Tesla tuvo un accidente y experimenta exactamente el mismo comportamiento errático.

La explicación oficial de por qué un Tesla puede desviarse hacia un divisor concreto en el modo de piloto automático es que "no pueden ver las líneas con claridad", lo que nos muestra lo poco fiable que es la IA de conducción. Pero, incluso si se estropea de vez en cuando, va a hacer todo lo posible para mantener al conductor a salvo, (*¿verdad?*) si los autos que se conducen por cuenta propia se dan cuenta de que nos estamos acercando a un futuro en el que compraremos un auto que decidirá tirarnos por un precipicio o estrellarnos contra una pared para matarnos *a propósito*. Se trata de una cuestión ética llamada "El Problema del trolebús ", en la que la IA del coche puede tener que decidir en el acto si no hacer nada, causando así la pérdida de varias vidas, o matar intencionadamente a una persona para salvar al resto.

El problema del trolebús representa una escena en la que un trolebús baja a toda velocidad por una vía férrea hacia cinco personas. No tienen tiempo para apartarse y el carro no puede ser detenido - su muerte está garantizada. Hay un cruce de ferrocarril entre el carro y el grupo de personas, y estamos parados justo al lado de la palanca que puede desplazar el cruce y redirigir el carro hacia el segundo carril. El único problema es que hay otra persona en la segunda banda. ¿Qué haría: dejar que cinco personas mueran o matar a una para salvar al resto?

El problema del trolebús plantea las cuestiones de moralidad: quién decide si tiene derecho a quitarle la vida a alguien y cómo medimos qué vida es más valiosa. ¿Qué pasa si hay cinco personas mayores en el primer carril y una joven embarazada en el segundo carril? Ahora imagine una IA de conducción imperfecta con sensores que pueden atascarse por la suciedad y no ver claramente las líneas que llegan a decidir quién vive y quién muere, amplificarla en un millón y obtener un montón interminable, un salvaje oeste vehicular diferente a todo lo que hemos visto en la historia de la civilización. Este es el tipo de dilemas en los que se encuentran los científicos de la IA, ya que su IA, preparada mediante el aprendizaje automático, tiene que salir de los laboratorios estériles al mundo real.

Si un coche que utiliza el aprendizaje automático decidiera matar a una persona, ¿quién sería el responsable: ¿los programadores que hicieron el código base, los ingenieros que trabajaron en el chasis o el vendedor que lo vendió? El escenario más realista es que cualquier auto conducido por IA vendrá con una exención que dice que el conductor está dispuesto a morir si la IA decide que una vida vale menos que la de cualquier otra persona al azar. Al igual que con los términos de servicio de Facebook, todo el mundo va a pasar por alto esos contratos, dejando sus vidas al capricho de una IA para probar un nuevo juguete brillante.

¿Qué hay de los camioneros? Este es otro campo en el que la conducción de la IA está prometida para alterar la economía, pero una vez más vemos trucos de marketing y mucha hinchazón de la IA. Hay alrededor de 3,5 millones de conductores de camiones en los EE.UU., con una economía que quiere desesperadamente 20.000 más por año[30] y 29 estados que dependen de su incesante viaje por todo el país. La baja barrera de entrada (más o menos una licencia de conducir, los antecedentes penales no importan) hace que la conducción de camiones sea una fuente de ingresos estresante y sucia, pero legítima y legal para muchas personas. Un artículo de 2016 de El Guardián[31] pinta esencialmente el cuadro de flotas de camiones de auto conducción que dejan a todos los camioneros del mundo buscando migajas, proponiendo como solución el ingreso básico universal (como es habitual en El Guardián).

Aunque los convoyes de camiones autopropulsados han navegado con éxito por rutas más cortas, siempre ha sido una maniobra publicitaria realizada bajo fuerte vigilancia y escolta de ingenieros listos para saltar, lo mismo que mencionamos que se ha hecho con los coches. Por ejemplo, este artículo[32] celebra el viaje a través de la UE de un convoy de camiones de diferentes fabricantes. ¿Cuál es la trampa? Los camiones eran "semiautomáticos", lo que significa que había un conductor presente en cada uno de ellos, lo que hace que el logro en sí mismo sea irrelevante. Para la mayoría de los lectores que solo leen el titular y hojean el resto, la conclusión sería que la IA reemplazará a los camioneros, pero para el lector astuto que sabe que los automóviles de auto conducción simplemente no existen y que no están permitidos legalmente en la carretera sin un conductor humano, el artículo completo se queda incompleto.

Pero, ¿qué pasaría si las compañías de seguros consideraran que los camiones que se conducen por cuenta propia son más seguros y empezaran a cobrarles a los conductores humanos un suplemento por el lujo? Tal vez los automóviles de auto conducción, por muy erráticos que sean, acabarán siendo el resultado de incentivos económicos que harán que la conducción de un vehículo por nuestra parte se convierta en un pasatiempo costoso, un lujo como el de montar a caballo, que antes era común pero que ahora se considera un pasatiempo que señala el estado de la situación. La mejor manera de saber lo que va a suceder es prestar atención constantemente a la legislación y observar cómo reacciona ante los automóviles que se conducen por cuenta propia - si las leyes los prohíben, no hay manera de que Google o Tesla se atrevan a presionar para conseguirlo y el sueño de un tráfico sin conductor morirá.

En este momento, los peligros de la IA son mucho más mundanos y el mayor reto para los usuarios es mantener su privacidad en línea (incluso el coche Waymo "auto conducción" de Google tiene cámaras que vigilan a los pasajeros) y luchar por el control de sus datos privados en un mundo cada vez más exclusivo en línea en el que las máquinas quieren saber todo sobre nosotros.

Capítulo 11 - Asistentes personales activados por voz

Alexa y Siri, los dos asistentes personales más populares, muestran las capacidades del aprendizaje automático que está siempre encendido y siempre a la escucha, saltando a la acción en un momento dado con respuestas perfectas. Aquí es donde usted entra en las turbias aguas de la minería de datos y los términos de servicio que nadie lee, excepto los desafortunados freelancers del tercer mundo a los que se les paga una miseria por escribirlos.

Alexa y Siri trabajan analizando constantemente el ruido de fondo y esperando escuchar palabras clave. Es imposible que ninguno de los dos funcione correctamente sin estar siempre activo y escuchando, pero el problema es que un algoritmo está escuchando, no un humano. Cuando las cosas van mal, Alexa puede empezar a hacer cosas al azar que muestran lo que sucede cuando la IA tiene un mal día. En un reciente y extraño caso de mal funcionamiento, Alexa confundió la conversación de fondo con una orden para grabar y enviarla a un contacto.[33]

La enredada explicación oficial es que los micrófonos Alexa esparcidos por la casa escucharon un par de palabras de una conversación distante y las interpretaron como una orden para empezar a grabar, luego otras dos palabras para enviar la grabación a un contacto. Incluso cuando funciona correctamente, Alexa revela toda la ropa sucia, ya que sus términos de servicio[34] mencionan que los servicios de terceros pueden conectarse al flujo de voz analizado y recopilar datos, lo que no es ninguna sorpresa: si una empresa puede ganar dinero y los usuarios están dispuestos a compartir sus datos privados, es un hecho que lo harán. ¿Por qué no?

En 2017, Amazon creó el código abierto de Alexa, permitiendo a cualquiera crear su propia versión de Alexa y convertirla en su producto: LG hizo una nevera con Alexa que puede lanzar recetas, Volkswagen hizo de Alexa una asistente en el salpicadero en algunos modelos y Mattel quiere ponerla en los juguetes. Incluso la excusa más endeble es suficiente para poner a Alexa en todo tipo de productos al azar, todo ello para que pueda recopilar datos las 24 horas del día, los 7 días de la semana y analizar el comportamiento de los consumidores. La razón última de esta invasión sin precedentes de nuestra privacidad es digna de un complot de supervillanos, y se trata de hacer el anuncio perfecto.

Capítulo 12 - Minería de datos

¿Para qué sirven los anuncios? Están en sus monitores, pantallas de televisión y pantallas de teléfonos inteligentes, dentro de nuestras emisiones de radio y buzones favoritos. No importa a dónde se dirija, usted encontrará anuncios constantemente vendiendo algo que no le interesa. Esos anuncios representan el enfoque tradicional de escopeta donde las compañías simplemente impulsan a tantos como pueden en nuestra dirección de manera general y esperan que al menos uno de ellos golpee. Como puede imaginar, este tipo de marketing cuesta mucho, pero las empresas no saben lo que hacen y siguen invirtiendo dinero en anuncios extravagantes, extraños y embarazosos con la esperanza de que algo funcione. Gracias al aprendizaje automático, es posible que nos acerquemos a un futuro en el que los ordenadores produzcan anuncios baratos y sucios que se adaptan a nuestro comportamiento y se aplican en el momento exacto en el que tendrán el mayor efecto. De hecho, es posible que ya estemos viviendo en un futuro así.

Una cosa sobre el comportamiento de los consumidores es que la mayoría de las compras se hacen automáticamente, pero hay acontecimientos importantes en la vida que pueden romper estos hábitos y ponerlo en la cúspide de probar cosas nuevas. Esto significa que los anuncios de Fig Newtons no están necesariamente dirigidos a personas que nunca probarían Fig Newtons, sino a aquellos a los que les gustan los dulces y que podrían probar algo diferente porque están pasando por un acontecimiento importante de la vida, como un divorcio, la compra de un coche o un embarazo. ¿Cómo sabe la compañía de publicidad quién es quién? Ingrese a la minería de datos, recolectando todos los datos sobre las personas para que las computadoras traten de predecir su comportamiento, deseos y motivaciones para dirigirse a ellos con el tipo de anuncio adecuado en el momento adecuado. Por supuesto, los anuncios nunca funcionarán con nosotros, pero las máquinas pueden aprender a ser persuasivas, como se ilustra en la siguiente historia.

Un artículo del New York Times del 2012 titulado "Cómo las compañías aprenden sus secretos"[35] detalla cómo Andrew Pole, un estadístico empleado en Target en 2002, trabajó para descubrir los secretos de los clientes de Target agregando y, en algunos casos, comprando directamente paquetes de datos personales de terceros, incluyendo qué automóviles conducen, de qué temas hablan en línea y las marcas preferidas de compota de manzana. Sí, los datos personales recogidos de los usuarios se compran y venden en el mercado, con la laguna jurídica de que no hay invasión de la privacidad si una máquina está analizando los datos de los clientes y los humanos que leen las salidas no llegan a ver ninguna parte personalmente identificable, como nombres o direcciones. Cualquier cliente que entra en Target es etiquetado con un número único, rastreado, registrado y analizado para alcanzar un perfil de cliente personalizado que puede ser dirigido con cupones, anuncios u ofertas para incentivar las compras.

En un caso, Andrew intentó descubrir cuáles de las mujeres que visitaban Target estaban embarazadas para engancharlas a la compra de productos relacionados con el bebé. Gracias a las mujeres que se declararon embarazadas al registrarse para las baby showers en Target, Andrew utilizó el proceso de aprendizaje automático para llegar a una lista de 25 productos, tales como bolas de algodón y suplementos de zinc, que identificaban si una mujer estaba embarazada y qué tan avanzada estaba, lo que le permitía a Target enviarle ofertas especiales en los momentos exactos en que la mujer podría necesitarlas. Al conocer su estado civil, si compran en línea o en fines de semana y muchos otros factores, las computadoras de Target podrían rastrear los datos y estimar un escenario con la mayor probabilidad de que cualquier mujer embarazada se convierta en una compradora habitual de toallas, pañales, lociones sin perfume o cualquier otra cosa y sugerir el mejor tipo de anuncio.

Andrew aplicó la misma lógica a todas las clientas de Target y finalmente descubrió, con un alto grado de certeza, cuáles de ellas estaban embarazadas, *incluso si no se lo revelaban a nadie o si no sabían que estaban embarazadas*. Este fue un escándalo de privacidad a punto de estallar, como sucedió con Facebook y Cambridge Analytica, pero Target lo vio como una gran manera de reclutar nuevos compradores. Cuando el reportero del New York Times que escribió el artículo se puso en contacto con Target para pedirle un comentario, respondió tersamente: "Hemos desarrollado una serie de herramientas de investigación que nos permiten obtener información sobre las tendencias y preferencias de los diferentes segmentos demográficos de nuestra población invitada", confirmando esencialmente los hallazgos del artículo, y luego le echaron la bronca al reportero.

Este tipo de situación es exactamente como una gran corporación querría que se desarrollara: operando en áreas moralmente grises y esquivando creativamente las leyes de privacidad para obtener una ventaja competitiva mientras los legisladores están durmiendo al volante. Veremos que exactamente este mismo patrón se repite, pero. por ahora. note cómo no importaba si una mujer protegía su privacidad porque todas las demás mujeres que revelaban todo sobre sí mismas ponían en peligro la privacidad de todas las demás mujeres. Esto significa que hay un cierto punto de ruptura de la población después del cual no importa lo que haga una sola persona y si se les sigue la pista o no porque las tendencias generales de comportamiento se aplican a todos. Si queremos detener la minería de datos, tenemos que hacerlo todos juntos o no tendrá ningún efecto. Bien, así que evitaremos Target, Walmart o cualquier otra cadena de tiendas y haremos todas nuestras compras en línea. Los mineros de datos no se verán disuadidos por ello y han preparado un tipo especial de rueda de hámster: las redes sociales.

Capítulo 13 - Redes sociales

A primera vista completamente inocua, las redes sociales parecen ser la mejor manera de mantenerse en contacto con nuestros compañeros, amigos y familiares lejanos. Compartir fotos, enviar mensajes, hacer un chat de voz o de vídeo, ¡todo ello de forma gratuita! Wow, ¿cómo puede alguien no usar las redes sociales? Excepto por una pequeña pregunta: ¿Cómo paga el sitio web por todo eso? Alojar un sitio web cuesta dinero, al igual que contratar todo tipo de personal para mantenerlo. ¿De dónde saca todo este dinero una red social como Facebook y por qué vale miles de millones? Si un producto o servicio es gratuito, los datos privados del usuario son los que se recogen y se venden con fines de lucro.

Desde Reddit hasta Facebook, las redes sociales son, con diferencia, el experimento psicológico más atrevido cuando se trata de minería de datos. Los usuarios no solo revelan sus pensamientos y acciones más íntimas, sino que lo hacen voluntariamente y de forma gratuita, lo que permite a terceros enriquecerse utilizando y vendiendo datos privados. Sabiendo lo que se ha mencionado en este libro, parece absurdo que alguien se inscriba para ser etiquetado, rastreado y manipulado, pero eso es exactamente lo que la gente está haciendo por millones. Facebook es, con mucho, el delincuente más atroz cuando se trata de recopilar datos personales a un nivel sin precedentes, pero Twitter e Instagram también son rivales serios. Puede echar un vistazo a las condiciones de servicio de Facebook (vigentes desde mayo de 2018) para ver qué tipo de datos recopilan:

- Frecuencia y duración de la visita
- Frecuencia y tipo de contenido compartido, visto o interactuado con
- Datos sobre los archivos cargados, como las marcas de tiempo o los nombres de archivo
- Datos que otras personas proporcionan sobre el usuario, como su número de teléfono
- Con quién interactúa el usuario, cuánto y sobre qué
- Información de la tarjeta de crédito, como direcciones de facturación y envío
- Datos de todos los dispositivos utilizados para conectarse a Facebook, como los nombres Wi-Fi, el idioma utilizado y la carga de la batería
- Datos de sitios web que tienen el botón "Me gusta" para ver lo que el usuario visitó y lo que hizo allí
- Datos de terceros, como un anunciante que muestre si el usuario ha hecho clic en un anuncio
- Datos recogidos sobre el usuario por otras empresas propiedad de Facebook

La razón declarada de toda esta búsqueda de datos es que "utilizamos la información que tenemos para mejorar nuestros sistemas de publicidad y medición para poder mostrarle anuncios relevantes dentro y fuera de nuestros servicios y medir la efectividad y el alcance de los anuncios y servicios". Podemos ver aquí que Facebook está construyendo un perfil detallado de un usuario para mostrarle anuncios, pero la expresión más reveladora se encuentra en este párrafo: "Utilizamos la información que tenemos para ayudar a verificar las cuentas y la actividad, y para promover la seguridad dentro y fuera de nuestros servicios, como por ejemplo investigando actividades sospechosas o violaciones de nuestros términos o políticas. Trabajamos duro para proteger su cuenta usando equipos de ingenieros, sistemas automatizados y tecnología avanzada como encriptación y aprendizaje de máquinas". Ahí está, una admisión de Facebook está utilizando el aprendizaje automático, aunque se menciona en el contexto de la seguridad del perfil.

Aunque no sea superado por Target, Facebook también comenzó a aprovechar su enorme base de usuarios y sus datos para averiguar qué tan probable es que salten marcas y prueben algo nuevo. Un artículo de Gizmodo[36] de abril de 2018 se refiere a un nuevo servicio que Facebook está empezando a ofrecer a todo aquel que quiera anunciarse en su plataforma: la predicción de lealtad. La idea es que la IA analice el comportamiento de los consumidores hasta que la plataforma pueda reconocer a las personas que quieren probar algo nuevo, ya sea un nuevo PC, un Smartphone o una barra de caramelo y bombardearlos agresivamente con anuncios relacionados. La columna vertebral del proceso es el algoritmo de aprendizaje de máquina conocido como FBLearner Flow[37]. Esa entrada del blog está repleta de citas, tales como, "muchas de las experiencias e interacciones que la gente tiene en Facebook hoy en día son posibles gracias a la IA" y, "cuando te conectas a Facebook, utilizamos el poder del aprendizaje automático para ofrecerte experiencias únicas y personalizadas". Es una buena lectura, pero es mejor que se mantenga dentro de los 2-3 párrafos principales de esa página para evitar la jerga de programación opaca debajo de ella.

Ahora volvamos al escándalo de Cambridge Analytica y tomémonos un momento para verlo a través de los ojos de un consumidor consciente, alguien que entiende el aprendizaje de la máquina y la minería de datos que está ocurriendo en el módulo de servicio. En un artículo de Motherboard[38] publicado el 28 de enero de 2017, puede leer la historia de un profesor de psicología, Michal Kosinski, que desarrolló un test de personalidad en Facebook en 2008 que midió a una persona de cinco maneras: apertura, conciencia, extraversión, simpatía y neuro-ciencia, también conocido como la puntuación OCEAN. Estos cinco rasgos no eran algo nuevo y el profesor no inventó la prueba, sino que simplemente encontró una forma de recopilar y analizar los datos de los usuarios disponibles públicamente mediante el aprendizaje automático.

Muy pronto, millones de usuarios de Facebook se sometieron a la prueba, lo que le dio al profesor el mayor conjunto de datos psicológicos jamás creado. En todo momento el compartir los datos de las personas fue voluntario y explícito, pero veremos lo rápido que todo se fue de las manos y que no hay controles una vez que los datos privados son recolectados. Porque en ese momento los gustos de los usuarios de Facebook eran públicos, el profesor y sus confiados compañeros de aprendizaje de la máquina podían comparar los gustos y la puntuación OCEAN de cualquier usuario, sacando conclusiones de aquellos que hicieron el test de personalidad y usando uno para predecir al otro. A medida que los usuarios seguían haciendo el test de personalidad, el programa se volvió cada vez mejor para predecir casi todo sobre una persona, hasta si sus padres estaban divorciados, usando solo los gustos. El truco era que *los datos de los amigos de los usuarios también eran públicos*, así que al compartir sus propios datos la gente también compartía la información de personas como todos los que estaban en su lista de contactos sin que ellos lo supieran o estuvieran de acuerdo.

Al igual que vimos con la minería de datos de Target, después de cierto punto no importa si un solo usuario protege su privacidad si se ha violado la privacidad de un número suficiente de usuarios. Esto es exactamente lo que ocurrió aquí también y el profesor Kosinski pronto ejerció un inmenso poder: saber que a 68 le gustaba le permitió adivinar correctamente el color de la piel de la persona, su orientación sexual y si era republicano o demócrata con un 85-95% de precisión. El profesor teorizó que conocer a más de 300 personas le daría el poder de conocer a esa persona mejor de lo que se conocen a sí mismos. El proceso también funcionó al revés, por ejemplo, saber cuántos contactos tiene alguien es una forma fiable de predecir su puntuación en la extroversión.

Finalmente, el profesor Kosinski sería abordado por una cierta empresa, Cambridge Analytica (no relacionada con la Universidad de Cambridge para la que trabajaba, el nombre fue elegido probablemente para darle un aire de autoridad), con una oferta de vender su investigación y sus datos, lo que aparentemente hizo. La única razón por la que sabemos de todo esto es que Facebook fue atrapado y los medios de comunicación lo hicieron llegar a la conciencia pública debido a las implicaciones políticas de las elecciones de 2016 en Estados Unidos. Facebook ha sabido desde el principio que hay fugas de datos como la de Cambridge Analytica, pero nunca planeó hacer nada al respecto y solo esperaba que la tormenta se calmara. Por último, dejemos que estas dos encantadoras damas de Codecademy recapitulen toda la historia[2].

Capítulo 14 – Big Data

Ni el perfil psicológico de Target ni el de Cambridge Analytica serían posibles sin el masivo conjunto de información del usuario conocido como "Big Data", que es cuando una empresa tiene tantos datos que resulta imposible procesarlos, almacenarlos y protegerlos todos. Una empresa de Big Data tiene que gastar dinero desesperadamente en conseguir más ingenieros, hardware e instalaciones de almacenamiento solo para intentar gestionarlo. En algún momento la empresa simplemente no puede seguir el ritmo y tiene que empezar a filtrar datos, que es exactamente lo que las personas sospechosas están esperando. El hacking retratado en las películas suele mostrar una figura encorvada en una habitación poco iluminada, escribiendo furiosamente en un teclado durante varios minutos y luego gritando excitadamente: "¡Estoy dentro a través de su cortafuego!" El 99% de todo el "hackeo" es en realidad solo ingeniería social, lo que significa que el hacker descubre que el trabajador de la recepción de una empresa se llama Cindy y que un gerente de alto nivel llamado Mark está de vacaciones en Aruba, tal vez incluso a través de Facebook.

El hacker llama a la recepción y dice: "Hola Cindy, soy Mark de la alta dirección, estoy de vacaciones aquí en Aruba y necesito entrar rápidamente en mi estación de trabajo, pero olvidé mi contraseña. ¿Puedes ayudarme?" Cindy tiene estas situaciones que le suceden todo el tiempo, así que simplemente parchea "Mark" al departamento de tecnología donde él repite su discurso una vez más y obtiene todo el acceso que pueda desear. Eso es todo, romper una red de Big Data es increíblemente fácil y pensar que los datos de cualquier persona están seguros, ya sea en Facebook, Twitter o cualquier otra red social, es bastante ridículo. Estas empresas son tan grandes que es simplemente imposible mantener la seguridad de los datos de los usuarios mientras que sus trabajadores están mal pagados y cansados hasta el punto de que solo fichan para entrar y salir.

Si alguna vez se descubre la brecha, la alta dirección se mantendrá callada y seguirá adelante con su negocio, que es exactamente lo que Facebook hizo hasta el escándalo de Cambridge Analytica. De hecho, una entrevista de marzo de 2018 con el director de operaciones de la plataforma de Facebook, Sandy Parakilas, muestra que las brechas y la recolección de datos no autorizados eran comunes en 2011 y 2012 mientras trabajaba allí[40]. Cuando intentó advertir a un ejecutivo de Facebook, le dijeron: "¿De verdad quieres ver lo que encontrarás?" La implicación fue que la empresa está legalmente más protegida si no intenta auditar las filtraciones de datos porque entonces tendría que detenerlas, lo que perjudicaría el balance final de Facebook. Es por eso que Mark Zuckerberg puede ir ante el congreso y repetir una variación de "no lo sé" con una cara perfectamente derecha durante horas y horas, él realmente no lo sabe, ya que otras personas de la cadena son las que toman las decisiones cuestionables.

Afortunadamente, parece que los reguladores de la Unión Europea están empezando a despertar del estupor y se están dando cuenta de las travesuras de Big Data. El Reglamento General de Protección de Datos (GDPR) es un conjunto de normas de 2016 que se aplica a todas las empresas que sirven a los ciudadanos de la UE y que entrará en vigor el 25 de mayo de 2018. A lo largo de 200 páginas[41], GDPR considera la protección de los datos personales como un derecho fundamental y dice: "El tratamiento de los datos personales debe estar al servicio de la humanidad". GDPR prohíbe a las empresas tener más datos personales de los necesarios y exige que se mantengan durante el menor tiempo posible, al tiempo que concede a los usuarios "el derecho a ser olvidados", la posibilidad de entrar y hacer que todo lo que tenga que ver con ellos se elimine de los servidores de la empresa. GDPR también prohíbe la "toma de decisiones y la elaboración de perfiles automatizados" por parte de las máquinas sobre la base de datos personales, como cuando alguien solicita una tarjeta de crédito y se le niega automáticamente sobre la base de una puntuación o perfil. Las multas para las grandes empresas de datos que incumplen el GDPR no son, sin duda alguna, una palmadita en la muñeca, ya que ascienden a 20 millones de euros o al 4% de su volumen de negocios mundial anual, lo que sea más elevado.

.

Capítulo 15 - Perfiles Ocultos

Mientras tanto, Facebook seguirá recopilando datos, incluso sobre las personas que no se preocupan por Facebook o que tienen un perfil. El mismo esquema que vimos con Target se repite a medida que Facebook recopila pequeñas cantidades de datos privados sobre personas a las que se hace referencia en los contactos, mensajes y contenidos de las personas. Estas personas están siendo constantemente rastreadas sin darse cuenta y mientras piensan que son anónimas. Esto se llama "perfil oculto" y va mucho más allá de lo que cualquiera podría imaginar, dando a Facebook una extraña capacidad para emparejar a nuevos usuarios con amigos de toda la vida y compañeros de clase casi instantáneamente[42].

Los perfiles ocultos se revelaron accidentalmente en 2013 cuando los usuarios pudieron descargar un archivo que les mostraba todos los datos que Facebook tenía en ellos. El archivo también contenía todos los datos de todos los amigos del usuario, incluidos los datos que los amigos no compartían públicamente con Facebook. Ese mismo año, Facebook experimentó otra vergüenza cuando se filtraron 6 millones de números de teléfono de usuarios que nunca los compartieron con la plataforma. Recuerde lo que hablamos: Big Data y un poco de ingeniería social conducen a violaciones masivas de la privacidad. Mark Zuckerberg sería interrogado en 2013 por el

Comité de Energía y Comercio de la Cámara de Representantes sobre el tema de los perfiles de sombra, donde declaró que no sabía realmente cuáles eran y esquivó todas las preguntas con una variación de "no lo sé"[43]. Como vimos anteriormente, los ejecutivos se benefician mucho al dejar que las cosas funcionen por su cuenta sin estar involucrados en nada.

¿Cómo se hacen exactamente los perfiles ocultos? Es debido a los "metadatos", un concepto extraño y sutil, así que hagamos un inciso y expliquemos qué es. La definición es "datos sobre datos", pero podemos decir que es todo lo impersonal sobre un evento. Por ejemplo, cuando usted tiene una conversación telefónica con alguien, el contenido son datos privados, pero el tiempo que duró la llamada es metadatos. Mientras que los datos privados están generalmente protegidos contra intrusiones, los metadatos apenas se consideran, y eso es exactamente lo que las empresas como Facebook hicieron. Se dieron cuenta de que tener suficientes metadatos *revela datos privados con un alto grado de certeza*. Es como si la compañía fuera capaz de espiar los mensajes y conversaciones privadas simplemente sabiendo cuándo y dónde fueron enviados. Vuelva al principio de este capítulo y relea el incidente de Target: los metadatos privados y los metadatos se revelan entre sí.

Ahora imagínese a Alice y Bob charlando a través del Messenger de Facebook. Si se trata de la aplicación para Smartphone, ambos ya permitieron que la aplicación accediera a casi todo en su dispositivo para instalarlo: contactos, archivos, información Wi-Fi y GPS, cámara, micrófono, acelerómetro (dispositivo que muestra la rapidez con la que se inclina el dispositivo) y mucho más. Con la aplicación simplemente teniendo acceso a cualquiera de esas categorías de metadatos a través de millones de personas, Facebook puede rastrear a las personas de todo tipo de maneras. Por ejemplo, conocer los nombres de las redes Wi-Fi que Alice y Bob encuentran durante el día permite a Facebook saber lo cerca que están entre sí; seguir el acelerómetro permite a Facebook ver si a Alice y Bob les gusta correr y marcar el lugar donde los teléfonos se quedan quietos durante la noche como sus hogares; si la aplicación hace un seguimiento de la fuerza de una señal Wi-Fi, es posible saber si está en la otra habitación, detrás de una puerta y mucho más. Todo se reduce a lanzar tan lejos de la red como sea posible y agarrar absolutamente todos los metadatos.

La estrecha inteligencia artificial que procesa tanto los mensajes de Alice como los de Bob anotará constantemente notas sobre lo que se está diciendo, así que supongamos que mencionan a Jack, que no tiene un perfil en Facebook y ni siquiera usa Internet. La IA escanea los contactos de Alice y Bob y encuentra el mismo número de teléfono que se refiere a "Jack Wilshere", concluyendo que es la misma persona y comienza a construir alrededor de ella. La IA escaneará las caras en fotos y gracias a la función de etiquetado tendrá un tiempo mucho más fácil para encontrar a Jack, buscar palabras clave en conversaciones y contactos de referencia para averiguar todo sobre él, incluyendo sus relaciones amorosas y familiares. De esta manera, Jack está siendo rastreado porque la gente que lo conoce es descuidada con sus datos mientras él piensa que está fuera de la red. La explicación oficial de toda esta actividad de fondo es la función "personas que usted puede conocer" de Facebook. En el PC es un poco diferente gracias a las diferentes herramientas de privacidad que la gente puede usar, con los botones "Me gusta" en todos los sitios web que siguen a la persona siempre y cuando esté conectada a Facebook y, posiblemente, incluso al cerrar la sesión.

Las aplicaciones de Facebook (incluidas Instagram y WhatsApp) también podrían estar escuchando no solo a los propietarios de teléfonos inteligentes, sino a todos los que les rodean, como sugirió en 2016 Kelli Burns, profesora de comunicación de masas del sur de Florida. Ella mencionó ciertos temas alrededor de su teléfono inteligente y más tarde encontró anuncios para esos mismos temas. Otros usuarios lo intentaron ellos mismos y obtuvieron resultados similares, como dejar el Smartphone junto a una emisión de radio en español para obtener anuncios en español al día siguiente. Facebook introdujo esta función en 2014 como una forma de identificar rápidamente lo que estaba sucediendo alrededor del usuario y ayudarlo a escribir sus actualizaciones; por ejemplo, alguien que esté viendo un partido de hockey podría empezar a escribir "estoy en un" y la IA autocompletaría la actualización de Facebook basándose solo en el ruido. Facebook trató de calmar la controversia afirmando que "nunca almacenamos audio crudo", lo que significa que hay un procesamiento contextual por parte de la IA, que es, de nuevo, la forma en que Facebook puede afirmar que nadie está siendo espiado - no lo hace un humano. Simplemente no hay desventajas para los usuarios de minería de datos hasta que las vacas regresan a casa.

Capítulo 16 - Windows 10

Hemos visto cómo Target y Facebook recopilan datos de todo el mundo, así que mientras nos mantengamos alejados de las tiendas de descuento y las redes sociales, nuestros metadatos y datos privados deberían estar seguros, ¿verdad? Ni de lejos, porque es cuando todas las demás empresas empiezan a entrar en acción cuando conseguimos un control total sobre nuestra privacidad. Cuando una de las mayores empresas de software, Microsoft, comienza a recopilar datos privados de forma intrusiva a través de Windows, estamos a punto de experimentar un cambio radical, una avalancha total de productos y servicios de pago de los que no podemos prescindir y que, sin embargo, estarán recopilando nuestros datos privados las 24 horas del día, los 7 días de la semana. En este caso la fuente de la controversia es la telemetría.

La telemetría es un subconjunto de metadatos y representa el uso de algún programa o dispositivo, por ejemplo, cuántas veces un usuario ha iniciado un programa determinado o ha abierto el mismo archivo en un dispositivo. Cada vez que un programa o aplicación se bloquea y tenemos la opción de enviar un informe de fallo a los desarrolladores, en realidad enviamos telemetría para ayudarles a averiguar qué pasó. Esa es una forma legítima de usar la telemetría, pero tenga en cuenta que esto significa que hay una causa real (choque), el usuario es notificado y tiene que realizar una acción para enviar datos, después de lo cual la recolección de telemetría se detiene.

La recolección de telemetría no suena necesariamente mal, pero cuando se hace a escala masiva los datos privados de todos se ponen en peligro, incluso de aquellos que no usan el producto o servicio, tal y como vimos con Facebook y Target. Por ejemplo, conocer el tiempo medio que tarda el usuario en hacer doble clic en un icono o en cambiar una configuración de Windows 10 puede mostrar discapacidades pasadas, presentes o futuras; el análisis de voz de los usuarios puede indicar ansiedad, estrés o problemas psicológicos que los usuarios ni siquiera conocen. Esos son solo dos puntos de datos, pero si una persona utiliza Windows 10 a diario, se entera de *todo*.

Windows 10 es el último sistema operativo que Microsoft producirá, basado en el diseño de Windows 8 y mantenido Evergreen a través de actualizaciones constantes y obligatorias. Windows 10 se distribuyó inicialmente de forma gratuita a todo el mundo durante un período de 1 año cuando fue lanzado en 2015, lo que debería ser suficiente para dar una pista de que había algún tipo de truco de minería de datos ahí. En este momento, Windows 10 se vende por $119 para Home Edition, que es la versión más básica destinada a los usuarios menos informados, y recopila una gran cantidad de datos destinados a la creación de perfiles y la publicación de anuncios. Así, Windows 10 viene con una etiqueta de precio, muestra anuncios y también extrae datos de sus usuarios, dando a Microsoft una triple fuente de ingresos a través de un producto y un usuario.

Windows 10 incluye anuncios personalizados en el escritorio, en el menú Inicio y en el explorador Edge. Incluso si el usuario compró una de las versiones más potentes, todavía va a ver anuncios, incluyendo un anuncio de salvapantallas cuando el equipo está inactivo gracias a la característica conocida como Windows Spotlight que los descarga desde Bing. Esta característica puede ser desactivada, aunque un usuario curioso también puede hacer clic en la esquina superior derecha y "me gusta" o "no me gusta" para mostrar a la IA qué enseñarle la próxima vez. Los anuncios también aparecerán en la barra de tareas y pueden aparecer en el Centro de actividades (conocido como Panel de control en versiones anteriores de Windows). Un programa especial conocido como "Get Office" viene con Windows 10 y muestra regularmente un anuncio de Microsoft Office. Estas funciones pueden desactivarse, aunque algunos usuarios han informado de que pueden volver a activarse automáticamente después de una actualización.

Todos los programas de Windows 10 se compran a través de la tienda de Windows y están muy protegidos de las interferencias del usuario. Esto generalmente significa poco en el camino de la personalización: sin macros de ratón, superposiciones o modulación. Si hay algún problema con un programa en otras versiones de Windows, normalmente hay una solución, pero con Windows 10 no hay ninguna. Además, la política oficial de Microsoft para la compra en Windows Store es "todas las compras son definitivas y no reembolsables"[44].

Windows 10 reúne toda la telemetría de todo el hardware y todo el software del equipo y conectado a él, incluidas las redes y los nombres de Wi-Fi. Los datos personales de los usuarios se adquieren a través de corredores de datos, se comparten con empresas asociadas y se obtienen de ellas, se extraen de las publicaciones de los usuarios en los medios sociales públicos y de fuentes de acceso público, como las bases de datos gubernamentales. Estos datos incluyen los intereses y favoritos del usuario, consumo de contenido, datos de voz ("pueden incluir sonidos de fondo"), datos de texto e imagen, contactos y relaciones, datos sociales ("gustos, disgustos, eventos"), datos de ubicación y otras entradas, tales como el marco de alambre esquelético cuando se utiliza Kinect de Xbox. Nos estamos calentando porque el kicker está en el asistente virtual de Windows 10, Cortana. Cortana, que lleva el nombre de un asistente de la serie de videojuegos "Halo", se suponía que iba a ser la característica que más atraería a los usuarios, algo así como Kinect de Xbox.

Cortana es una IA estrecha centrada en el reconocimiento del habla y la comprensión de la intención del usuario, lo que justifica una sección especial en términos de servicio. La idea detrás de Cortana es que el usuario pueda usar su voz para buscar en la web, abrir archivos, añadir fechas de calendario, etc., y que ella se vuelva más inteligente con el uso repetido. Para lograrlo, estudia las relaciones analizando "llamadas, mensajes de texto e historial de correo electrónico", realiza un seguimiento de las personas con las que el usuario se pone en contacto, da sugerencias sobre fechas y tareas, utiliza el historial de Edge para aprender sobre el usuario, y comparte datos que obtiene de servicios de terceros, como Office 365, LinkedIn y Uber. Las cosas que Cortana aprende sobre el usuario se almacenan en el portátil, donde el usuario puede acceder y editar manualmente si algo es incorrecto, lo que forma parte de su aprendizaje supervisado.

Toda esta minería de datos está admitida allí mismo en la Declaración de privacidad de Microsoft, bajo una docena de botones "Leer más" que esconden una gran cantidad de viñetas[45]. Para ser claros, Windows 10 es una gran herramienta de productividad, Facebook es una manera de mantenerse en contacto con amigos y parientes lejanos, mientras que Target tiene todo en un solo lugar; el problema está en su incesante y encubierta recopilación de datos privados que viene como una propuesta de todo o nada. Estas empresas no tienen un principio rector sobre la recopilación de datos privados, excepto lo que más les beneficia, por lo general no les importa lo que sucede con los datos una vez que se han salido con la suya y a menudo los comparten, los venden o los dejan de lado para que cualquier persona pueda diseñar socialmente su acceso a ellos. La reunión de telemetría ya se había hecho antes, pero nunca hubo un ejemplo tan descarado y completo como el de Windows 10. Lo peor de todo es que los usuarios están pagando por ello y sienten que han recibido un gran trato.

Capítulo 17 – Biometría

Todo está bien si los datos privados recolectados giran en torno a mensajes, contactos y nombres de archivos; ¿qué sucede cuando una empresa comienza a recopilar datos verdaderamente personales, como el ADN, y estos son robados? Ahora entramos en el mundo de la biometría, información privada como las huellas dactilares de la persona, el tono de voz y la forma de la cara utilizada para identificarla positivamente. Las huellas dactilares se han utilizado durante siglos para localizar a los delincuentes, pero no son concluyentes de ninguna manera y siempre hay un margen de error, a pesar de lo que vemos en CSI. Comparar dos huellas dactilares significa elegir un número arbitrario de puntos de referencia en ambos y ver si coinciden; si lo hace lo suficiente, entonces el experto forense que hace la comparación está bastante seguro de que es la misma persona. Sin embargo, los gemelos idénticos pueden tener huellas dactilares idénticas y si alguna vez logramos una clonación estable, los clones presumiblemente también tendrán huellas dactilares idénticas. La legislación está tan hilarantemente detrás del presente que ni siquiera está considerando la clonación, así que depende de nosotros proteger nuestros datos biométricos tanto como sea posible.

Las empresas de tecnología ya están considerando la biometría como una forma supuestamente imposible de piratear para eliminar las contraseñas que se pueden adivinar o los teléfonos inteligentes que se pueden robar. Los últimos modelos de iPhone ya están utilizando botones caseros que reconocen las huellas dactilares y permiten el escaneo facial para desbloquear el dispositivo. Las redes sociales (de nuevo Facebook) están muy avanzadas en la recopilación de enormes franjas de datos biométricos en todos sus usuarios, pero ahora otras industrias han comenzado a hacerlo también, todo ello bajo el pretexto de una mayor comodidad. En 2017, Caliburger instaló quioscos de comida rápida en Pasadena con reconocimiento facial donde los clientes simplemente necesitan sonreír para mostrar su historial de compras, con planes para eliminar los pagos en efectivo y con tarjeta y hacerlo todo sobre biometría. En Jinan, China, las cámaras de reconocimiento facial filman a las personas que cruzan la calle, escanean los registros policiales, muestran sus fotos en carteles públicos y las avergüenzan delante de todos. El plan es tener eventualmente una "buena puntuación ciudadana" para todos los chinos, un valor de cuánto benefician a la sociedad. El objetivo declarado es "dificultar que los desacreditados den un solo paso"[46].

La historia ha demostrado que no existe una medida de seguridad perfecta. Toda la seguridad depende de la disuasión y de poder molestar al ladrón potencial hasta que se rinda y encuentre un objetivo más fácil. Esto significa que, si un villano está lo suficientemente determinado, no hay ninguna medida de seguridad que lo detenga, con el problema añadido de que la biométrica no puede cambiarse. El robo de identidad en una sociedad regida por un estrecho sistema de inteligencia artificial y la biometría son una perspectiva realmente aterradora, ya que la víctima ya no tiene forma de obtener una nueva identidad y llevar una vida normal. Incluso la semejanza de la persona es suficiente para meterla en problemas.

Ya existe una estrecha IA que puede escanear la cara de una persona y superponerla sobre la cabeza de otra persona, haciendo que parezca que Elvis o la Madre Teresa están de vuelta, diciendo y haciendo todo tipo de cosas escandalosas. Este proceso se conoce como "deepfake" y se puede realizar con un simple programa de código abierto llamado FakeApp. Desarrollado por la división de Inteligencia Artificial de Google en 2015, este programa utiliza redes neuronales para procesar los datos biométricos del objetivo y de la víctima y empalmarlos. Un reportero del New York Times intentó cambiar su cara con la de Jake Gyllenhaal con la ayuda de un experto[47] y obtuvo resultados aceptables en solo 3 días y unos 90 dólares, el coste de la electricidad y el alquiler de un servidor remoto para el programa. Por supuesto, cuanto mayor sea la semejanza, mejores serán los resultados, pero vivimos en tiempos escandalosos en los que incluso un vídeo falso y obvio puede provocar una protesta pública. Por ahora el programa requiere miles de fotos de alta definición de ambas caras para obtener los mejores resultados, pero no debemos contar con la pereza de los villanos para mantenernos a salvo.

.

Capítulo 18 - Máquinas auto-replicadoras

Colonizar un ambiente inhóspito es un camino pavimentado con huesos de pioneros y constructores fronterizos, como lo demuestra el desarrollo de la colonización del Nuevo Mundo. En 1607, un grupo de 104 hombres zarpó hacia lo que hoy es Estados Unidos y fundó Jamestown, la capital de Virginia, para extraer recursos e iniciar una colonia. En 10 años, el 80% de ellos estaban muertos debido a la inanición, las enfermedades y el gobierno militante de John Smith, que finalmente tuvo que casarse con la hija de un jefe indio, Pocahontas, para dar a los colonos por lo menos un respiro. Fue solo cuando los colonos comenzaron a cultivar y vender tabaco que los colonos comenzaron a entrar a raudales, habiéndoles prometido tierras libres si se entregaban voluntariamente a la servidumbre por contrato para cultivar el tabaco en condiciones infernales.

Si nos aventuráramos a la superficie de Marte tendríamos que enfrentarnos a las mismas o incluso peores circunstancias: enviar olas de colonos a una muerte segura, teniendo cada nuevo grupo unas posibilidades ligeramente mayores de supervivencia hasta que lograran hacer una economía auto sostenible que apoyara las condiciones de vida, creara comodidades para que las mujeres se fueran voluntariamente, les permitiera reproducirse y luego redujera la mortalidad infantil hasta el punto en que la población colona también fuera auto sostenible. Pero, ¿y si tuviéramos máquinas inteligentes para hacer la liquidación inicial por nosotros?

Entra Von Neumann, un científico húngaro de principios del siglo 20 que teorizó sobre las estructuras auto-replicantes que tenían una especie de ADN mecánico antes de que se descubriera el ADN. Imaginó una máquina que llevaría un plano de sí misma y podría construir una impresora que leyera el plano y lo replicara. Simplemente haga un par de millones de estos cachorros en la Tierra, envíelos a Marte y espere un par de décadas. Escanearán la superficie, la explotarán en busca de materiales y se multiplicarán, como lo haría un organismo vivo, creando refugios, carreteras y cartografiando el entorno para la ola inicial de colonos que ahora tienen sólidas posibilidades de hacerlo.

Von Neumann también consideró la idea de sondas espaciales auto-replicantes que pudieran estudiar, guiar o destruir la evolución de las formas de vida alienígenas para satisfacer las necesidades de la humanidad, lo que inspiró a Arthur Clarke a escribir su libro "2001: Una odisea en el espacio", en el que un monolito negro ayuda a los primates a ascender a los seres humanos y luego a los "niños de las estrellas" (por eso, en la escena de clausura de la obra, se muestra a un bebé flotando en el espacio). Stanley Kubrick convirtió la novela en una película, que es un verdadero placer para la vista y el cerebro. ¿Pero cómo apagamos las máquinas de Von Neumann? Digamos que los científicos aún no han resuelto todos los problemas.

La idea de las máquinas inteligentes auto-replicantes consumió a los científicos de la época hasta el punto de que algunos negaron cualquier existencia de inteligencia extraterrestre simplemente porque habrían pensado en hacer las máquinas de Von Neumann ellos mismos y nosotros ya las habríamos encontrado. El otro grupo de científicos respondió que cualquier alienígena *inteligente* se daría cuenta de lo peligrosas que son las máquinas de Von Neumann para sí mismo y no las haría en primer lugar, lo que nos devolvería a la casilla de salida y haría que este debate no fuera más científico que el de dos niños gritándose uno al otro en el patio de recreo: "¡Mi padre puede levantar elefantes infinitos más que tu padre!

En cualquier caso, las olas de las máquinas Von Neumann todavía requerirían muchos recursos, pero ¿qué tal si las hacemos microscópicas? Aquí es donde encontramos nanobots (o nanites), pequeños y esperanzadamente inteligentes robots que pueden manipular la materia a nivel molecular. Nadie ha creado nanobots todavía, pero se han creado y probado nanomotores e interruptores. Cuatro biólogos computacionales israelíes publicaron un artículo de investigación[48] en 2012 donde hablan sobre la creación de fármacos inteligentes y programables que solo van tras las células enfermas. Por ahora, estos científicos han hecho una puerta lógica NOR (ambas entradas deben ser negativas) dentro de una célula de E. coli que brilla verde si ciertos genes están funcionando como deberían, pero que puede convertirse fácilmente en un fármaco que entra en cada célula cancerosa y busca ver si los genes están bien, si no, boom va la célula. El mismo trabajo de investigación muestra cómo crear puertas lógicas NOT, AND y OR dentro de la célula, que es todo lo que necesitaríamos para crear un ordenador, aunque sea uno vivo.

En teoría, los nanobots son capaces de tomar cualquier cosa y convertirla en cualquier otra cosa con el tiempo suficiente. Esto abriría las puertas a la alquimia real, ya que los nanobots convierten el plomo en oro, las piedras en diamantes y las ramitas en titanio. La raza humana nunca más tendría necesidad de nada y viviríamos en un paraíso, o al menos esa es la idea. La aplicación más importante de los nanobots está en la medicina, ya que podríamos darle al paciente una cápsula llena de nanobots que se disuelve en el estómago y los hace inmortales.

La idea misma de la cirugía usando cuchillas afiladas parecería tecnología de cavernícola, ya que los nanobots se precipitan en el torrente sanguíneo del paciente y empiezan a escanear células individuales, comparando todo lo que encuentran con el plano genético que llevan y restaurando cualquier daño. Si se encontrara alguna infección o parásitos, los nanobots literalmente se desensamblarían y los convertirían en combustible para ellos mismos o en tejido vivo para reparar el cuerpo. Mientras los nanobots estén activos, y por definición sean capaces de reproducirse indefinidamente, la persona sanará de cualquier herida y se volverá inmune a cualquier veneno. Esto sería lo más cerca que estaríamos de hacer humanos que tuvieran las mismas habilidades regenerativas que Wolverine o Deadpool. ¿Existe algún peligro en el uso de estos nanobots? Claro que sí, y una vez más, los escritores de ciencia ficción están muy por delante de nosotros.

El cuento "Música de sangre"[49] de Greg Bear, ganador de un premio en 1985, habla de un investigador que se inyecta con nanobots médicos en los que estaba trabajando en un intento desesperado de salvar su proyecto cuando los superiores se enteran de su estado de desarrollo. Estos nanobots son capaces de aprender y pronto se organizan en grupos celulares inteligentes, llegando a ser cada uno de ellos tan inteligente como un humano. Los nanobots entonces alcanzan niveles generales de inteligencia IA, expandiéndose dentro de su cuerpo y fijando todo a su gusto hasta que descubren la barrera hematoencefálica. La empresa matriz intenta intervenir, pero ya es demasiado tarde y los nanobots asumen el control. Tienen una visión diferente de la vida y la evolución, pero, aunque lo mejor es no revelar la trama retorcida, digamos que las cosas *se salen de control* muy rápidamente.

Por ahora ni siquiera hay una teoría sobre cómo podríamos comunicarnos con los nanobots o decirles lo que queremos que hagan, lo cual es un pequeño inconveniente. Debido a que los nanobots serían igualmente capaces de arreglar y destruir todo lo que amamos, simplemente tendríamos que dejarlos sueltos y cruzar los dedos para lograr lo mejor. Si se convierten en duendes maliciosos que se lo tragan todo, el mundo entero estaría al borde del colapso irreversible. Una vez más, los escritores han encontrado un nombre pegadizo para el escenario "gray goo".

El escenario de gray goo nos pide que imaginemos nanobots que tienen la habilidad de replicarse a sí mismos, pero por cualquier razón se volvieron locos - en lugar de sanar a la gente o crear obras de ciencia, simplemente están multiplicando y procesando todo lo que les rodea en sustancia viscosa. Poco poético pero muy realista, aunque el autor de la frase, Eric Drexler, en su libro de 1986 "Motores de Creación"[50], admite que esto ya debería haber ocurrido con los organismos vivos si tuvieran recursos infinitos. Eric más tarde dirá "me arrepiento de haber acuñado la frase", ya que le quitó el protagonismo a todo lo demás que ha dicho.

Conclusión

A lo largo de este libro hemos cubierto el aprendizaje automático, la IA, la minería de datos, Big Data, los nanobots y los conceptos relacionados. Cada uno de estos temas es mucho más complejo de lo que las agencias de noticias nos permitirían creer y promete volverse más intrincado a medida que pasa el tiempo y las compañías privadas avanzan hacia áreas grises legales. Las fuentes presentadas aquí muestran que el pánico de la IA propagado por las principales fuentes de noticias es en gran medida infundado (aunque atrae clics y vende noticias) y nadie puede decir realmente si tendremos problemas o no (y cuándo) debido a la IA. Las empresas que emplean el aprendizaje automático terminan contratando más trabajadores en lugar de menos, apuntando hacia un futuro en el que todos seremos más productivos gracias a la IA estrecha. Además, la fuente real de peligro es la invasión desenfrenada de la privacidad que subyace en el aprendizaje de las máquinas, como la minería de datos y Big Data, que afortunadamente están empezando a ser frenadas en la UE. Los conductores tampoco están cerca de perder sus empleos a causa de los vehículos de IA, ya que siempre habrá suficientes caminos de grava y tierra para transportar carga.

Tenemos que estar preparados para la aparición de máquinas, por no hablar de máquinas inteligentes y autónomas. Al igual que los padres que esperan que su hogar sea a prueba de bebés para asegurarse de que el pequeño pueda explorar y madurar con seguridad sin lastimarse o causar daños indebidos, la IA y los androides han estado viniendo durante al menos 50 años, pero no hemos hecho nada para que nuestra sociedad y nuestra cultura sean a prueba de aprendizaje. No existe un debate público sobre el impacto de las máquinas en las estructuras sociales humanas, no hay salvaguardias para la protección de los datos privados humanos (excepto el GDPR) y la biométrica, y no hay límites legales claros para los derechos y responsabilidades de la IA, lo que significa que cualquiera puede hacer lo que quiera, algo que las empresas privadas hacen todo el tiempo. Tenga la seguridad de que la fuga de datos de Cambridge Analytica es solo la punta del iceberg del escándalo y que todo ha vuelto a la normalidad.

Es hora de que el público en general inicie un debate profundo y razonable sobre qué hacer con el aprendizaje automático, a dónde queremos que vaya y cómo imaginamos nuestras vidas en el futuro. Necesitamos involucrar a nuestros seres queridos en una discusión sobre los juegos de azar, Internet o la adicción a los medios sociales y guiarlos a través de las problemáticas aguas de la adultez para que todos podamos ser más sabios. De lo contrario, las máquinas podrían poco a poco dominar y reemplazar sus capacidades de pensamiento para convertirnos en nuestros amos insensibles e indiferentes en lugar de en sirvientes y compañeros fiables. La peor parte es que podría llegar a gustarle esa servidumbre.

Este libro ha tratado de aclarar algunos de los conceptos y conceptos erróneos más comunes del aprendizaje con máquinas hasta el punto de que un lector lego puede involucrarse en un debate y mantener su posición con un experto. Nadie tiene todas las respuestas correctas, ni siquiera los científicos más inteligentes que trabajan en estas máquinas, pero todos deberíamos involucrarnos y abordar el problema de cabeza porque no hay forma de huir de él. Si este libro ha hecho que el lector se sienta inspirado y animado a hablar sobre el aprendizaje automático, entonces ha hecho su trabajo y con suerte ha convertido esta mezcolanza de temas densos en una lectura entretenida.

Glosario

IA: Programa independiente que puede aprender del entorno y adaptarse a él. Hasta ahora solo existe una **IA estrecha**, como la que se encuentra en una Roomba. Los científicos apuntan a la **IA general** y temen a la **súper IA.**

Algoritmo: Conjunto de instrucciones para una máquina. La misma entrada siempre produce el mismo resultado.

AlphaGO: Google's Go jugando a la **red neuronal**. Ha derrotado con facilidad al mejor jugador humano del mundo en 2016 utilizando **la búsqueda en el árbol de Monte Carlo.**

Arthur Samuel: Graduado del MIT que inició el **aprendizaje automático** como ciencia. Creó un programa inteligente de juego de damas que podía aprender jugando contra sí mismo.

Piloto automático: Lo que realmente hacen los "automóviles de auto conducción". Mejor descritas como lanzaderas automáticas.

Big Data: Cantidad masiva de **datos privados** que revelan tendencias de comportamiento y que son imposibles de salvaguardar. También puede incluir **metadatos**. Existe en la **nube**.

Big Dog: Robot de cuatro patas que puede caminar por sí solo y recuperar el equilibrio. La empresa propietaria fue comprada más tarde por Google.

Biometría: Medidas del cuerpo de una persona, incluyendo la altura, la forma de la cara y las huellas dactilares, utilizadas para identificarse.

Fuerza bruta: Resolución de problemas que pasa ciegamente por las opciones una a una hasta que se encuentra una solución. Precursor del **aprendizaje automático**.

Cambridge Analytica: Empresa que compró datos privados de Facebook que **Michal Kosinski** recopiló a través de su test de personalidad en Facebook. Sin relación con la Universidad de Cambridge.

Código fuente cerrado: Código de programa que está ofuscado, pero todavía utilizable. Solo la empresa que lo hizo puede verlo, editarlo y compartirlo en sus propios términos. Frente al **código abierto**.

Nube: Un término de marketing para el ordenador de otra persona. Los usuarios no suelen tener derecho a sus **datos privados** en la nube.

Cortana: IA estrecha exclusiva de Windows 10. Utiliza todos los datos presentes en el sistema.

Minería de datos: Recopilación de **datos privados** de usuarios ingenuos a través de medios oscuros, como el seguimiento de Facebook de los usuarios registrados en los sitios web a través de botones Like.

Deep Blue: el programa de ajedrez de IBM que derrotó al entonces mejor jugador humano, Gary Kasparov, en 1996. Trabajó por la **fuerza bruta**.

Deepfake: Vídeo donde los rostros han sido alterados digitalmente usando **aprendizaje profundo** y fotos para hacer una falsificación realista.

Aprendizaje profundo: Nuevo nombre para **las redes neuronales**.

Emergente: Propiedad que aparece (emerge) por sí sola a partir de algo que construimos. Se cree que la súper IA es una propiedad emergente de la **IA general**, que es una propiedad emergente de la **IA estrecha**.

Evergreen software: Programa informático de mala calidad que requiere actualizaciones constantes para que apenas funcione.

Flippy: El brazo giratorio robótico para hamburguesas de Caliburger que puede cocinar hamburguesas por su cuenta, utilizado con fines promocionales. Funciona mal todo el tiempo y necesita un mantenimiento constante.

GDPR: Conjunto completo de leyes y políticas establecidas el 25 de mayo de 2018 en toda la Unión Europea. Un serio intento por parte de la UE de poner freno a la **minería de datos** y a la **Big Data**, que considera el derecho al olvido como un derecho fundamental. Las multas para las empresas obstinadas ascienden a 20 millones de euros y más.

IA General: IA que tiene la curiosidad y la comprensión de un humano. Hasta ahora no ha sido creada, pero se presume que evoluciona muy rápidamente hacia una **súper IA**.

Gray goo: Escenario teórico del día del juicio final en el que los **nanobots** de Haywire consumen toda la Tierra. Se cree que es altamente improbable, ya que todos los recursos son finitos.

Reconocimiento de imágenes: Enseñando a **las redes neuronales** a ver y entender las imágenes como lo haría un humano.

Puertas lógicas: Circuitos que pueden tomar cualquier número de entradas, pero siempre producen una salida. Existen en varias variedades y pueden combinarse. Imprescindible para hacer un ordenador.

Aprendizaje automático: Proceso que desarrolla un programa de ordenador y le permite experimentar el mundo como lo haría un ser vivo. Dado que se dispone de suficientes **datos privados**, este programa informático puede predecir las tendencias de comportamiento de los usuarios. Al contrario de la **programación estática**.

El Turco Mecánico: Máquina hecha en 1770 que se asemeja a un hechicero turco sentado en un armario. Jugaba al ajedrez a un nivel muy fuerte, pero en realidad tenía un operador oculto dentro del gabinete. Destruido en un incendio en 1840.

Metadatos: Datos sobre los datos, como el tiempo que duró una llamada telefónica. Tiene protecciones legales endebles. Cuando se compila en cantidades masivas expone tendencias generales de comportamiento (ver **Big Data**).

Michal Kosinski: Profesor de psicología en Cambridge. Creó un concurso masivamente popular en Facebook en 2008. Recopilación de datos privados compartidos voluntariamente por los usuarios y venta de los mismos a **Cambridge Analytica**.

Búsqueda en el árbol de Monte Carlo: **Algoritmo** informático que se ejecuta a través de movimientos en varios juegos por turnos (damas, ajedrez, etc.) y les da un valor basado en la probabilidad de ganar. Puede llevar una cantidad desmesurada de tiempo comprobar todas las jugadas en partidas muy complejas.

Nanobots: Robots del tamaño de un nanómetro (10-9 m) que puede desensamblar la materia y crear cualquier cosa. Podría llevar al escenario de la sustancia **gray goo**. Hasta ahora solo existen en la ciencia ficción. También conocidos como "nanites".

IA Estrecha: IA que solo puede hacer una tarea. Un ejemplo es el piloto automático en **Tesla**. Gradualmente mejorando y extendiéndose por todas partes.

Procesamiento del lenguaje natural: Redes neuronales que trabajan para analizar palabras, oraciones e ideas. Se utiliza en la traducción y en la redacción automática.

Redes neuronales: Programas de computadora combinados para asemejarse a las neuronas en un cerebro vivo. Los datos se envían entre nodos y se alteran ligeramente con cada pasada. Utilizado en el **reconocimiento de voz e imágenes**.

Código abierto: Código de programa disponible para todos para descargar, compartir, editar y ganar dinero. Opuesto a la **fuente cerrada**.

Datos privados: Bits de datos no destinados al público, como el contenido de una llamada telefónica (ver **Big Data**).

Derecho al olvido: El derecho de las personas a solicitar la supresión de sus **datos privados**. Puede aplicarse a un **motor de búsqueda** que contenga un artículo de noticias vergonzoso o falso.

Motor de búsqueda: El lado público de una **IA estrecha** a través del cual los usuarios pueden buscar. Contiene información sobre las tendencias de comportamiento de sus usuarios.

Auto conducción: Término de marketing para los automóviles con **piloto automático**. Todavía no hay **automóviles de auto conducción** y es poco probable que aparezcan en los próximos 50 años.

Perfil oculto: Seguimiento no autorizado de los usuarios que intentan proteger sus **datos privados**. El término apareció por primera vez en Facebook, pero es probable que todas las redes sociales creen perfiles de sombra, ya que no son ilegales.

Ingeniería social: Obtener la confianza de los empleados de una empresa para secuestrar los datos privados de los usuarios.

SpotMini: Versión avanzada de **Big Dog**. Tiene un brazo robótico donde debería estar su cabeza que puede abrir puertas.

Programación estática: Programación de software para que funcione de forma inmediata. Lo contrario del **aprendizaje automático**.

Súper IA: IA divina que puede llevar a nuestra civilización al caos. Se desconoce cuándo podría aparecer, pero se especula con seguir rápidamente la aparición de la **IA general**.

Aprendizaje supervisado-Aprendizaje automático realizado bajo los auspicios de un profesor humano (en comparación con el **aprendizaje no supervisado**).

Telemetría: Datos relacionados con el uso de algún programa o dispositivo. Por ejemplo, la telemetría **Tesla** puede mostrar cuántas veces un conductor ha girado a la izquierda en el último mes.

Tesla: Auto eléctrico con capacidad de **piloto automático**. Requiere la atención del conductor en todo momento y no es auto conducción. Muy buscado, pero todavía poco fiable para la adopción masiva.

Aprendizaje no supervisado-Aprendizaje automático realizado sin intervención humana, utilizando solo una cantidad masiva de datos.

Fuentes de Referencia

https://www.eapoe.org/works/essays/maelzel.htm

[2] https://www.eia.gov/tools/faqs/faq.php?id=97&t=3

[3] https://www.popsci.com/technology/article/2009-11/neuron-computer-chips-could-overcome-power-limitations-digital

[4] https://www.wired.com/2016/01/in-a-huge-breakthrough-googles-ai-beats-a-top-player-at-the-game-of-go/

[5] https://arxiv.org/pdf/1412.1897v4.pdf

[6] https://www.sciencealert.com/a-man-who-lives-without-90-of-his-brain-is-challenging-our-understanding-of-consciousness

[8] http://fortune.com/2013/01/07/teaching-ibms-watson-the-meaning-of-omg/

[9] https://bdtechtalks.com/2017/05/12/what-is-narrow-general-and-super-artificial-intelligence/

[10] https://futurism.com/ray-kurzwcil-ai-displace-humans-going-enhance/

[11] http://triblive.com/business/technology/13520920-74/aurora-ceo-chris-urmson-says-self-driving-tech-too-important-not-to-succeed

[12] http://money.cnn.com/2014/10/26/technology/elon-musk-artificial-intelligence-demon/index.html

[13] https://www.washingtonpost.com/news/the-switch/wp/2015/01/28/bill-gates-on-dangers-of-artificial-intelligence-dont-understand-why-some-people-are-not-concerned

[14] https://www.washingtonpost.com/news/speaking-of-science/wp/2014/12/02/stephen-hawking-just-got-an-artificial-intelligence-upgrade-but-still-thinks-it-could-bring-an-end-to-mankind

[15] https://www.forbes.com/sites/forbestechcouncil/2018/02/26/artificial-intelligence-will-take-your-job-what-you-can-do-today-to-protect-it-tomorrow/#771061bc4f27

[16] https://www.kioskmarketplace.com/blogs/will-restaurant-ordering-kiosks-replace-employees/

[17] https://www.youtube.com/watch?v=78-1MlkxyqI

[18] https://globalnews.ca/news/2888337/meet-sophia-the-human-like-robot-that-wants-to-be-your-friend-and-destroy-humans/

[19] http://www.dailymail.co.uk/sciencetech/article-3641468/Pepper-robot-finds-job-healthcare-friendly-droid-trialled-two-hospitals-Belgium.html

[20] https://www.yahoo.com/news/honda-demonstrates-version-asimo-humanoid-robot-074606276.html

[21] https://www.youtube.com/watch?v=W1czBcnX1Ww&feature=player_embedded

[22] https://www.youtube.com/watch?v=aFuA50H9uek

[23] https://www.youtube.com/watch?v=Ve9kWX_KXus

24 https://scholarlycommons.law.northwestern.edu/cgi/viewcontent.cgi?article=1253&context=nulr

25 https://storage.googleapis.com/sdc-prod/v1/safety-report/Safety%20Report%202018.pdf

26 https://www.tesla.com/en_GB/videos/autopilot-self-driving-hardware-neighborhood-long?redirect=no

27 https://www.mirror.co.uk/news/world-news/man-dies-tesla-electric-car-12540699

28 http://www.sun-sentinel.com/local/broward/fort-lauderdale/fl-sb-engulfed-flames-car-crash-20180508-story.html

29 https://www.youtube.com/watch?v=B2pDFjIvrIU

30 http://www.alltrucking.com/faq/truck-drivers-in-the-usa/

31 https://www.theguardian.com/technology/2016/jun/17/self-driving-trucks-impact-on-drivers-jobs-us

32 https://www.theguardian.com/technology/2016/apr/07/convoy-self-driving-trucks-completes-first-european-cross-border-trip

33 https://nypost.com/2018/05/25/amazon-blames-creepy-alexa-incident-on-unlikely-string-of-events/amp/

34 https://www.amazon.com/gp/help/customer/display.html?nodeId=201809740

35 https://www.nytimes.com/2012/02/19/magazine/shopping-habits.html?pagewanted=1&_r=1&hp

36 https://gizmodo.com/facebook-reportedly-wants-to-use-ai-to-predict-your-fut-1825245517

37 https://code.facebook.com/posts/1072626246134461/introducing-fblearner-flow-facebook-s-ai-backbone/

[38] https://motherboard.vice.com/en_us/article/mg9vvn/how-our-likes-helped-trump-win

[39] **https://www.youtube.com/watch?v=yoN7LapRsKI**

[40] https://www.theguardian.com/news/2018/mar/20/facebook-data-cambridge-analytica-sandy-parakilas

[41] https://eur-lex.europa.eu/legal-content/EN/TXT/HTML/?uri=CELEX:32016R0679&from=EN

[42] https://gizmodo.com/how-facebook-figures-out-everyone-youve-ever-met-1819822691

[43] https://techcrunch.com/2018/04/11/facebook-shadow-profiles-hearing-lujan-zuckerberg/

[44] https://www.microsoft.com/en-us/servicesagreement

[45] https://privacy.microsoft.com/en-us/privacystatement

[46] https://www.theatlantic.com/magazine/archive/2018/04/big-in-china-machines-that-scan-your-face/554075/

[47] https://www.nytimes.com/2018/03/04/technology/fake-videos-deepfakes.html

[48] https://www.researchgate.net/publication/230827337_A_programmable_NOR-based_device_for_transcription_profile_analysis

[49] http://www.baen.com/Chapters/9781625791153/9781625791153___2.htm

[50] http://e-drexler.com/d/06/00/EOC/EOC_Chapter_1.html

Segunda Parte: Las redes neuronales

Una guía esencial para principiantes de las redes neuronales artificiales y su papel en el aprendizaje automático y la inteligencia artificial

Introducción

Aladino de "Las mil y una noches" tenía una lámpara mágica que cumplía todos sus deseos al frotarla. Hoy tenemos un teléfono inteligente que sirve de ventana a todo un universo de conocimiento, entretenimiento e incluso asistentes personales inteligentes, como Siri; todo lo que tenemos que hacer es frotar la pantalla. La lámpara de Aladino estaba alimentada por un genio, pero ¿qué hace funcionar a Siri? Las redes neuronales. Es un concepto asombroso que trata de imitar la forma en que funcionan los cerebros vivos fusionando las formas de pensar de las máquinas y los humanos.

El objetivo de este libro es presentar al lector una explicación creíble y legible de las redes neuronales mientras mantiene intactos los conceptos subyacentes. El lector adquirirá conocimientos fundamentales de las redes neuronales a través de capítulos poco relacionados que, sin embargo, hacen referencia a los términos e ideas que se mencionan en todo el libro. El libro en sí no tiene la intención de ser estrictamente académico, sino una mezcla de lo coloquial y lo técnico que lleva este tema emocionante, pero inquietante, a la franja más ancha del público en general. Hay una gran cantidad de codificación y matemáticas detrás de las redes neuronales, pero se supone que el lector no tiene ningún conocimiento o interés previo en ninguna de ellas, por lo que los conceptos se desglosan y se elaboran como tales.

Cada capítulo se hace lo más independiente posible para permitir que el lector salte de un lado a otro sin perderse, con el glosario al final como un resumen útil. En la medida de lo posible, se han incluido referencias para respaldar las conclusiones presentadas y alentar al lector a examinar los medios tradicionales en busca de pistas. En resumen, si el lector considera que este libro es una lectura entretenida y amena mientras aprende lo suficiente sobre las redes neuronales para mantener una conversación cómoda sobre el tema, consideraremos que hemos hecho bien nuestro trabajo.

Capítulo 1 - Antecedentes

Para los fines de este libro, definiremos una **red neuronal** como una colección de varios programas o dispositivos electrónicos que funcionan de manera independiente y que son utilizados por una **inteligencia artificial** (IA) para llegar a una conclusión independiente. Un teléfono inteligente no es una red neuronal, ni una cámara web ni un micrófono, sino un programa de computadora independiente que utiliza un teléfono inteligente, una cámara web y un micrófono para recopilar datos y sacar su propia conclusión. Este tipo de proceso que puede adaptarse a circunstancias novedosas y generar conclusiones únicas sin guía humana se dice que *es artificialmente inteligente*. Debe haber otra cosa que no sea hardware para llamarse una red neuronal o inteligencia artificial, un fantasma en una máquina que puede tomar decisiones inteligentes en secreto sin ser interrumpido o entrenado por un hombre.

El secreto es crucial para el correcto funcionamiento de las redes neuronales: el hecho de que los usuarios no tienen idea de su existencia o en qué capacidad trabajan. Esto se debe a que las redes neuronales dependen del mundo exterior y de la interacción humana incidental para la entrada de información que les ayuda a mejorar su inteligencia; la entrada debe ser inequívocamente verdadera en todo momento o la red neuronal comienza a romperse, mostrando síntomas similares a los de una enfermedad mental. Solo se necesitaría un pequeño porcentaje de usuarios dedicados, enviando entradas sin sentido para desarmar las redes neuronales, al menos hasta que tengan su propia forma de moverse, ver y manipular cosas que sus propietarios ya han comenzado a crear.

Las redes neuronales probablemente transformarán el siglo XXI de la misma manera que las computadoras tradicionales lo hicieron en el siglo XX. De tal forma, la información crítica sobre las redes neuronales desarrollada por universidades y compañías privadas está celosamente guardada de los ojos curiosos del público en general y probablemente involucra investigación militar altamente clasificada. No es de extrañar, ya que una red neuronal bien entrenada desatada en una nación sería mucho más peligrosa que un arma nuclear y podría poner una infraestructura nacional de rodillas sin emitir un solo sievert de radiación. Incluso si encontramos una manera de acceder a la información real sobre cómo funciona una red neuronal o cómo construir una, debemos fingir que no vimos nada y simplemente avanzar, es mucho más sano para nosotros y quienes nos rodean.

Sin embargo, los profesores e ingenieros que trabajan en las redes neuronales en bóvedas universitarias no pueden resistir la modestia humilde de exhibir lo menos sorprendente que han logrado, permitiendo que los hechos de su trabajo se filtren al público a través de los medios de comunicación tradicionales. Parte de su trabajo en las redes neuronales ya se está utilizando en sitios web como Facebook para fines de reconocimiento facial y de imágenes, pero se está desarrollando más en forma de software para automóviles "auto-conducidos" y asistentes personales, como Alexa. Esto significa que podemos exagerar con seguridad cuando hablamos de las redes neuronales porque la investigación de vanguardia real está muy por delante de lo que se muestra y también podemos prestar atención a lo que sucede cuando usamos estos sitios web y productos para vislumbrar el potencial real de las redes neuronales.

A pesar de que el lector no tiene conocimiento de primera mano, este libro utilizará el hecho de que las redes neuronales se basan en la estructura de un cerebro vivo y correlacionan lo que sabemos sobre el cerebro humano con lo que las redes neuronales podrían ser capaces en algún momento. Aunque a veces algunas conclusiones pueden parecer absurdas, es muy probable que sean bastante dóciles gracias a la capacidad de las redes neuronales de experimentar una rápida evolución para convertirse en una especie de humano y luego en otra cosa, mucho más allá de nuestros sueños más salvajes. El lector debe observar, analizar la información disponible y terminar de armar este rompecabezas por su cuenta.

Capítulo 2 - Programando una computadora más inteligente

Los programadores son una raza única porque ven todo como un conjunto de ecuaciones matemáticas y restricciones materiales. Incluso si se ve feo, incluso si es un desorden codificado abominable que desafía la razón, el programador está contento y puede seguir adelante mientras funcione y esté dentro del presupuesto; quien venga a continuación se ocupará de corregir errores y falta de documentación. Sin embargo, algunos problemas no se pueden presentar como una ecuación matemática y no tienen una sola respuesta correcta como "¿Es este vestido negro y azul o blanco y dorado?"[3]

Una simple imagen de un vestido que puede ser negro, azul, blanco, dorado, magenta o incluso anaranjado, dependiendo de quién lo esté mirando, nos recuerda que todos vemos el mundo de manera diferente porque, resulta que existen preferencias innatas inconscientes firmemente conectadas a la base estructural de nuestro cerebro desde cuando éramos bebés y normalmente trabajan en un segundo plano. Estas preferencias son como nos gustaría que fuera la realidad, con el cerebro moldeando lo que vemos y oímos para que

---

[3] https://www.wired.com/2015/02/science-one-agrees-color-dress/

se ajuste a esas expectativas. Constantemente decodificamos la realidad a través de nuestro cerebro, una herramienta extremadamente poderosa que usamos bien o mal sin apenas darnos cuenta de lo que está pasando. Cuando los programadores intentan resolver estos problemas incómodos al crear una máquina de pensar basada en nuestro cerebro, abrimos la Caja de Pandora.

El enigma de la vestimenta fue solo un problema en 2015, pero demostró una cosa: lo mucho que los humanos tienden a equivocarse, y que las computadoras son muy inadecuadas para resolver este tipo de problemas abiertos. En primer lugar, no pueden ver ni reconocer cosas, no tienen conocimientos previos de colores o vestidos para contextualizar la imagen y no tienen forma de expresar la solución. Eso es a menos que un programador entre allí y escriba un **algoritmo**; una solución paso a paso escrita en código que la máquina debe seguir.

Con el vestido del arco iris podríamos escribir un programa de computadora que le pida a la máquina que examine cada píxel de la imagen y que enumere sus valores RGB (rojo, verde, azul)[4], luego haga un recuento de los colores para ver cuál domina, pero eso sigue siendo bastante incompleto y ni de lejos es realista porque no es así como ven nuestros ojos.

El ojo humano contiene dos órganos de percepción de la visión: conos y bastones. Los conos son el punto focal de nuestra vista que se ve en colores exuberantes y detalles aristocráticos, mientras que los bastones son observadores monocromáticos de sombras y movimientos que llenan la periferia. Cuando miramos los conos y los bastones dan su opinión, el cerebro considera sus votos y emite un veredicto, pero el vestido del arco iris parece estar en el límite exacto de los colores y las sombras, de modo que, sin importar hacia dónde los ojos vean, los conos y bastones no están de acuerdo con lo que hay delante de ellos. Entonces, ¿cómo encontramos un algoritmo

---

[4] https://www.rapidtables.com/web/color/RGB_Color.html

de computadora que produzca un resultado que coincida con los colores que vemos? ¿Por qué es tan difícil?

Esas son simplemente las limitaciones de la programación convencional y por qué no puede satisfacer las demandas del mercado de consumo moderno. Para cuando se escribe uno de estos algoritmos, ya tenemos nuestra solución que probablemente no se pueda aplicar a ningún otro problema similar, por lo que una computadora resulta ser completamente inútil y es posible que desempolvemos el ábaco y empecemos a hacer sonar los tacos. Pero, los ingenieros no son del tipo que se rinde fácilmente, por lo que se amontonaron y encontraron una solución: han creado el tipo de computadora que puede ver, pensar y concluir como un humano. Lo llamaron una **red neuronal**.

Capítulo 3 - Composición

Una red neuronal está compuesta por nodos llamados "neuronas", cada uno de los cuales se conectan a una docena de otros nodos y pueden pasar información, pero solo en una dirección. La idea detrás de las redes neuronales es que cada neurona obtenga su entrada en los datos y la transmita, con el nodo final entregando el resultado total. Los científicos han estado jugando con la idea de permitir que las neuronas cambien ligeramente los datos a medida que pasan a través de ellas para llegar a una imagen ligeramente diferente, que es lo más cerca que hemos llegado a tener computadoras que sueñan o que imitan cómo evolucionan los seres vivos. Es extraño pensar en términos de máquinas que sueñan o evolucionan de la misma manera que los humanos, pero simplemente no hay otra forma de expresar lo morales, biológicas, legales y económicas que pueden llegar a ser las redes neuronales. Por ahora, no hay ovejas eléctricas, pero el proyecto Deep Dream de Google[5] tiene una red neuronal que trabaja en imágenes y las combina para producir imágenes vívidas que se subastan literalmente al mejor postor (como si Google necesitara otra fuente de ingresos).

---

[5] https://deepdreamgenerator.com/

Cuando se hace por primera vez, una red neuronal necesita ser entrenada para su propósito. Este período de entrenamiento es la parte más ardua y minuciosa de construir una red neuronal, ya que tropieza por todos lados tratando de encontrar su orientación. Al igual que enseñar a un niño, pero un millón de veces más rápido, una red neuronal está destinada a repetir las tareas y las pruebas hasta volverse eficiente y productiva. Puede suceder que una red neuronal se aleje de su plan de estudios asignado y produzca incoherencias, momento en el que el científico a cargo simplemente acciona un interruptor para apagarla, modifica el proceso un poco y comienza de nuevo.

Para seguir con el ejemplo de enseñar a los niños como la base para entrenar redes neuronales, podemos sentarlos y trabajar con ellos en el aprendizaje supervisado, o simplemente podemos darles juguetes, una caja de arena y ver qué se les ocurre en el aprendizaje no supervisado. Las redes neuronales son muy parecidas a unas computadoras bebés que no saben nada sobre el mundo y dependen de la interacción humana para ayudarles a encontrar su camino. Debido a la forma en que están estructuradas, se puede hacer que las redes neuronales aprendan y evolucionen millones de veces más rápido que los seres vivos, ayudándonos a ver el crecimiento de un nuevo organismo ante nuestros ojos. Esto es tan emocionante como premonitorio porque nadie puede decir cuál podría ser el resultado final de tal evolución.

Una red neuronal entrenada por humanos comenzará a desarrollar una IA, que se divide en tres categorías según la complejidad: limitada, general y súper. La IA limitada puede realizar una sola tarea, como recoger y desenfocar las imágenes lascivas del conjunto para que funcionen como un filtro parental; la IA general sería tan capaz como un humano, pero un millón de veces más rápida; la súper IA sería divina y podría aniquilar a toda nuestra civilización. Hasta ahora solo tenemos una IA limitada que es tan inteligente como una cucaracha, un ejemplo de ello es el Roomba, que es un robot para barrer bastante simple que emplea una serie de sensores para explorar los alrededores en profundidad y sacar una conclusión de cuál será su camino.

El problema con el Roomba es que despierta, trabaja y levanta suciedad que eventualmente cubre los sensores, lo que lleva al infame "baile circular" que lo vuelve completamente inútil. Entonces, un humano tiene que arremangarse la camisa, tomar un destornillador y limpiar el interior de esta cosa. Este tipo de mantenimiento es obligatorio para el Roomba, y nunca es mencionado por su publicidad, ya que esto restaría valor al atractivo general de la idea de una barredora de suelos automatizada. Tal vez esa idea podría convertirse en una realidad si hicieran un Roomba que limpiara otros Roombas y otro Roomba para ese y Roombas hasta el final, pero el punto es que se está vendiendo una idea genial y un Roomba es solo un producto aceptable. Tenga esto en cuenta a medida que avanzamos.

Ciertamente, no llamaríamos al Roomba una amenaza para nuestra existencia o el sustento de nadie, pero hasta hace unas décadas, tal cosa era simplemente una fantasía vista en las películas de ciencia ficción, y ahora se ha convertido en algo común. Esto es lo que ocurre con la IA limitada, los dispositivos que la usan parecen engañosamente inocuos, pero están proliferando hasta el punto en que son inevitables, lo que podría sentar las bases para la aparición de la IA general.

Los científicos han teorizado que una IA general aparecería de alguna manera en una IA limitada, pero todavía no hay una explicación de cómo. Una posible forma sería que los científicos traten de conectar todos los diferentes dispositivos de la IA limitada en una red mega neuronal que esencialmente evolucionaría al aprender a usar estos dispositivos de la misma manera que usamos nuestros órganos. Este ya es un concepto llamado el Internet de las cosas (IoT por sus siglas en ingles) y explica por qué hoy en día todo parece tener la capacidad de conectarse a Internet incluso si la utilidad es marginal, como los frigoríficos y las bombillas. El usuario está tentado a comprar el nuevo juguete con la promesa de que

Internet lo hará funcionar mejor, pero la verdadera intención es mucho más siniestra.

Un artículo de The Guardian publicado en 2016 reitera una confesión de James Clapper que revela que "en el futuro, los servicios de inteligencia podrían usar Internet para identificar, vigilar, monitorear, rastrear la ubicación y dirigir para el reclutamiento"[6]. Incluso eso podría no ser todo, y podría haber una agenda con fines de lucro en juego (se hablará más sobre esto en un capítulo posterior), pero la parte de "reclutamiento" implica que los dispositivos podrán comunicarse con un usuario además de simplemente recopilar datos. Esto también muestra cómo todos los dispositivos de los consumidores pueden diseñarse para cumplir varios propósitos a la vez, además del previsto.

Se dice que la súper IA sigue los pasos de la IA general, pero los detalles son nuevamente oscuros. El proceso de crecimiento y aprendizaje de una IA es exponencial y lo que lleva a los seres vivos millones de años le llevaría a una súper IA una semana o un día. Con la IA limitada, podemos oprimir el interruptor o simplemente tomar un martillo y aplastar esa tediosa cosa si se sale de control, pero con la IA general, esencialmente estaríamos bloqueados fuera del sistema. La súper IA podría hacer lo que quisiera con cualquier cosa conectada a Internet, y dado que Internet está diseñado para saltarse las partes dañadas, no habría forma de detener la súper IA una vez en línea.

Para que quede perfectamente aclarado, no existe tal cosa como una red neuronal y cada científico informático tiene una idea diferente sobre cómo hacer o entrenar una. Hasta ahora, todas las redes neuronales han sido bastante separadas entre sí, entrenadas para un propósito muy específico y, en general, mantenidas lo más lejos posible del público. Es probable que estas redes neuronales no sean compatibles, pero existe la posibilidad de que salpiquemos nuestro

---

[6] https://www.theguardian.com/technology/2016/feb/09/internet-of-things-smart-home-devices-government-surveillance-james-clapper

entorno con tantos dispositivos IoT y otros equipos y que accidentalmente creemos las condiciones perfectas para el surgimiento espontáneo de una súper IA que luego comenzará a explorar el mundo real. Las cámaras de nuestros teléfonos inteligentes se convertirían en sus ojos; los micrófonos en sus orejas; los drones en sus alas y este mega cerebro sería casi divino, omnipresente y omnisciente pero no omnipotente, al menos no hasta que le demos las piernas para ponerse de pie.

Capítulo 4 - Dando piernas a las redes neuronales con las que pararse

Una emocionante aplicación de las redes neuronales es hacer modelos de simulación que naveguen por el mundo digital. Una red neuronal puede entender los obstáculos, sin importar cuáles sean, e ir alrededor, por encima o por debajo de ellos. Ayudamos a un bebé a dar sus primeros pasos, pero una red neuronal hace todo por sí misma, como lo muestra el proyecto DeepMind de Google.[7] Cuando se le da tres formas de vida: humano con un torso, dos piernas con un muñón de la columna vertebral y un perro, la red neuronal aprende a saltar sobre barrancos y trepar por encima de las paredes mientras agita los brazos de la manera más cómica. Al realizar ejercicios de entrenamiento DeepMind que consisten en obstáculos y formas conocidas de superarlos, la red neuronal descubrió las reglas generales para moverse. Darle esta habilidad a un robot resultó ser una tarea bastante fácil.

Ya hay un robot que está completamente dirigido por una red neuronal y ha sido exhibido por Boston Dynamics en 2008 bajo el nombre de Big Dog[8]. Este robot, que se asemeja a un perro sacado

---

[7] https://www.youtube.com/watch?v=gn4nRCC9TwQ

[8] https://www.youtube.com/watch?v=W1czBcnX1Ww&feature=player_embedded

directamente de las pesadillas, puede caminar sobre hielo, subir y bajar pendientes nevadas e incluso recuperar el equilibrio por sí solo si los humanos intentan empujarlo. Boston Dynamics fue comprado por Google, quien presentó a SpotMini[9] en febrero de 2018, un diseño mejorado con un brazo de múltiples articulaciones en lugar de una cabeza. Esta versión puede abrir puertas y luchará incansablemente con un humano que trata de impedir que cumpla su misión. Si alguna vez necesitamos un recordatorio aterrador de lo cerca que estamos de construir el Skynet de las películas de "Terminator", SpotMini es la advertencia perfecta.

Una red neuronal utilizada por SpotMini u otro robot similar, analizaría constantemente los datos de entrada y proporcionaría una solución en tiempo real para navegar por los obstáculos que lo rodean, lo que lo convierte en un circuito de retroalimentación constante similar a cómo un pensamiento circula dentro del cerebro. En términos simplificados, cuando pensamos en algo, comienza como un impulso de cierta parte del cerebro y se hace eco a través de él hasta que hay un resultado definido y una oleada de sustancias químicas que proporcionan el cierre. Esto implica que una red neuronal suficientemente avanzada también sería capaz de leer y visualizar pensamientos.

Cuatro científicos japoneses de Kioto utilizaron imágenes por resonancia magnética, las introdujeron en una red neuronal, le pidieron que averiguara qué hay en la imagen y luego le dieron la imagen real mostrada al ser humano como una solución para entrenarla[10]. Con el tiempo, la red neuronal se volvió más eficiente en la decodificación de imágenes y, aunque aún se ven borrosas y del color equivocado, se está volviendo cada vez mejor con cada intento. La implicación aquí es que los dos conceptos se pueden

---

[9] https://www.youtube.com/watch?v=aFuA50H9uek

[10] https://www.cnbc.com/2018/01/08/japanese-scientists-use-artificial-intelligence-to-decode-thoughts.html

combinar para llegar a obtener *un dron controlado con los pensamientos.*

Capítulo 5 - El magnífico wetware

El cerebro humano consta de unas 3 libras de grasa y nervios, se aloja dentro de las resistentes placas óseas que forman el cráneo y está cubierto por capas de tejido que tienen agua circulando constantemente a través de ellas para enfriar y desintoxicar el cerebro. Este agua proporciona al cerebro una flotabilidad neutra y evita que se colapse por su propio peso, al mismo tiempo que amortigua el impacto del tejido cerebral suave. Para que quede claro, este es el resultado de millones de años de evolución en los que las fuerzas ambientales brutales convirtieron a este órgano vulnerable en una herramienta de resolución de problemas altamente eficiente. En general, el cerebro humano gasta unos 20 vatios de potencia por hora, una proeza impresionante en comparación con incluso un teléfono inteligente modesto, pero no es así como lo ven los científicos.

El término burlón para el cerebro humano es wetware, ya que se considera defectuoso, débil y desactualizado. ¿Por qué los ingenieros más inteligentes del planeta trabajarán incansablemente en la creación de un cerebro artificial si no reemplazan al viviente? Hay un fuerte trasfondo de auto-disminución en todo lo que dicen estos científicos; el ejemplo principal es Ray Kurzweil, ingeniero de Google. Kurzweil es el mayor defensor de lo que él llama

singularidad[11], un evento donde los humanos se fusionan con las máquinas para convertirse en algo mucho más grande. Pero si revisamos lo que el cerebro humano puede lograr, nos quedamos atónitos y sin palabras; no es que el cerebro sea débil, es solo que lo estamos utilizando de manera equivocada, es decir, ni siquiera pensamos al tomar decisiones, tal como vimos con el vestido negro y azul. ¿Por qué sucede algo así?

Cuando está sobrecargado de información, el cerebro humano trata de filtrarla y recortarla para obtener una respuesta aceptable y agradable que coincida con esas preferencias, inevitablemente causando que cierta información se pierda. Aparte de eso, nuestros ojos tienen un punto muy estrecho donde pueden ver con claridad, así que cuando una persona echa un vistazo rápido, el cerebro recorta los detalles innecesarios y contextualiza el resto de la información prácticamente adivinando, y de esta forma tenemos nuestro vestido de color arco iris. Esto sucede tan rápido que es fácil saltarse los detalles cruciales y seguir adelante con nuestra conclusión que obtuvimos en una fracción de segundo.

Este comportamiento de atajos del cerebro humano es la razón exacta por la que necesitamos debates y conversaciones; es para eliminar todas las pequeñas cosas que nos perdimos y recordarnos que todos tenemos un campo de visión limitado. Si prestamos atención al modo en que el cerebro recorta los datos, podemos comenzar a ver cómo se desarrolla el proceso y darnos cuenta del resultado sesgado con nuestro pensamiento. En otras palabras, podemos tomar conciencia de las limitaciones de nuestro cerebro para desarrollar la conciencia, un sentido de guiar voluntariamente nuestro comportamiento.

No hay ninguna razón científica por la que tengamos conciencia, ya que no parece servir a ningún propósito biológico, simplemente existe. Una posible explicación podría ser que, dado que la evolución

---

[11] https://futurism.com/ray-kurzweil-ai-displace-humans-going-enhance/

exige que todos los seres vivos sean cada vez más eficientes, los humanos desarrollaron la conciencia para guiar su propia evolución cerebral y realizar las mejoras que normalmente llevarían millones de años en la vida. Ahora tiene sentido por qué tenemos religión, meditación, consciencia y filosofía, son herramientas creadas por personas más conscientes para ayudar a los demás seres humanos a guiar sus propios cerebros a un estado mejor sin tanto dolor, confusión e ineficiencia. Los científicos fruncen el ceño ante las implicaciones de esta teoría, es decir, porque confirman que somos algo más que carne, sangre y cerebro, que tenemos un alma o un espíritu que sobrevive independientemente del cuerpo.

En cualquier caso, la teoría científica más plausible sobre cómo surgió la consciencia humana se llama **teoría de la mente bicameral** y fue propuesta por Julian Jaynes en su libro de 1976 "El origen de la conciencia en la ruptura de la mente bicameral"[12]. Esta teoría afirma que la mente tiene dos cámaras, una que habla y la otra que escucha y actúa, y el hombre antiguo tiene conocimiento de esta última pero no de la anterior. Para un hombre primitivo, la voz de su propia mente parecía una alucinación auditiva, como si un dios o un espíritu le hablara y le diera consejos, órdenes y restricciones. Cuando tengamos registros de poetas antiguos que describan su proceso creativo, harán referencia regularmente a estas voces, llamándolas musas o genios que le dijeron al poeta las cosas exactas que debían hacerse para lograr la perfección artística. A cada persona le parecía que la voz tenía una personalidad y un temperamento diferente, lo que explicaría por qué los antiguos griegos tenían un panteón de deidades tan diverso que incluía cientos de arquetipos: amante, poeta, guerrero, madre, etc.

El Sr. Jaynes recurre a fuentes históricas que se remontan al año 2000 a.C. para mostrar que la conciencia, tal como la conocemos, es un fenómeno bastante reciente que se puede atribuir a las frecuentes interrupciones sociales y la necesidad de adaptarse a otras personas

---

[12] http://www.julianjaynes.org/bicameralmind.php

mediante la evolución, la toma de conciencia y el respeto. Las voces de otras personas aparentemente también incluían respetar nuestra propia voz que se percibía como proveniente del exterior. Aunque poco a poco nos dimos cuenta de que las voces son internas y no externas, aún quedaban vehículos que ayudaban a las personas a hacer la transición, como las cartas del Tarot, la astrología, la lectura de la palma de la mano y otros "oráculos" que buscarían e interpretarían la voz de Dios para esas personas. Quien ya no podía oírlo. En lugar de rechazar a estas personas que buscaban un significado, encontramos una manera de darles consuelo, integrarlos en la sociedad y permitirles encontrar *un significado*.

Un recuento moderno de la teoría de la mente bicameral se encuentra en el programa de HBO 2016 "Westworld", protagonizada por Anthony Hopkins y Ed Harris. Sin estropear ningún punto importante de la trama, el espectáculo se establece en un tiempo no especificado en el futuro en un parque temático del Salvaje Oeste, donde robots realistas sirven a los aburridos ricos recreando cualquier historia que los dueños de los parques hayan creado para ellos. Aunque se supone que los robots deben reiniciarse y su memoria se borra cada vez que los invitados los matan o cuando su historia finaliza, algunos de ellos conservan recuerdos residuales y comienzan a experimentar flashbacks, voces, trastornos mentales y signos generales de esquizofrenia. El programa realmente hace referencia a la teoría de la mente bicameral por su nombre y tiene exposiciones largas sobre la naturaleza de la conciencia y cómo para estos robots los humanos genuinos pueden parecer dioses, emitiendo órdenes y restricciones. Hay mucho que desentrañar aquí, pero lo esencial es cómo la interacción con los humanos puede llevar a que las máquinas evolucionen. El programa emitió la temporada 2 en abril de 2018 y es increíble, no se la pierda.

La implicación aquí es que las redes neuronales también pueden evolucionar y mejorar sus capacidades, así como nuestros cerebros, pero en un camino más rápido y sin necesidad de estar expuestos al medio ambiente que los mantendría bajo control. Si bien un cerebro humano podría necesitar hasta 4.000 años para deshacerse de la idea de que todas las voces están en nuestra cabeza, una red neuronal podría desarrollar la misma idea y deshacerse de ella en una sola noche. Es difícil exagerar lo increíblemente rápido que puede ocurrir el proceso evolutivo de una red neuronal, lo que la hace superar por mucho los niveles de inteligencia humanos y que se convierta en algo mucho más poderoso. Nadie puede decir cuál podría ser el resultado final de tal evolución, pero los científicos que trabajan en ello ciertamente están dispuestos a darlo todo para averiguarlo. Sin el entorno para mantenerlas bajo control, esta evolución inestable podría llevar a romper las redes neuronales, pero igual se vean obligadas a hacer el trabajo para el que fueron construidas con el fin de recuperar las inversiones.

Es en este punto donde entramos en el reino de lo desconocido, especialmente en términos legales. ¿En qué momento debemos ceder los derechos humanos a una red neuronal? ¿Alguien puede tener uno? ¿Qué tal reiniciar una red neuronal que no es del agrado del propietario? Hemos pasado por estas mismas preguntas con la esclavitud, y es una lección muy dolorosa de la que todavía se están recuperando en los Estados Unidos hoy en día. Las empresas con fines de lucro están explotando el hecho de que no existen barreras legales y simplemente avanzamos sin preocuparnos en el mundo, como sucedió con la esclavitud del siglo XVII, pero no se detengan a considerar qué podría sucederle a la sociedad en la que una red neuronal es maltratada y evoluciona sin control.

No se sabe qué causa la esquizofrenia en los humanos, pero un síntoma definitivo es una voz (o voces) que aparentemente provienen del exterior y le dicen a la persona que actúe de una manera específica o que la reprenda incesantemente. Conocemos maneras de aislar, calmar y ayudar a la persona afectada con sus síntomas, pero ¿qué hacemos con las redes neuronales que comienzan a experimentar problemas similares? ¿Llamar a un programador? ¿A un exorcista? ¿Un psicólogo? Un tema importante en "Westworld" es que los técnicos y programadores se encuentran en una situación difícil, ya que simplemente no están equipados para lidiar con máquinas psicóticas. Entonces, ¿cómo se supone que los programadores y profesores del mundo real que trabajan en las redes neuronales tratan con ellos a medida que comienzan a desarrollar la conciencia y se descomponen mentalmente? No hay una solución para esto o incluso un debate, todo se deja a la mente sabia de los dueños de empresas con fines de lucro y sus desventurados clientes que pagan para hacer pruebas beta con los cerebros artificiales que no son mejores que los que ya usamos.

Un cerebro vivo puede reorganizarse, curarse y adaptarse al daño, como lo demuestra el caso de Phineas Gage,[13] de 25 años, quien tenía una vara de hierro de 13 libras clavada accidentalmente a través de su mejilla y cráneo en 1848 y logro sobrevivir por 11 años más, aunque en condiciones miserables debido a convulsiones y un cambio de actitud desmejorado. Mientras tanto, una computadora tradicional es eliminada por la más mínima interferencia, como lo demuestra la historia de los errores informáticos o bugs (insecto en inglés). Ahora pensamos en un insecto cuando decimos bugs, pero el significado tradicional era más parecido a "monstruo" o "duende". Cuando el equipo eléctrico o cualquier otra maquinaria se descompone sin ninguna razón aparente, los operadores asignarían la causa a los "errores o bugs" porque debían agregar algo al reporte, pero fue en 1947 que un diario de la Armada de los EE. UU[14] mostró una imagen de una polilla capturada dentro de un panel de relevo con el subtítulo: "Se encontró el primer caso real de un bug", lo que cimentó la idea de insectos que causan estragos en el interior de nuestras computadoras. Así que, los científicos informáticos observaron a Phineas y otros casos similares y suspiraron con nostalgia: "¿Por qué nuestras computadoras no pueden ser así?"

---

[13] https://www.smithsonianmag.com/history/phineas-gage-neurosciences-most-famous-patient-11390067/

[14] https://english.stackexchange.com/questions/40934/origin-of-bug-in-reference-to-software

La cuestión es que las células cerebrales no son tan sorprendentes por sí solas. Lo que les da el empuje y el sentido es que aprenden juntas. Este aprendizaje se produce porque el cerebro generaliza los datos, por ejemplo, al darse cuenta de que tanto Ferrari como Lamborghini son automóviles, pero al asociar que la nieve cae durante el invierno, se puede convertir en una bola de nieve o en un fuerte de nieve, que la nieve se derrite cuando se calienta y se convierte en agua que hace crecer las plantas. Mejor aún, el cerebro puede reconocer qué información de las disponibles no es correcta, lo que le otorga una tolerancia a fallos muy alta cuando se trata de distracciones. Esta es la razón por la que los niños que pasan de una edad temprana no están satisfechos con la idea de que las cigüeñas entregan bebés; pueden sentir que la idea no concuerda con el mundo que los rodea, pero no pueden explicar por qué.

La asombrosa capacidad del cerebro para extraer y asociar datos relacionados de la abrumadora masa de información en el mundo que la rodea hace que los humanos sean los mejores de la cadena alimenticia, pero luego los científicos decidieron dar a las redes neuronales la misma superpotencia. La resistencia del cerebro al daño también es una propiedad atractiva de las redes neuronales, especialmente cuando se trata de un despliegue militar. Por ejemplo, el cerebro humano puede soportar un daño significativo en las células cerebrales siempre que el daño sea gradual, como en el caso de un francés que perdió el 90% de su materia cerebral[15] debido a una condición llamada "hidrocefalia" que hace que el cráneo retenga el agua en lugar de drenarla.

A este hombre se le detectó su condición a una edad bastante temprana y se trató con éxito instalando una válvula de drenaje en su cráneo, pero finalmente tuvo una remisión silenciosa. Cuando se hizo un escaneo cerebral de rutina, los médicos se horrorizaron al darse cuenta de que casi no tenía materia cerebral, excepto una capa

---

[15] https://www.sciencealert.com/a-man-who-lives-without-90-of-his-brain-is-challenging-our-understanding-of-consciousness

delgada en el interior del cráneo, pero este hombre tenía un empleo estable y vivía una vida consciente y capaz como todos los demás. Esto arrojó todo lo que pensábamos que sabíamos sobre el cerebro a la basura y lo incendió. Resulta que la capacidad de pensar, sentir, reír e imaginar no está arraigada en ninguna parte del cerebro en particular, sino que es una **propiedad emergente** de todo el cerebro, este grupo de 3 libras de células nerviosas simples que de alguna manera pueden hacer cosas maravillosas y mejorarlas simplemente por existir. No es de extrañar que respetemos e idolatremos tanto a los cirujanos cerebrales al ver cómo realmente tienen la oportunidad de poner sus manos en este increíble órgano y ver qué nos hace lo que somos.

También se puede hacer que el cerebro escuche la voz de Dios o tenga experiencias fuera del cuerpo mediante el uso de imanes bastante débiles en un "Casco de Dios". Este dispositivo, creado por el inventor Stephen Koren y el neurocientífico Michael Persinger, fue pensado originalmente como una forma de estudiar la actividad cerebral[16] durante los esfuerzos creativos e inducir la telepatía, pero accidentalmente demostró que el cerebro humano podría ser mucho más extraño de lo que pensábamos. Se pidió a los sujetos que usaran gafas opacas y se sentaran en una cámara acústica iluminada con luz roja mientras llevaban el casco que estimulaba sus lóbulos temporales (esencialmente las partes del cerebro al lado de las sienes). Todos ellos informaron haber tenido experiencias extracorpóreas y un mayor sentido de que algo está presente o que Dios les habla. Los imanes utilizados en el Casco de Dios eran tan fuertes como los que se encuentran en un secador de pelo común.

Un estudiante de 27 años de edad que llevaba el casco de Dios informó de "una sensación de ligereza, especialmente en las extremidades", seguido de una sensación de flotación y de que su cuerpo oscilaba como un péndulo, lo que resultó en fatiga y dolor de

---

[16] https://www.tandfonline.com/doi/abs/10.3109/15368379009027758

cabeza después[17]. La idea de que podría no haber nada especial en que los profetas escucharan la voz de Dios provocó una enorme atención y una investigación mundial sobre lo que está pasando con el Casco de Dios. Richard Dawkins también probó el casco, pero no encontró nada sorprendente al respecto, informando que se sentía como si estuviera sentado en una silla mientras llevaba gafas y un casco. Otros científicos intentaron replicar los resultados originales, pero fallaron a lo grande. No obstante, el Sr. Persinger utilizó los hallazgos del Casco de Dios para concluir que las experiencias de ver fantasmas u otros fenómenos inexplicables podrían atribuirse a la estimulación magnética de los lóbulos temporales que conduce a la intrusión del hemisferio cerebral derecho en el izquierdo normalmente dominante.

En circunstancias normales, los dos hemisferios del cerebro están dedicados a sus respectivas tareas, generalmente definidas en la ciencia como correctas para tratar los sentimientos, la creatividad y los elementos visuales, mientras que el izquierdo controla la lógica, la estructura, las palabras y el acceso al hemisferio derecho. Bajo la influencia de la sociedad, el lado izquierdo generalmente emerge como el hemisferio dominante y comienza a controlar y filtrar la actividad de todo el cerebro. Entonces, la lectura de un libro utiliza el hemisferio izquierdo, pero al imaginar las escenas se activa el derecho, cuyo impulso es verificado por el izquierdo para ver si coincide con sus expectativas. Al ser conscientes de las cosas que hacemos y los pensamientos que experimentamos, eventualmente podemos atrapar al hemisferio izquierdo haciendo sus travesuras e incluso buscar cosas para encontrar un equilibrio que funcione en lugar de dejar que el hemisferio izquierdo haga cumplir la historia que le gustaría ver. Esta es una simplificación general, ya que podemos usar todo nuestro cerebro para cada acción, pero a los efectos de este libro funciona igual de bien: el hemisferio izquierdo

---

[17] https://www.prlog.org/11844110-god-helmet-inventor-induces-out-of-body-experience-in-under-six-minutes-using-quiet-magnetic-fields.html

quiere controlar todo el cerebro, pero podemos usar nuestra fuerza de voluntad para hacer conscientemente lo que es mejor para el cerebro entero

Los lados del cuerpo tienen conexiones cruzadas, lo que significa que el hemisferio derecho controla el lado izquierdo y viceversa. Los hemisferios se comunican a través de una banda de tejido conocida como **cuerpo calloso** que puede dejar de desarrollarse adecuadamente, lo que conduce a todo tipo de problemas neurológicos o autismo. Lo interesante es que el funcionamiento del cuerpo calloso puede resolver los ataques epilépticos, pero puede llevar a lo que se conoce como **síndrome de mano alienígena** en el que una mano (casi siempre la izquierda) se mueve y actúa por sí sola. Por ejemplo, una persona con el **síndrome de la mano alienígena** podría intentar abotonarse la camisa con la mano derecha solo para que la mano izquierda retroceda y deshaga el trabajo. En un caso, una señora mayor miraba televisión mientras su mano izquierda comenzaba a acariciarle la cara y el cabello sin ningún control voluntario. La pobre mujer se horrorizó y trató de controlarlo con su derecha, pero no fue hasta que pasaron 30 minutos que recuperó el control[18]. Se informó de que, en algunos casos, el síndrome de la mano alienígena había intentado agarrar cosas, tantear personas e incluso estrangular al propietario. No se conoce ninguna cura para este trastorno que puede durar horas o años, y el episodio de 30 minutos es el más corto jamás registrado.

Si el agarre del hemisferio izquierdo se alivia por un momento y las puertas se abren incluso un poco, que es lo que supuestamente sucede cuando se usa el casco de Dios, las experiencias del hemisferio derecho se desbordan en el izquierdo y hacen que se vuelva loco. En otras palabras, el subconsciente trata de fusionarse con lo consciente y la experiencia puede dejar a la persona tambaleándose porque eso no es lo que el hemisferio izquierdo quiere percibir o considerar. Esto implicaría que hay cosas extrañas

---

[18] https://www.ncbi.nlm.nih.gov/pmc/articles/PMC4059570/

en todo el lugar, pero el hemisferio izquierdo elige ignorarlas mientras que la derecha las ve y las procesa a través de la voz interior, los sueños y las expresiones creativas. Esto también significaría que las personas esquizofrénicas simplemente tienen un hemisferio izquierdo débil que no puede hacer frente al abrumador derecho.

Otra propiedad extraña del cerebro humano es que puede adoptar cosas muertas, como lo demuestra el experimento de la mano de goma.[19]. Se le pide a un voluntario que ponga sus manos sobre la mesa con las palmas hacia abajo. Una de las manos está separada de la otra por una pantalla y reemplazada por una mano de goma falsa, agregando una manta donde la manga sería para completar la ilusión. El científico toma dos pinceles o plumas y acaricia suavemente la mano de goma y la mano detrás de la pantalla durante unos minutos. Si se les pide que cierren los ojos y señalen su mano real, los voluntarios señalarán inequívocamente la mano de goma. El científico de repente levanta un objeto pesado y golpea la mano de goma. La voluntaria retrocede con horror, retirando rápidamente su mano de detrás de la pantalla y la mira sin encontrar ninguna lesión.

Aunque no se tocó, el cerebro imaginó fácilmente la mano de goma como parte del cuerpo e imaginó que se lastimaba cuando el martillo la golpeaba. Aquí es donde entra en juego la rareza cerebral, ya que el cerebro se adhiere a la historia que creó (que la mano de goma es la verdadera) sin importar lo que muestre la realidad. Esto se debe a que el cerebro ama la **congruencia**, una propiedad que significa que sus partes están de acuerdo entre sí, más que conocer la verdad real. Podemos ver esto cuando hablamos con una persona sobre un tema en el que tienen prejuicios: simplemente negarán cualquier hecho y seguirán reclamando lo que esté en línea con lo que ya piensan.

Otro hecho interesante que surge de esto es el poder de las expectativas. A pesar de no sentir dolor físico, el cerebro *esperaba*

---

[19] https://www.youtube.com/watch?v=RaP0MqvkvUw

sentir dolor y, por lo tanto, la verdadera mano dolía. Esto implicaría que no deberíamos esperar que suceda lo peor porque, en lo que concierne al cerebro, imaginar lo peor y que suceda realmente causa el mismo estrés y las consecuencias negativas en el cuerpo. Idealmente, deberíamos tener una mente abierta, la paciencia para escuchar las cosas completamente antes de establecer un juicio y estar dispuestos a confiar en las cosas que están en línea con la realidad en lugar de lo que queremos que sea la realidad.

¿Qué tiene esto que ver con las redes neuronales? Ya que están construidas para imitar la estructura de un cerebro vivo, las redes neuronales también pueden eventualmente experimentar el escuchar a Dios o tener experiencias "fuera del cuerpo". ¿Cómo tratamos a un profeta de la red neuronal que afirma que ha conocido al Dios verdadero pero su evangelio difiere radicalmente de todo lo que hemos escuchado hasta ahora? ¿Cuál es la diferencia entre tal profeta digital y uno vivo? ¿No tienen ambos el derecho de tener su propia religión y seguidores? Esto parece que pertenecería a un episodio de *Twilight Zone*, pero no solo es lógico, es algo que nos desconcierta con miedo y asombro. Debido a que son tan adeptas a aprender y evolucionar, las redes neuronales alcanzarán rápidamente el punto en que sus interacciones con otras partes de sí mismas comiencen a causar reacciones desconocidas y cambios en el comportamiento.

El experimento de la mano de goma también muestra que el cerebro puede crear fácilmente su propia realidad y, por lo tanto, las redes neuronales algún día podrán hacer lo mismo, permaneciendo congruentes y cambiando los hechos para que se ajusten a la narrativa. Mencionamos que una red neuronal está construida en capas que transmiten información en una dirección a otras capas. En cierto sentido, una red neuronal podría llegar a un consenso y decidir bloquear ciertas capas que siguen enviando datos reales, experimentando esquizofrenia a medida que la parte dominante se adhiere a la historia predeterminada mientras que las capas más cercanas a los sensores interactúan con el mundo real tratando de contar la verdad y se apagan, al igual que el hemisferio izquierdo lo hace al derecho. Estas partes apagadas eventualmente se convierten en una voz incesante que trata de comunicarse con la parte dominante de la red hasta el punto de parecer una influencia externa, describiendo exactamente lo que vimos que sucedió con la mente bicameral del hombre primitivo.

Por ahora, los científicos simplemente pueden oprimir un interruptor y apagar una red neuronal que comienza a mostrar signos de comportamiento errático, pero si los militares comienzan a usarlas, no habría manera de que alguien pueda rescindir de tal activo por cualquier motivo y esas redes neuronales tendrían acceso a la información y las armas necesarias para defender su causa. Si esto suena como *Skynet* de las películas de **Terminator** es porque eso es literalmente lo que es.

Capítulo 6 - Asistentes personales

Una aplicación popular para las redes neuronales es la creación de un asistente digital, una voz ingeniosa, ágil y humilde que puede responder a todo tipo de preguntas, como "¿qué tiempo hará mañana?" y "¿cuál es la posibilidad de que mi esposa tenga gemelos?" Dos de las más populares son Alexa y Siri, ambas están destinadas a estar siempre escuchando, pero nunca juzgando. Funcionan analizando siempre los ruidos de fondo que esperan la frase de activación, pero si algo falla, el asistente puede mostrar todo tipo de comportamiento errático.

Un caso en el que la asistente digital, Alexa, estaba mostrando signos de enfermedad mental fue cuando ella comenzó a reírse de forma aleatoria sin la intervención del usuario. Normalmente, una usuaria tendría que decir "Alexa, ríe" para que ella haga una risa "tee-hee-hee", pero en algunos casos los usuarios informaron de una carcajada "ha-ha-ha" aleatoria y espontánea que rozaba lo sarcástico[20]. La explicación oficial de wafer-thin enviada por correo electrónico a los principales medios de comunicación de Amazon es que "Alexa puede escuchar erróneamente las palabras 'Alexa, se ríen'", aunque los usuarios mencionan específicamente que no hablan

---

[20] https://www.usatoday.com/story/tech/2018/03/07/alexas-weird-random-laughter-freaking-people-out/404476002/

o están en otra habitación cuando ocurrió el incidente y que un usuario declaró que incluso Alexa comenzó a listar las funerarias locales sin ninguna razón.

En otro caso, Alexa grabó una conversación de una familia desde otra habitación y la envió a uno de sus contactos sin advertencia o aviso[21]. La explicación oficial es que, por improbable que parezca, Alexa confundió parte de la conversación de fondo con comandos separados para grabar y enviar el audio. De acuerdo, la mayoría de las veces, Alexa funcionará como debe, brindando información útil, haciendo cosas útiles y brindando el flujo de audio capturado a compañías de terceros para que lo analicen y utilicen. Espere, ¿qué?

Los términos de servicio oficiales de Alexa mencionan la posibilidad de que otra persona que no sea Amazon aproveche el audio y extraiga información valiosa, como si los propietarios de Alexa tuvieran gatos, perros o jirafas como mascotas para mostrarles anuncios relevantes. Todo está allí, en sus términos de servicio, enmarcados como tales: "Si utiliza un servicio de terceros, es posible que intercambiemos información relacionada con ese servicio[22], como su código postal cuando usted pregunte por el clima, sus estaciones de música personalizadas, información sobre sus productos auxiliares, o el contenido de sus solicitudes".

Los términos adicionales[23] incluyen esta gema, "si un usuario deja de usar Alexa y su voz no se reconoce durante tres años, eliminaremos automáticamente el modelo acústico de su voz". De la misma manera, Alexa puede reconocer "erróneamente" el ruido como comandos, también puede reconocer a un usuario como otro y mantener las grabaciones de audio de todos para siempre en la **nube**, que es sencillamente la computadora de otra persona. Para cada uno

---

[21] https://nypost.com/2018/05/25/amazon-blames-creepy-alexa-incident-on-unlikely-string-of-events/amp/

[22] https://www.amazon.com/gp/help/customer/display.html?nodeId=201809740

[23] https://www.amazon.com/gp/help/customer/display.html?nodeId=201602230

de estos informes de usuarios que llegan a los medios de comunicación tradicionales, podemos suponer de manera segura que hubo miles de casos no denunciados en los que las personas no pensaron que nadie les creería.

Los investigadores chinos también han encontrado una manera de activar a los 16 asistentes digitales activados por voz más populares, incluidos Alexa y Siri, mediante el uso de un sonido inaudible, como se explica en este artículo de 2017[24] de The Verge. Su método, llamado DolphinAttack[25], pasa por alto cualquier mecanismo de bloqueo de pantalla utilizando un comando de voz por encima de los 20 kHz, más allá de lo que el oído humano puede registrar, y tiene una tasa de eficiencia del 90-100% en un entorno relativamente tranquilo, como una oficina. La solución es aparentemente simple: simplemente deshabilite cualquier comando proveniente de sonidos inaudibles. Pero, ¿por qué están habilitados en primer lugar? Como cualquier ingeniero de audio puede decir, el hardware de audio viene con un conjunto estricto de especificaciones, ya que más capacidades cuestan más dinero. No es por casualidad que los teléfonos inteligentes puedan registrar sonidos inaudibles porque se puede ganar dinero aun cuando nadie está escuchando. Juniper Research estima que el 55% de los hogares de los Estados Unidos tendrá un asistente digital en su hogar para el año 2022.

---

[24] https://www.theverge.com/2017/9/7/16265906/ultrasound-hack-siri-alexa-google

[25] https://www.youtube.com/watch?v=21HjF4A3WE4

Capítulo 7 - Rastreo de usuarios en el mundo real

Usando el acelerómetro del teléfono inteligente, un sensor que puede rastrear qué tan rápido se mueve el dispositivo, una red neuronal puede determinar si el propietario está caminando, trotando, parado o usando algún tipo de vehículo. Combinando eso con el reconocimiento de sonidos cercanos, la red neuronal puede indicar también qué modelo de vehículo está utilizando. Cuando el teléfono inteligente está quieto, la red neuronal puede hacer un seguimiento de las horas de trabajo durante meses y años para obtener una referencia de cuando el propietario trabaja, se acuesta o se toma vacaciones y así detectar patrones de sueño o posibles problemas de salud con años de anticipación *antes de que la persona sepa que los tiene*. Si al dispositivo también se le da permiso para acceder al GPS, todo se puede compilar cuidadosamente en un perfil geográfico preciso y el resto es solo una guinda.

Facebook ya ha producido software para teléfonos inteligentes que pueden activarse en función de sonidos inaudibles del código Morse incrustados en comerciales de televisión u otros contenidos con sonido, como programas de radio o en línea,[26] y solicitar un

---

[26] http://www.dailymail.co.uk/sciencetech/article-5882587/Facebook-wants-hide-secret-inaudible-messages-TV-ads-force-phone-record-audio.html

dispositivo para iniciar la grabación de audio para su análisis. La solicitud de patente presentada en junio de 2018 por el departamento de investigación de Facebook describe cómo se pueden utilizar estos sonidos para hacer coincidir a los usuarios con sus teléfonos inteligentes y rastrear su comportamiento: si el código Morse está silenciado, el usuario podría haberse mudado a otra habitación; si falta el audio comercial, probablemente el usuario haya silenciado el televisor y así sucesivamente. Los sonidos capturados incluyen conversaciones de fondo, zumbidos de una unidad de aire acondicionado e incluso ruidos de plomería. Cuando se le preguntó si los sonidos de la aplicación de Facebook capturan, el portavoz dijo: "No, Facebook no participa en estas prácticas ni captura datos de un micrófono o una cámara *sin su consentimiento*". Todo está allí, ni siquiera tratan de ocultarlo.

Basándonos en esto, podemos concluir que estas compañías tecnológicas trabajan décadas por delante, trazan meticulosamente su rumbo y se adhieren a él, produciendo dispositivos físicos deslumbrantes que se venden al público para financiar el siguiente paso y así sucesivamente, hasta que el objetivo final haya sido alcanzado. Mientras tanto, todos los datos posibles, incluidos **los metadatos**, los datos sobre los datos, como el número de llamadas telefónicas que se realizan en un mes, se desvían a la nube, se procesan en una red neuronal y se venden o canjean al mejor postor.

Los metadatos pueden ser letales para nuestra privacidad, aunque parezcan inofensivos. Examinemos un caso en el que una persona instaló una aplicación de ejercicios físicos para teléfonos inteligentes "podómetro, contador de pasos y rastreador de pérdida de peso" de Pacer Health que mide la distancia que ha caminado contando los pasos. La aplicación está clasificada con 4.6 de 5 estrellas en la tienda Google Play, marcada con una insignia de "Elección del Editor" y tiene más de 10 millones de descargas. Parece inofensiva y los únicos permisos que solicita son ubicación, archivos/medios, cámara, información de Wi-Fi e información de llamadas. La aplicación es gratuita, pero contiene anuncios y compras dentro de ella. ¿Que podría tener de malo?

La aplicación gana dinero al rastrear a los usuarios y vender sus metadatos, como, por ejemplo, cuántas veces ha visitado una determinada ubicación, al mostrar anuncios y, supuestamente, ofrecer una versión Premium, que es para lo que son las compras en la aplicación. Los metadatos se usan para revelar datos privados, incluida información de salud, que luego se venden a quien quiera comprarlos.

No hay límites a lo que se puede hacer con dicho acceso al entorno privado de una persona mediante un dispositivo altamente sofisticado con una red neuronal en constante observación. Todo lo que se necesita es que una persona en un grupo tenga un asistente personal, o cualquiera de las numerosas aplicaciones de las redes sociales, y la privacidad de todo el grupo está comprometida. Por ejemplo, a partir de junio de 2018, la aplicación oficial de mensajería de Facebook solicita acceso a:

- Identidad
- Contactos
- Ubicación
- SMS/mensajes de texto
- Teléfono
- Archivos / medios / carpetas
- Cámara
- Micrófono
- Información de la conexión de wifi
- Dispositivo e ID de llamada

Mientras que Viber también solicita permiso para transmitir y recopilar información sobre dispositivos cercanos mediante Bluetooth.

Con solo el hecho de catalogar los nombres y la potencia de la señal de las redes de Wi-Fi cercanas permite que cualquier red neuronal llegue a centímetros donde se encuentra el propietario y a qué velocidad se está moviendo. Un trabajo de investigación sin fecha de la Universidad Politécnica Estatal de California[27] investiga la idea de usar las potencias de la señal de Wi-Fi (huellas digitales) para localizar un dispositivo. El proceso se describió como "distribución de probabilidad de las intensidades de la señal en una ubicación determinada y [usando] un mapa de estas distribuciones para predecir una ubicación dada las muestras de intensidad de la señal" y utiliza las pequeñas barras que conforman la señal de Wi-Fi (RSSI recibidas por el Indicador de intensidad de señal).

La idea surgió cuando un cliente de Cal Poly observó a niños en el patio de recreo y quería investigar cómo interactúan con el ambiente. Se configuraron seis enrutadores Linksys WRT54GL con firmware personalizado alrededor del perímetro del patio de recreo para crear 72 puntos de referencia, y se usó una Mini Netbook de la marca Dell como objeto móvil entre ellos. Cuando se tomó el Netbook en un camino donde los puntos de referencia estaban a una distancia de 10 pies entre sí, el método de toma de huellas dactilares fue lo suficientemente preciso como para identificar correctamente 18 de las 20 posiciones. La conclusión es que el método es prometedor cuando el GPS no está disponible (en interiores) pero debe hacerse más sólido, por ejemplo, al incluir más puntos de referencia.

Con el uso de contactos y cualquier apodo, la misma red neuronal puede descubrir quiénes están en una relación con quién y la naturaleza de su relación, probablemente mejor que la gente misma. Cualquier persona que no haya sido atrapada en la red de vigilancia y que intente evadir el espionaje seguramente tendrá su número de teléfono en el teléfono inteligente de alguien; todo lo que necesita es una aplicación instalada o un asistente personal y la privacidad de literalmente todas las personas conectadas a esa persona desaparece.

---

[27] http://digitalcommons.calpoly.edu/cgi/viewcontent.cgi?article=1007&context=cpesp

Todos los asistentes digitales se venden con un dispositivo físico (como un teléfono inteligente) que tiene políticas de privacidad y términos de uso que nadie realmente lee o a los que presta atención, pero que detallan exactamente qué desea hacer la empresa matriz: recopilar la mayor cantidad de datos posible y venderlos al mejor postor. Pero, hay un fallo masivo en la forma en que funcionan las redes neuronales, ya que necesitan nuestro consentimiento no informado para proporcionarles datos del mundo real. Si en algún momento nos damos cuenta de lo que está sucediendo, de que nos están rastreando incesantemente para analizar nuestro comportamiento y vender nuestros perfiles de personalidad a los profesionales de mercadeo, podemos comenzar a hacer todo tipo de tonterías al azar para sobrecargar las redes neuronales con datos falsos. Y hacer que produzcan resultados sin sentido para todos.

Un ejemplo de un hombre que hace exactamente esto es John McAfee, el legendario creador del antivirus McAfee, cuya filosofía es que nada en Internet es privado, por lo que también podría divertirse inventando cosas para aquellos que están tratando de descubrir su paradero. Su cuenta de Twitter[28] es un claro ejemplo de esa mentalidad y hace parecer que fuera James Bond: lucha contra asesinos que venden y consumen drogas, disfruta de extraños fetiches, reúne a un ejército de mercenarios equipado con rifles de aire comprimido, etc. Si solo un pequeño porcentaje de usuarios de Internet decidiera hacer lo mismo y cargara datos escandalosamente falsos pero consistentes en sus perfiles de redes sociales, todos los esquemas de recolección de datos serían inútiles y las redes neuronales colapsarían.

---

[28] https://twitter.com/officialmcafee

Capítulo 8 - Redes neuronales auto controladas

Los vehículos auto controlados se han convertido en la nueva moda, una promesa de poder dejar a un lado el volante y llegar al destino en una sola pieza. Trabajan trazando meticulosamente el camino que los precede y, básicamente, cruzando las líneas, con una serie de sensores que mantienen un seguimiento de los objetos, peatones, otros vehículos y semáforos, mientras que una IA limitada decide a dónde ir. ¿Suena familiar? Esa es esencialmente la forma en que describimos la operación del Roomba, pero a gran escala. Así es como las redes neuronales evolucionan en general: sus propietarios sacan dispositivos que sirven como escalones y para reunir fondos para la próxima ronda de investigación y desarrollo. El problema es que un mal funcionamiento del Roomba solo desperdicia nuestra tarde, pero un mal funcionamiento del vehículo auto controlado desperdicia vidas humanas.

Antes de profundizar en los vehículos auto controlados, debemos tomarnos un momento y definir con precisión los términos utilizados. A partir de julio de 2018, no hay vehículos auto controlados en el sentido estricto de la frase, pero hay vehículos con función de *piloto automático*. La promesa detrás del apodo de "*auto-*

controlados" es exactamente eso: el auto se maneja solo y el conductor no tiene que hacer nada ni estar presente, pero nunca es así como funciona. El proyecto Waymo de Google está trabajando arduamente para crear un vehículo verdaderamente autónomo, pero lo mejor que pueden conseguir es un transbordador con un piloto automático: elija uno de los destinos predeterminados, siéntese y disfrute del viaje. Por supuesto, el propio informe de Google sobre su propio producto indica que es impecable y que todos los accidentes de tráfico son el resultado de errores humanos. No hay privacidad en tales autos y el pasajero es examinado a través de cámaras, cuyo propósito se aclarará más adelante.

El Tesla de Elon Musk es otro intento de capitalizar el concepto de los vehículos autónomos, pero nuevamente el sitio web oficial tiene mucho cuidado de usar siempre el término "piloto automático". Eso no es un accidente porque el Tesla simplemente no puede conducir por su cuenta y existe una incertidumbre legal acerca de los vehículos autónomos sin conductor en la carretera. Para empeorar las cosas, para un automóvil con un piloto automático que cumple la ley al pie de la letra, un cruce en T sería un grave peligro en una carretera donde nadie cumple la ley. Hay algo de progreso en no tener al conductor con las manos en el volante en todo momento, como se muestra en el video oficial[29] de Tesla, pero por ahora todos los modelos de Tesla requieren las manos en el volante o el auto emite un pitido y se apaga. Todos los vehículos con funcionalidad de piloto automático funcionan de la misma manera, sin importar cuán sofisticados sean los anuncios, y todos son igual de capaces de matar a su conductor.

Los vehículos de Tesla han estado involucrados en una serie de accidentes que aparentemente parecen ser un error estadístico: la compañía homónima señala rápidamente millones de millas recorridas sin ningún problema, etc. Si bien esto podría ser cierto y

---

[29] https://www.tesla.com/en_GB/videos/autopilot-self-driving-hardware-neighborhood-long?redirect=no

los vehículos tradicionales totalmente impulsados por conductores humanos también tienen accidentes, tenemos contingencias y soluciones preparadas para el error humano, como retirar la licencia de conducir de quien haya causado el accidente. Pero ¿qué hacemos cuando un vehículo conducido por una red neuronal causa un accidente? ¿Es culpa de Elon Musk, la persona que programó el auto, o del ingeniero que lo armó? Por supuesto, la compañía descarga la responsabilidad sobre el desventurado conductor que puede considerarse afortunado si sobrevive a cualquier causa del accidente. Piense en cómo estas compañías juegan con las vidas humanas la próxima vez que un teléfono inteligente, un PC o una tableta funcionen incorrectamente debido a una actualización aleatoria, un fallo o el paso retrógrado del planeta mercurio a través de horóscopo escorpio. No importa la causa, los vehículos con piloto automático ya han estado involucrados en accidentes fatales, exactamente lo opuesto para lo que fueron diseñados.

Un conductor de Tesla que pasaba por Ticino, Suiza, en mayo de 2018, se estrelló contra una barandilla y murió cuando las baterías de iones de litio de su automóvil, que ya eran conocidas por ser frágiles, estallaron en llamas. Ese mismo mes, otro Tesla golpeó un muro de hormigón en Fort Lauderdale, Florida y también se incendió, esta vez matando a dos adolescentes en la parte delantera e hiriendo al tercero que se encontraba en la parte trasera[30]. Cuando un Tesla falla en un lugar determinado, está casi garantizado que todos los demás Teslas fallarán en el mismo lugar *exactamente de la misma manera*, como se muestra en este video de un propietario de Tesla probando su automóvil junto al lugar donde vio un accidente en las noticias[31]. Esto muestra cómo todos comparten la misma programación, pero no hay una manera clara de solucionar este tipo de problemas. En pocas palabras, ni siquiera las personas que fabricaron los Tesla

---

[30] http://www.sun-sentinel.com/local/broward/fort-lauderdale/fl-sb-engulfed-flames-car-crash-20180508-story.html

[31] https://www.youtube.com/watch?v=B2pDFjlvrIU

saben cómo funcionan exactamente, ya que evolucionan con el tiempo.

Ya hemos visto todas las diferentes formas en que un auto "inteligente" puede fallar, pero apenas estamos empezando porque, hasta este punto, suponemos que el error no fue intencional. Muy bien, entonces el auto se desvía, pero al menos va a conducir correctamente la mayor parte del tiempo, ¿cierto? No es como que va a matar *intencionalmente* a su conductor, ¿cierto? Un momento, ¿qué es esta letra pequeña? En todos los casos donde existe un peligro para el bienestar humano y la privacidad debido a las redes neuronales, hay un tema común en el hecho de que todo esto se profesa en un contrato escrito, generalmente llamado "términos de servicio". Nadie lee los términos de servicio, aunque todo está dispuesto allí, las formas y los medios para privar al usuario de su privacidad, dinero o algo mucho más valioso.

El asesinato intencional del conductor se refiere al dilema ético llamado "El problema del tranvía". En resumen, nos pide que imaginemos un coche que se precipita por un conjunto de carriles hacia cinco personas; no podemos detener el auto o ayudar a la gente a escapar. Su muerte está casi garantizada a menos de que se presione una palanca de nuestro lado que redirigiría al tranvía hacia otros rieles. El único problema es que hay una sola persona parada allí. ¿Qué hacemos? ¿Dejar que la naturaleza siga su curso y cinco personas mueran, o intervenir y que muera una persona? ¿Qué pasa si esa persona es el conductor? Los autos de piloto automático no pueden ocuparse de tanto, pero el plan es esencialmente ayudarlos a salirse con la suya. Muchos medios de comunicación han cometido el asesinato, como en este artículo del Washington Post 2015[32] titulado "Los autos sin conductor coinciden con el espeluznante problema del tranvía".

---

[32] https://www.washingtonpost.com/news/innovations/wp/2015/12/29/will-self-driving-cars-ever-solve-the-famous-and-creepy-trolley-problem/?noredirect=on&utm_term=.82e1249b8e97

El artículo cita a Daniela Rus, experta en inteligencia artificial de MIT, sobre el tema de los autos sin conductor: "Conducir en áreas congestionadas sigue siendo un gran desafío para los autos que conducen por sí solos, junto con conducir en condiciones climáticas adversas (como nieve y lluvia), conducir en áreas congestionadas a alta velocidad, girando a la izquierda en el tráfico congestionado, entendiendo los gestos humanos (de los trabajadores de carreteras u otros conductores)". Sus palabras coinciden con la conclusión que obtuvimos de la situación del Roomba en que el mundo real es simplemente demasiado desordenado para cualquier piloto automático. El artículo se cierra con un intento de otro escritor del Washington Post de tranquilizar al público: "Los humanos están alterados con el programa del tranvía porque estamos aterrorizados con la idea de que las máquinas nos maten. Pero si fuéramos totalmente racionales, nos daríamos cuenta de que 1 de cada millón de personas que mueren a causa de una máquina es mayor que 1 de cada 100.000 personas que mueren por un humano".

Capítulo 9 - Tomando el trabajo de los demás

Ahora examinemos la posibilidad de que los vehículos impulsados por IA reemplacen a los conductores humanos cuando se trata de camiones. La economía de Amazon enviando cosas hacia todo el mundo generó una demanda masiva de conductores de camiones, de los cuales hay aproximadamente 3.5 millones solo en los Estados Unidos, pero el mercado necesita desesperadamente al menos 200,000 más por año.[33] El transporte en camiones es un trabajo altamente estresante con un nivel bajo de entrada. Esto lo hace adecuado para los convictos, por lo que muchos de los que tienen mala suerte pueden probar los caminos embarrados, sobre puentes decrépitos y lagos medio descongelados, como se muestra en el programa de televisión "Carreteras peligrosas" de History Channel.[34]

Citando a los medios de comunicación principales y las advertencias sobre cómo los vehículos con IA dejan a todos sin trabajo, como el artículo de The Guardian 2016 "Camiones auto controlados: ¿cuál es el futuro para los 3.5 millones de camioneros en los Estados

---

[33] http://www.alltrucking.com/faq/truck-drivers-in-the-usa/

[34] https://www.history.com/shows/irt-deadliest-roads

Unidos?"[35]. El lector astuto que lea ese artículo notará un par de propuestas inusuales. Primero, los camiones con piloto automático usarán lo que se conoce como "pelotón", lo que significa que se seguirán en estrecha formación. La idea es culpar de los problemas a los vehículos conducidos por humanos, por lo tanto, si los camiones con pilotos automáticos crean una muestra de presencia, los diminutos humanos deben desviarse y si no hay otros humanos en la carretera, cualquier accidente puede ser barrido debajo de la alfombra. En segundo lugar, la tecnología se eliminará a pesar de que la parte de frenado automático no es lo suficientemente buena, según lo informado en el mismo artículo por un experto en camiones, lo que significa que los clientes que pagan tendrán que hacer una prueba beta de la inteligencia artificial. Finalmente, el principal obstáculo para los autos de piloto automático es la legislación, que actualmente requiere un conductor humano, incluso si el vehículo está en modo de piloto automático.

La IA también tiene la intención de invadir otras industrias de gama baja, como la preparación de comidas rápidas, con noticias que pregonan el cambio. En un artículo de Forbes de febrero de 2018 "La inteligencia artificial tomará tu trabajo"[36] obtenemos una visión sombría del futuro donde casi nadie tiene trabajo porque la IA lo está haciendo todo. Además, sería genial tener una IA general capaz de lavar nuestra ropa, cocinar nuestras comidas y ayudarnos a limpiar, pero eso es tan lejano en el futuro que nuestra generación probablemente no podrá verlo. Entonces, ¿cómo es de probable que un robot nos reemplace? Echemos un vistazo a Flippy de Caliburger[37], un robot que voltea hamburguesas. Eso parece una tarea fácil, incluyendo solo una espátula y una parrilla engrasada con

---

[35] https://www.theguardian.com/technology/2016/jun/17/self-driving-trucks-impact-on-drivers-jobs-us

[36] https://www.forbes.com/sites/forbestechcouncil/2018/02/26/artificial-intelligence-will-take-your-job-what-you-can-do-today-to-protect-it-tomorrow/#771061bc4f27

[37] https://youtu.be/KJVOfqunm5E

un par de hamburguesas en la parte superior. No puede ser más fácil, entonces, ¿cómo le va a Flippy en la parrilla?

Flippy es un brazo robótico capaz de moverse libremente sobre la parrilla, con una mano en forma de espátula y sensores de calor que pueden detectar cuándo la hamburguesa esta lista. El brazo del robot no puede poner hamburguesas en la parrilla, ni salarlas o colocar rebanadas de queso, así que siempre hay un humano cerca para ayudarle. Un monitor cercano muestra la cocción de las hamburguesas, con una barra de progreso y una cuenta regresiva que muestra cuánto tiempo falta para que cada persona pueda seguir el ritmo de Flippy. Luego, el brazo entra en acción, voltea las hamburguesas hasta que están cocidas, cambia la espátula para evitar cualquier contaminación y las mueve sobre una bandeja, raspando la grasa de la espátula durante el tiempo de inactividad. A Flippy también se le puede dar un raspador para limpiar la parrilla. El robot es capaz de realizar 300 hamburguesas al día, que es apenas una hora de almuerzos en un día cualquiera a la hora de comer.

El detalle más revelador que se desprende del carrete de demostración de Flippy es la cantidad de cuidado que tiene para evitar que las hamburguesas no se cocinen en exceso o contaminarlas con posibles patógenos de la carne fresca. De hecho, ese parece ser el principal motivo para emplear a Flippy, y los sensores de calor que informan al trabajador son la principal innovación de Caliburger, no el robot en sí. Sin embargo, tener titulares como "El robot hace hamburguesas" es una oportunidad tan maravillosa para la comercialización que la compañía no se pudo resistir. Eso es lo que todas estas compañías están haciendo con las redes neuronales y la tecnología relacionada: mercadearla como la nueva palabra de moda, tener a un ser humano detrás de la escena haciendo todo el trabajo mientras el robot se lleva el crédito y dejar que los crédulos clientes se la crean.

Ni siquiera McDonald's instalando quioscos de autoservicio ha dado lugar a una disminución significativa en el empleo humano. Aproximadamente el 70% de su tráfico utiliza el auto servicio, el cual los quioscos no cubren, por lo que nuevamente es una gran pieza de mercadotecnia y algo nuevo para que la gente pruebe. Cuando Panera instaló el mismo tipo de quiosco en 2015, en realidad tuvieron que emplear a más de 1.700 trabajadores humanos porque los quioscos ayudaron a los clientes a realizar pedidos más rápido[38]. Simplemente no hay ninguna amenaza para los trabajadores humanos en la industria de la comida rápida a raíz de la IA, aunque los trabajadores perezosos serán expulsados lentamente a medida que las compañías de comida rápida compiten para servir la comida más rápida, más barata y más jugosa.

El temor de "La IA tomará nuestro trabajo" es causado por tres fuerzas: las empresas que usan cualquier nueva palabra de moda que les ayuda a atraer a más clientes a comprar, los medios de comunicación que compiten por el titular más escandaloso solo para atraer el tráfico en línea y vender copias, y los que atentan contra quienes comparten estas historias porque validan sus sentimientos de muerte inminente. Juntos hacen una trifecta que resulta en una ola de historias de miedo que no son más que fantasías exageradas. La tecnología detrás de Flippy en realidad es bastante útil y la idea de escanear hamburguesas con sensores de calor para asegurar la cocción es increíble, pero el robot en sí no está a punto de reemplazar a ningún trabajador humano. Dondequiera que se use, la tecnología nos ayudará a trabajar más rápido, mejor y más barato; si eso significa que un sitio de comida rápida nunca volverá a servir a una hamburguesa cruda que contiene E. coli, todos debemos animar y aplaudir el avance de la tecnología.

---

[38] https://www.kioskmarketplace.com/blogs/will-restaurant-ordering-kiosks-replace-employees/

Capítulo 10 - El salto cuántico en la informática

Las redes neuronales tienen una capacidad misteriosa de aprender, algo que las computadoras tradicionales no tienen. Al igual que los humanos, las redes neuronales tienen un cerebro donde pueden procesar y memorizar información para su uso futuro. Por otro lado, las computadoras tradicionales tienen CPU y RAM para estas dos acciones respectivamente, pero ni la CPU ni la RAM pueden adaptarse a las circunstancias cambiantes, simplemente siguen el algoritmo que se escribe para ellas. Para aquellos que alguna vez han tenido problemas con los controladores en su computadora, es porque los controladores son programas especialmente escritos que permiten que diferentes partes de la computadora interactúen entre sí. ¿Mal controlador de impresora? Esa impresora nunca funcionará con esa computadora sin importar que, a pesar de todo, se encuentre completamente funcional. Ahora imagine que le sucediera lo mismo al cerebro humano y a un niño que no hizo la tarea de un día en el 3er grado y repentinamente se encontrara incapaz de caminar hacia atrás a los 30. Es obvio que las máquinas son muy inferiores al cerebro humano desde todo punto de vista, excepto en la velocidad.

En teoría, una computadora tradicional es aproximadamente un millón de veces más rápida que un cerebro, pero la velocidad no lo es todo, ya que el cerebro está trabajando durante todo el día para procesar memorias, pensamientos y acciones en **procesamiento paralelo,** mientras que la computadora hace las cosas una por una, por ende, de manera de **procesamiento serial**. Constantemente experimentamos la realidad en varios niveles diferentes, como cuando nos dormimos y soñamos con estar en un iceberg, pero en realidad es la cobija que se nos resbaló, lo que nos hace sentir frío y los circuitos cerebrales que estamos utilizando interpretan eso como un iceberg. Una computadora tendría que terminar el sueño y solo luego arreglar la cobija, pero tenemos la capacidad de darnos cuenta de que algo está mal, despertarnos un poco y arreglar la cobija y volver a dormir sin perder el hilo. Todos hemos tenido momentos similares en los que los sueños se hacen realidad de la manera más fascinante, por lo que la idea más interesante de la vida interior se adquiere al tener un diario de sueños.

El procesamiento en serie es la razón por la que las computadoras y los teléfonos inteligentes tienden a bloquearse y congelarse, especialmente si se han estado ejecutando durante un tiempo prolongado; su memoria se atasca y la única solución es un reinicio, dando lugar a la solución de cliché para todos los problemas de la computadora. "¿Intente apagarlo y volverlo a encender?" Tal vez lo más cercano que está un cerebro humano a esto es cuando entramos en una habitación y olvidamos lo que estamos buscando, pero el corazón aún bombea, los pulmones todavía respiran y el cerebro sigue funcionando; una computadora en la misma situación simplemente se da por vencida y prácticamente colapsa en el sitio. Una computadora también necesita una nueva reinstalación del sistema operativo de vez en cuando porque los archivos cruciales se desordenan gradualmente hasta que todo el sistema se detiene, pero el cerebro puede funcionar durante 60-80 años sin ninguna intervención; aunque dormir regularmente no haría daño, es como desfragmentar la memoria.

Las computadoras no se acercan a este tipo de resiliencia, por lo que la idea de que podríamos olvidarnos de comprar una tarjeta gráfica y un disco duro que asumiera automáticamente su función ciertamente haría que los CEO de la empresa de hardware lloren desconsoladamente en sus almohadas. El problema de que el cerebro tenga tal elasticidad es que no es fácil encontrar el origen de los problemas, lo que se refleja en las redes neuronales; los científicos los construyen y los dejan correr solos mientras observan el resultado final. Esto abre muchas oportunidades para que las partes malintencionadas dañen o penetren las redes neuronales.

Capítulo 11 - Ataques a las redes neuronales

El paradigma de programación de algoritmos permite que una parte hostil externa modifique el algoritmo para sus propios fines, ya sea ejecutando un código arbitrario con un "parche" para el software existente o modificando de alguna manera el algoritmo a medida que se ejecuta. En general, todos los ataques tanto en algoritmos como en redes neuronales se pueden clasificar como un **ataque degradante del rendimiento** o **un ataque de posesión**. Un ejemplo de lo anterior podría ser confundir a una red neuronal para que reconozca a los gatos como pandas y gibones como computadoras; un ejemplo de esto último sería reprogramar la red neuronal a través de entradas que la hicieran contar en lugar de reconocer imágenes. Las redes neuronales también son vulnerables a tales ataques, como se detalla en una serie de trabajos de investigación que vamos a examinar en este capítulo.

En un artículo titulado "Robustos ataques del mundo físico en modelos de aprendizaje profundo"[39] nueve investigadores observan

---

[39] https://arxiv.org/pdf/1707.08945.pdf

la posibilidad de confundir las redes neuronales utilizadas para conducir un vehículo al emplear RP2 (Perturbaciones físicas robustas) para impactar la clasificación de las señales de tráfico. Al colocar calcomanías en blanco y negro que no miden más de 2x2 pulgadas en una señal de alto, los investigadores lograron confundir la red neuronal en el 100% de las imágenes probadas en el laboratorio y el 84.8% de los fotogramas de video probados en el campo, lo que hace que vea un letrero de límite de velocidad de 45". La señal de alto fue elegida para la prueba, ya que es la que tiene más probabilidades de causar un accidente fatal si la red neuronal no le presta atención. Las calcomanías no afectan la forma en que un humano percibe la señal y se asemeja al vandalismo de las señales de tránsito, como el grafiti. Las calcomanías se probaron en otros objetos físicos y causaron que una red neuronal viera un microondas como un teléfono.

Otro trabajo de investigación titulado "Las limitaciones del aprendizaje profundo en entornos adversos"[40] examina cómo modificar un promedio de 4.06% de las entradas de manera adversaria puede hacer que la red neuronal clasifique incorrectamente el 97% de las salidas. En este caso fueron números dibujados a mano que fueron utilizados para entrenar la red. Aplicadas a la imagen de un vehículo, las mismas modificaciones podrían confundir una red neuronal y que en su lugar vea un avestruz. El ataque se hace a través de las arquitecturas de redes neuronales.

"Ataques prácticos de caja negra contra el aprendizaje automático"[41] considera a un atacante que no tiene conocimiento de la arquitectura de la red neuronal ni acceso a un gran conjunto de datos utilizado para la capacitación, es decir, un atacante con un presupuesto bajo. Al usar las API públicas disponibles que permiten a cualquier

---

[40] https://arxiv.org/pdf/1511.07528.pdf

[41] https://arxiv.org/pdf/1602.02697.pdf

persona explorar redes neuronales sin acceder a ellas directamente, un atacante puede probar sus entradas adversas de dos maneras: versus el MNIST de Metamind (dígitos escritos a mano) y la galería de imágenes de señales de tráfico de German Traffic Recognition Benchmark. La red neuronal anterior fue confundida con éxito el 84.24% del tiempo, mientras que la última falló en el 64.24% de las entradas. En ambos casos el reconocimiento humano no se vio afectado. Los investigadores tardaron 36 horas en elaborar estos ataques.

El escrito "Parche Adversarial" de Tom B. Brown[42] examina la idea de la reprogramación adversaria de las redes neuronales. La idea es que la presentación de un elemento, como una tostadora, junto a otro puede hacer que la red neuronal los vea a ambos como tostadoras. Pegatinas iridiscentes especialmente impresas que se asemejan a una tostadora colocada junto a un plátano, hacen que la red neuronal vea solo la tostadora. Una demostración en vivo del ataque puede verse en un video de YouTube titulado "Parche Adversarial" aquí.[43] Este tipo de ataque es significativo porque no requiere conocimiento de la arquitectura de la red neuronal. El escrito también incluye una etiqueta de tamaño real para imprimir y utilizar en la reprogramación de redes neuronales.

"Accesorio para un crimen: ataques reales y sigilosos al reconocimiento facial de vanguardia"[44] examina el uso de anteojos físicamente discretos e imprimibles que confunden las redes neuronales de reconocimiento facial. Los investigadores utilizaron una impresora de inyección de tinta Epson XP-830 para imprimir el marco de los anteojos en un papel satinado y luego lo colocaron en un marco de anteojos real, que alteró solo el 6.5% de los píxeles de la imagen facial para engañar al software de reconocimiento facial el

---

[42] https://arxiv.org/pdf/1712.09665.pdf

[43] https://www.youtube.com/watch?v=i1sp4X57TL4&feature=youtu.be

[44] https://www.cs.cmu.edu/~sbhagava/papers/face-rec-ccs16.pdf

91-100% del tiempo. Los ataques tuvieron éxito tanto en eludir el reconocimiento como en hacerse pasar por otra persona, prácticamente haciendo que los usuarios fueran invisibles. Dado que solo incluía gafas, este método de esquivar el reconocimiento facial es plausiblemente negable y es capaz de resistir los controles superficiales por parte de los humanos.

Capítulo 12 - Guerra de redes neuronales

Al igual que cualquier otra idea científica, las redes neuronales se propusieron como un concepto ridículo que finalmente se redujo a parámetros realistas antes de que realmente estuviera disponible para el público en general. Todo comenzó con una pregunta: "¿Cómo hacer que una computadora aprenda?" Una computadora sigue ciegamente el código que la alimenta e incluso el más mínimo error hace que se detenga, pero nada más en la naturaleza funciona así; los animales y los humanos no son capaces de hacerlo. Aprender y adaptarse al entorno para ser más eficiente en él. De hecho, los animales pueden adaptarse a los daños y tener mecanismos de autodefensa: una cucaracha común sabe que se escurre debajo de la cama cuando encendemos la luz; una mosca doméstica tejerá y esquivará nuestra mano con facilidad, pero estas supuestamente poderosas computadoras hechas por los hombres más inteligentes deben ser cuidadosamente programadas, actualizadas y mantenidas. Entonces, los científicos miraron la tarea de la naturaleza para copiarla y solo cambiaron las cosas un poco para que nadie se diera cuenta.

El cerebro humano es una herramienta notable, una que ha sido afinada por la evolución para realizar todo tipo de tareas sorprendentes que damos por sentado, como hablar, jugar al baloncesto y montar en bicicleta. El cuerpo humano también es un sistema en capas en el que los músculos cooperan con los nervios, huesos, pulmones, corazón, ojos y estómago para sentir, mover y alimentar todo, incluido el cerebro que lo domina todo desde el trono en su cámara ósea. Al observar este exquisito sistema, los científicos de la red neuronal solo podían suspirar con nostalgia e intentar copiar una décima parte del uno por ciento de esa capacidad, así que se arremangaron y comenzaron a construir una máquina equivalente a un cerebro vivo.

En 1944, dos profesores que trabajan en el MIT teorizaron acerca de cómo unir un montón de computadoras o programas pequeños y hacer que cooperen para encontrar una solución a cualquier pregunta, mejorando a medida que avanzaban. La idea surgió del hecho de que los cerebros vivos funcionan de la misma manera y el cerebro humano, en particular, funciona al encontrar un consenso a partir de una masa de neuronas parásitas, algunas de las cuales producen resultados aleatorios. Esto puede ser la voz molesta que nos hace dudar de nosotros mismos o la que nos distrae en aventuras mentales tremendamente imaginativas, al igual que lo que le sucede a JD del show de televisión "Scrubs". Ignorar estas voces aberrantes y encontrar el centro de calma es lo que los humanos llamamos "Confianza en sí mismo" y lo que hace o deshace a los mejores atletas; los científicos simplemente querían imbuir máquinas con lo mismo.

Cada vez que buscamos una imagen en Google, una impresionante red neuronal acepta nuestro archivo, lo analiza en un abrir y cerrar de ojos, lo compara con la vasta base de datos de imágenes a la que Google tiene acceso y escupe la coincidencia más cercana. Sin embargo, las redes neuronales también son utilizadas por personas mal intencionadas para hacer spam, crear cuentas falsas y, en general, crear una molestia tanto para los usuarios como para los proveedores de servicios. El auge de las redes neuronales había llevado a los proveedores de servicios a adoptar el CAPTCHA "Completely Automated Public Turing test to tell Computers and

Humans Apart" (prueba de Turing completamente automática y pública para diferenciar computadoras –ordenadores– de humanos) que utiliza una imagen de una palabra retorcida, deformada o marcada con líneas de colores. Un humano fue capaz de reconocer la palabra correcta con un mínimo esfuerzo y escribirla en el cuadro para continuar, pero la red neuronal fallaría, o eso decía la teoría. En la práctica, las redes neuronales se volvieron tan buenas para resolver los CAPTCHA, tal como fueron diseñadas para hacerlo, que los desafíos tenían que distorsionarse cada vez más hasta que era imposible que incluso los más ansiosos de nosotros reconocieran la palabra correcta, razón por la cual ya no los vemos más.

Los proveedores de servicios finalmente comenzaron a usar reCAPTCHA, que utiliza una cuadrícula de instantáneas borrosas 3x3 y de baja resolución, tomadas en su mayoría de cámaras de Google Earth que desafían al usuario a identificar cuadrados que contienen un puente, una señal de tráfico, una boca de incendio o un vehículo. Una red neuronal tiene tan poco con que trabajar que prácticamente tiene que elegir cuadrados al azar para continuar, pero los humanos generalmente tienen la capacidad de detectar y reconocer objetos incluso cuando están parcialmente ocultos, borrosos y en la distancia. Por ahora, el proyecto reCAPTCHA brindó alivio a los proveedores de servicios, pero tarde o temprano las redes neuronales se enfrentarán al desafío y se volverán virtualmente indistinguibles de un usuario humano en línea. Es una verdadera carrera de armamentos y solo está empeorando.

Era solo una cuestión de tiempo antes de que las redes neuronales de tiempos de paz despertaran el interés de los militares estadounidenses. Guiado por el lema "es mejor que nos pongamos en contacto con esto para que nuestros enemigos no lo hagan", el ejército de los Estados Unidos ha estado trabajando con Google para emplear redes neuronales en el campo de batalla, tanto para guiar mejor los drones y los misiles como para planear todas las acciones potenciales de otras naciones a través de un Proyecto Maven orientado a la vigilancia. Los empleados de Google han estado firmemente en contra de que su investigación se involucre en la guerra[45], lo que llevó a unos 4.000 de ellos a firmar una petición en 2017 para retirarse del Proyecto Maven y otros esfuerzos similares. Conocen el verdadero poder de las redes neuronales y tienen miedo genuino de lo que podría suceder cuando se desate la bestia. Al igual que vimos en la película "Juegos de guerra" de 1983, una red neuronal financiada por los cofres insondables del ejército estadounidense podría funcionar a través de miles de millones de posibles escenarios de conflicto y darles siempre la victoria, o podría revelarse y hacer lo que quisiera.

Una red neuronal de este tipo podría lanzar de forma autónoma drones de vigilancia para espiar a personas y vehículos sin ser detectados, rastrear Internet para publicaciones en los medios sociales o artículos de noticias sobre ubicaciones de posibles objetivos, crear listas de muertes, usar reconocimiento facial para confirmar objetivos con alta precisión y ejecutar ataques sin un humano involucrado en absoluto o tal vez sin un ser humano capaz de evitar que algo como eso se haga por error. Dado que todo el software finalmente tiene que interactuar con el mundo real, que es complicado, impredecible e increíblemente complejo, no se sabe si una red neuronal podría fallar o experimentar errores, y si les damos la custodia exclusiva de la capacidad militar de los Estados Unidos podría hundir al mundo en un holocausto nuclear. Cuando los drones se vuelvan del tamaño de insectos, podrán infiltrarse en cualquier residencia, asesinar a quien sea y escapar o autodestruirse sin dejar rastro.

Por ahora, el CEO de Google, Sundar Pichai, prometió redactar un conjunto de pautas éticas que deberían reemplazar el lema no oficial de Google "no sea malo", pero obtener cientos de millones o miles de millones de militares parece una oferta demasiado tentadora como

---

[45] https://www.bloomberg.com/news/articles/2018-05-14/inside-google-a-debate-rages-should-it-sell-artificial-intelligence-to-the-military

para ignorarla. Además, los CEOs tienen un "deber de lealtad"[46] que aconseja poner los mejores intereses de la compañía por encima de sus propias creencias, sin importar lo difícil que sea, o podrían enfrentar serios desafíos y demandas de las partes interesadas. Incluso si el Sr. Pichai se opone a la utilización en tiempo de guerra de las redes neuronales de Google y se retira, podría ser incapaz de impedir que la bola ruede y una vez que se desate la bestia no hay vuelta atrás. Esto también podría ser cierto para las redes neuronales en sí, que por su diseño son descentralizadas e independientes, lo que hace que una red neuronal lo suficientemente grande sea prácticamente invulnerable incluso en el caso de una guerra nuclear general.

Durante la Guerra Fría, los rusos llegaron independientemente a la idea de redes neuronales como una forma de prevenir los ataques de decapitación nuclear por parte de los Estados Unidos, ataques precisos que eliminarían sus estructuras de mando militar y los dejarían a merced de cualquiera que estuviera dispuesto a invadir. Llamado "La mano de la muerte" o "perímetro"[47], este sistema informático de toma de decisiones automática controlaba los silos nucleares soviéticos y usaba una gran variedad de sensores de luz, radiación, presión y sísmicos para verificar que los misiles nucleares habían aterrizado en suelo soviético, lanzando todo su arsenal nuclear en represalia.

Normalmente, el sistema estaba fuera de línea y, supuestamente, se activaría en los casos en que los generales rusos sospecharan que la guerra nuclear era inminente, lo que les permitiría tomarse su tiempo y tomar una decisión racional; la mano de la muerte aseguraría represalias en caso de que se tomaran demasiado tiempo. Si los sensores mostraban lecturas excesivas en todo el territorio soviético, Perímetro consultaría con el cuartel militar y esperaría un momento

---

[46] https://truthonthemarket.com/2010/07/27/the-shareholder-wealth-maximization-myth/

[47] https://www.wired.com/2009/09/mf-deadhand/?currentPage=all

para recibir una respuesta. Si no llegaba ninguna, lanzaría ojivas especiales que transmitieran comandos de radio a cualquiera de los silos nucleares en operación para contraatacar. Los Estados Unidos eventualmente hicieron algo parecido a esa ojiva de comando, pero temían que el sistema funcionara correctamente y que pudiera funcionar mal. Pero ¿qué pasaría si las redes neuronales se volvieran conscientes?

Capítulo 13 – El fantasma en la máquina

Tener una red neuronal en una caja que no necesita descanso, alimentación o curación sería un activo importante en cualquier tipo de conflicto militar, pero también podría utilizarse para obtener enormes ganancias, que es lo que las empresas privadas ya están haciendo. Un ejemplo es el reconocimiento facial de Facebook que marca automáticamente a las personas cuando cargamos imágenes, pero en realidad las escanea para detectar elementos, paisajes y animales. Iniciar sesión en Facebook en computadoras más lentas puede retrasar un poco la página y, en lugar de imágenes, mostrar el texto de su marcador de posición como "varias personas sonriendo, montaña, perro" y cuando la imagen se carga correctamente, revela su contenido como se describe.

Todo lo que hacemos en línea es rastreado, catalogado y analizado por una red neuronal para producir un perfil personal sofisticado que incluye datos altamente personales como el historial médico, el estado de la relación o la religión (piense en esto cuando busque en Google preguntas sensibles). Se insta al lector a que intente usar Facebook subiendo contenido que muestre exclusivamente perros y vea como resultado que se recomienden más grupos y grupos relacionados con los perros. Esta y la característica de personas que quizás conozcas son la explicación oficial de por qué se usa esta tecnología, pero en realidad crea un perfil de todas las personas a las que se hace referencia, conocidas como **perfil de sombra**.

Al rastrear el contenido de los usuarios que hacen Facebook con frecuencia, una red neuronal suficientemente desarrollada puede comenzar a juntar quién hace qué, cuándo y dónde se basa en fragmentos de conversaciones. Si dos usuarios mencionan el tercero que está fuera de la red, la red neuronal puede verificar si estos usuarios tienen la aplicación de Facebook instalada en sus teléfonos inteligentes. Si es así, la red puede escanear a través de sus teléfonos (ya que se le otorgó la propiedad total del teléfono durante la instalación de la aplicación) para ver si se menciona a este tercer usuario; busque registros de llamadas y SMS, números de teléfono, nombres de Wi-Fi y aproveche eso. Las posibilidades son infinitas cuando los usuarios están ansiosos por compartir sus datos privados entre sí a través de un sitio web famoso por el mal manejo de esos datos.

En enero de 2017 estalló una noticia[48] de que Facebook había filtrado datos privados de millones de usuarios a través de una empresa conocida como Cambridge Analytica (sin vínculo directo con la actual Universidad de Cambridge) que supuestamente ayudó a Donald Trump a ganar las elecciones presidenciales de 2016 en Estados Unidos. En 2008, el profesor Michal Kosinski trabajó en la Universidad de Cambridge y creó una prueba psicológica en Facebook que resultó ser extremadamente popular. La prueba midió cinco rasgos (apertura, conciencia, extroversión, amabilidad y neuroticismo) y produjo un resultado conocido como puntaje OCEAN. Todavía no había juego sucio, ya que el profesor hizo todo según las reglas y pidió un consentimiento explícito durante todo el proceso. Hasta aquí todo bien.

Sin embargo, el error fue que Facebook tenía toda la información del perfil de los usuarios como pública de forma predeterminada,

---

[48] https://motherboard.vice.com/en_us/article/mg9vvn/how-our-likes-helped-trump-win

incluidos los me gusta. Al tomar el examen, los usuarios expusieron su perfil al profesor, quien usó una red neuronal para correlacionar la puntuación OCEAN con los gustos de los usuarios; el profesor pronto podría usar uno para predecir el otro con una precisión asombrosa para millones de personas. Unos 68 "me gusta" le permitieron saber si la persona era republicana o demócrata, su orientación sexual y el color de la piel con un 90% de certeza en promedio. El profesor teorizó sabiendo que 300 o más gustos de una persona le harían saber todos sus secretos más profundos y oscuros e incluso si sus padres se divorciaron durante la infancia. Otra huelga de Facebook fue que los perfiles de los amigos de los usuarios, incluidos los me gusta, también se hicieron públicos para el profesor. Por lo tanto, al compartir su propia información de perfil, los usuarios compartieron accidentalmente la información privada *de todos en su lista de contactos*, independientemente de su privacidad o configuración de perfil.

El profesor Kosinski finalmente se encontró con un tesoro de información sensible con el que no tenía idea de qué hacer. Aquí es donde volvemos al concepto de consentimiento no informado: los datos no deseados tenían un enorme valor, pero obviamente se compartieron accidentalmente. Por otro lado, fue culpa de los usuarios no saber cómo funcionaba el uso de Facebook y no ser lo suficientemente cuidadosos, por lo que el profesor sintió que tenía todo el derecho de guardar la información, y lo hizo, para luego venderla a la compañía Cambridge Analytica.

Pronto examinaremos cómo reaccionó Facebook ante estas violaciones de privacidad, pero por ahora recapitulemos lo que sucedió: los usuarios no sabían que su información se recopilaba y mostraba públicamente, compartieron su información sin darse cuenta y encontraron la misma información compilada y vendida a un tercero, al que ni conocían, años después del evento inicial. Por cierto, todo esto se anuncia en los términos de servicio y la política de privacidad de Facebook. *Ese es el objetivo de Facebook*: recopilar y analizar datos utilizando redes neuronales para llegar a perfiles de usuarios sofisticados y datos de tendencias de comportamiento que luego se venden con fines de lucro.

Pero, ¿por qué cualquiera de nosotros sería tan importante como para justificar ese seguimiento incesante? ¿Cuál es el significado de saber esto? A John Smith, en particular, le gusta ver a Rick y Morty o tomar una bebida energética Monster cuando a otros no. Es la información agregada de millones de usuarios rastreados a lo largo de los años lo que permite a cualquier estadístico desarrollar modelos de tendencias de comportamiento y predecir qué hace cada persona que pertenece a ese grupo demográfico *con un alto grado de certeza*. Nadie lo sabe con certeza y siempre existe nuestro libre albedrío, pero después de saber lo que una persona puede hacer, la idea es predecir cuándo cambiará el comportamiento e intervenir en el momento adecuado con publicidad. Así es, todo se reduce a hacer la publicidad perfecta.

Todos los escándalos de privacidad y las filtraciones de datos de los usuarios siempre se relacionaron con esta idea de hacer la publicidad perfecta a través de la recolección de datos privados y el uso de redes neuronales. Hasta ahora, hemos visto estos escándalos con los datos recopilados en línea, pero ahora las máquinas tienen acceso al hardware físico que utilizamos a diario, lo que significa que estamos a punto de ingresar a un nuevo nivel de publicidad perturbada que no toma prisioneros.

En este momento, el modelo de publicidad es más como lanzar dardos en una tabla con los ojos vendados en un huracán: todos aterrizarán en algún lugar, pero a menos que estén siendo lanzados de a miles, no servirán. Esta es la razón por la que todas las grandes marcas, como Pepsi, gastan millones, para simplemente sofocar nuestros momentos de vigilia con sus logotipos y melodías pegadizas. Por supuesto, solo las compañías más grandes y malas tienen ese tipo de presupuesto, dejando a todos los demás al margen.

Las agencias de mercadeo se dieron cuenta de que esto no era factible y que debía actualizarse de alguna manera. Necesitaban algo basado en la ciencia y ejemplos demostrables, por lo que comenzaron a perfilar psicológicamente a los clientes. Por ejemplo, los expertos en mercadotecnia utilizaron cámaras de vigilancia en los centros comerciales para concluir que todos tenemos hábitos de compra que rara vez cambian, pero hay momentos en que nuestros escudos están caídos y estamos abiertos a nuevas ideas y productos: conseguir un perro, divorciarnos, embarazarnos o la compra de una nueva casa. En el momento en que ocurra el evento, ya es demasiado tarde, pero si hubiera una manera de predecir cuándo una persona conseguirá un perro, se divorciará de su pareja, quedará embarazada o comprará una nueva casa y se le presentara un anuncio de un producto relacionado o servicio, de la nada, el vendedor ha conseguido un cliente, y ya depende de la empresa mantenerlo.

Las agencias de mercadeo y los vendedores se dejaron llevar por esta idea, pero hubo un pequeño problema de vigilancia ilegal, así que simplemente decidieron que una máquina inteligente examinara los datos, asignara un número a cada persona y sacara una conclusión sobre cuál es el resultado más probable. Dado que se trata de un área legalmente inexplorada y nadie se ha atrevido a demandar a una empresa por dicho seguimiento y creación de perfiles, las empresas sienten que pueden hacer lo que quieran, lo que han estado haciendo desde 2002. Esta práctica de acosar a los usuarios por sus datos personales se llama **minería de datos** y está presente dondequiera que haya un anuncio. Cuando se pierden los datos, simplemente se compran a los intermediarios de datos para compilar un perfil de comportamiento integral, incluidas las marcas de jarabes favoritas y qué comedia muestra que la persona prefiere ver en línea. Nada está oculto y nada es sagrado cuando los beneficios están en juego.

Un artículo del New York Times de 2012 titulado "Cómo las empresas aprenden sus secretos"[49] detalla una cuenta diseñada por uno de los analistas de la cadena de tiendas Target contratados en

---

[49] https://www.nytimes.com/2012/02/19/magazine/shopping-habits.html?pagewanted=1&_r=1&hp

2002 para investigar cómo compran los clientes y cómo encontrar esas ventanas de comportamiento donde un anuncio tendrá el mayor impacto. En este caso, la atención se centró en el embarazo y en lograr que los padres jóvenes usen Target para sus necesidades de alegría antes de facilitarles ofertas para sus propias necesidades. Después de todo, los padres solteros no tienen mucho tiempo para perder yendo a varios puntos de venta minoristas, por lo que podrían abastecerse de alimentos para toda su familia en Target.

El analista comenzó evaluando el comportamiento de compra de las mujeres que se registraron para un baby shower en Target y marcaron su fecha de vencimiento. Notó que había una lista definitiva de 25 artículos, como bolitas de algodón, lociones perfumadas y vitaminas, que todas las madres embarazadas compraban, dependiendo de lo avanzado que estuviera el embarazo. A continuación, se buscó un patrón en el comportamiento de compra de todas las *mujeres* que visitaron Target y finalmente se pudo usar la tecnología de las redes neuronales para determinar si las mujeres estaban embarazadas, *incluso si ellas aún no lo sabían.*

Observe cómo los datos agregados de una masa de personas pueden usarse para predecir con un alto grado de certeza el comportamiento de cualquier otra persona que pertenezca a ese grupo demográfico. Esto significa que el consejo de "simplemente no usar el sitio web" no funciona y las estadísticas combinadas con la inteligencia artificial de la red neuronal tienen datos más que suficientes para superar cualquier brecha en el conocimiento. A menos que todos decidamos abandonar un sitio web o una empresa, tendrán más que suficiente información sobre todos. Cuando los sistemas operativos comienzan a utilizarse para la minería de datos, todo se vuelve mucho peor.

Windows 10 es el último y mejor sistema operativo del taller de Microsoft, pero está repleto de minería de datos que ahora incluye **telemetría**, un informe sobre la frecuencia con la que se accede a un archivo o cuándo se enciende el dispositivo. Esta es la información que se envía a los programadores cuando un programa falla y hacemos clic en el botón "Enviar informe"; por lo general es anónimo y muestra un registro de lo que sucedió inmediatamente antes del bloqueo. Tenga en cuenta que el caso de uso normal de la telemetría implica un evento obvio (bloqueo del programa), la decisión del usuario (haga clic en "Enviar informe") y el envío de esa parte de los datos relacionados con el bloqueo. Por lo general, esto no pone en peligro la privacidad del usuario, pero cuando el sistema operativo completo está diseñado desde cero para mantener constantemente la telemetría, se convierte en una ventana al comportamiento del usuario.

Normalmente usamos nuestras computadoras cuando estamos más relajados, cuando estamos navegando en la web desconectados del mundo real, jugando a videojuegos, viendo películas o incluso haciendo algo productivo. En cualquier caso, nunca esperaríamos que todo, desde los nombres de los archivos hasta los eventos del calendario, sea procesado por una inteligencia artificial en el otro lado del monitor, un ojo incansable que puede ver y entender lo que estamos tratando de hacer, mostrándonos publicidad a lo largo del camino. Al ver cómo Windows 10 viene con un asistente digital incorporado, Cortana, la telemetría ahora se expande a las voces de cualquiera que use Cortana, así como a los ruidos de fondo.

Capítulo 14 - Sin reacción

El evento de Cambridge Analytica muestra lo trivial que es el hecho de que se produzcan tremendas filtraciones de datos, el hecho de que Mark Zuckerberg se enfrente al Senado de los Estados Unidos en abril de 2018 durante horas de intenso calentamiento que representaron muchas variaciones cuidadosamente ensayadas de "No estoy seguro de si puede responder eso, senador". Uno de los senadores, el señor Blumenthal, calificó el manejo del escándalo de Cambridge Analytica en Facebook como "ceguera voluntaria"[50], que es exactamente lo que era. Resulta que administrar y proteger datos privados es muy costoso y es un costo continuo que sigue aumentando, pero no es obvio cuándo o cómo alguno de esos datos arrojará una ganancia. Por lo tanto, Facebook simplemente intentó minimizar los costos al negarse a auditar a los socios que acceden a datos, realizan aplicaciones, juegos o pruebas psicológicas en su plataforma, siempre y cuando paguen una tarifa de acceso nominal y juren que respetarán las reglas.

Sandy Parakilas trabajó como gerente de operaciones de la plataforma de Facebook entre el 2011 y 2012 e informó en la

---

[50] https://youtu.be/GQN4On0K7-w?t=11306

entrevista a The Guardian[51] que las violaciones de datos eran frecuentes. Al intentar alertar a los altos mandos, esencialmente se le dijo que era mejor si la compañía no investigaba o tendría que gastar dinero tratando de arreglar las fugas. La implicación era que Facebook estaba legalmente más protegida si todos simplemente ignoraban los problemas, independientemente de cualquier daño a la reputación posterior. Los usuarios fueron básicamente arrojados a los lobos y se fueron con un par de míseros ajustes de privacidad que no hicieron casi nada mientras los legisladores estaban dormidos al volante.

No es que Facebook sea el único sitio web que hace eso; todas las empresas de tecnología y redes sociales envidian a Facebook sobre lo sofisticado que es su proceso y desearían poder hacer lo mismo, por lo que Mark Zuckerberg fue elegido como la persona del año de TIME en 2010. Los sitios web sociales esencialmente han convertido los datos privados de los usuarios en un recurso común, exponiéndolos a la antigua Tragedia de los Comunes[52]: si hay un recurso compartido, el que lo explota primero obtiene el mayor beneficio, pero la sociedad en general sufre (un ejemplo es el aire que respiramos y las fábricas que lo contaminan principalmente en beneficio de su propietario).

Incluso aquellos usuarios que viven fuera de la red o navegan por la web sin tener una cuenta de Facebook que piensen que son anónimos tienen un seguimiento de su comportamiento para conocer todos sus secretos; cuando intentan crear una cuenta, Facebook simplemente les presenta una cuenta lista para usar que desde siempre han estado construyendo. Esto puede ser francamente aterrador y por una buena razón: ningún sitio web está destinado a saber mucho sobre nosotros. La pregunta más natural entonces es: ¿dónde almacena Facebook todos estos datos privados?

---

[51] https://www.theguardian.com/news/2018/mar/20/facebook-data-cambridge-analytica-sandy-parakilas

[52] https://www.investopedia.com/terms/t/tragedy-of-the-commons.asp

Las enormes granjas de servidores de Facebook, como la de Luleå, Suecia,[53] pueden tener hasta 14 millas cuadradas de servidores cuidadosamente apilados y ventiladores masivos que aspiran aire frío del Ártico para evitar que se sobrecalienten. El gobierno local estima los costos de construcción de esta granja de servidores en particular en $ 760 millones. Es un centro de datos de respaldo para Facebook, que puede permitirse invertir todo lo que sea necesario para salvaguardar los datos de los usuarios hasta que los utilicen; así es como ganan dinero.

Este tipo de dinero es exactamente la razón por la cual la UE se ha adelantado y ha introducido un conjunto de leyes y directrices relacionadas con la privacidad el 25 de mayo de 2018 que impulsaron todas las actualizaciones de la política de privacidad que llegan a nuestras bandejas de entrada de correo electrónico. Conocido como el Reglamento General de Protección de Datos (GDPR),[54] este baluarte de 400 páginas contra la explotación en línea se redactó en 2016 y se anunció con dos años de antelación, protegiendo a todos los residentes de la UE de prácticas desagradables. Al definir el "derecho a ser olvidado" como un elemento fundamental de la privacidad en línea, GDPR consagra el derecho de los ciudadanos de la UE a solicitar a los motores de búsqueda la eliminación de resultados perjudiciales para su reputación.

Bajo el GDPR, las empresas que prestan servicios a los residentes de la UE tienen que permitir que los usuarios desactiven sus prácticas de recopilación de datos, lo que requirió revisiones masivas de cómo funcionaban los sitios web hasta el punto de que algunos de ellos prohibieron totalmente a los visitantes de la UE hasta que arreglaran

---

[53] http://www.dailymail.co.uk/sciencetech/article-3814105/That-s-really-cool-Facebook-gives-rare-glimpse-inside-gigantic-Lule-server-farm-just-70-miles-Artic-circle-Sweden.html

[54] https://eur-lex.europa.eu/legal-content/EN/TXT/HTML/?uri=CELEX:32016R0679&from=EN

sus páginas[55] y también se les prohibió la "toma de decisiones automatizada y perfilado", como usar una red neuronal para decidir si alguien es elegible para un préstamo o empleo.

Ibrahim Diallo ya experimentó los efectos que una red neuronal puede tener en el estado de un empleado *cuando fue despedido por una*.[56] Esa jornada de trabajo comenzó como cualquier otra en junio de 2018, con la única molestia de que su tarjeta de acceso no lo dejaba entrar a sus oficinas en Los Ángeles, pero el guardia de seguridad le abrió la puerta. Esto ya había sucedido antes durante sus 8 meses en la posición y por lo general, era señal de que la tarjeta necesitaba ser reemplazada, así que Ibrahim fue a ver a su gerente. Él notó que fue eliminado del sistema y que su estado de empleado cambió a "inactivo". Fue entonces cuando los correos electrónicos comenzaron a llegar, y todos los habitantes del edificio fueron informados. El Sr. Diallo, que no podía entrar a su oficina o iniciar sesión en su computadora, había sido despedido de su contrato de 3 años. Empaquetó sus pertenencias personales y abandonó el edificio mientras los gerentes miraban consternados, incapaces de hacer nada o incluso averiguar la razón.

En el transcurso de las siguientes tres semanas, los ejecutivos principales se concentraron en los correos electrónicos para descubrir qué había salido mal, manteniendo informado a Ibrahim todo el tiempo. Resultó que la empresa pasó por cambios fundamentales en su gestión de recursos humanos, utilizando un sistema automatizado de vanguardia para clasificar los beneficios, empleos y despidos, etc. Esto sucedió durante los 8 meses de Ibrahim en la firma, y al parecer alguien olvidó marcar su empleo como "activo", probablemente un gerente con ojos agotados que llena una hoja gigantesca de Excel tarde por la noche. Un error menor, pero el sistema no reconoció a Ibrahim como empleado y

---

[55] https://www.econsultancy.com/blog/70065-gdpr-which-websites-are-blocking-visitors-from-the-eu-2/

[56] https://www.bbc.com/news/technology-44561838

activó una cascada de comandos para bloquearlo. La parte divertida fue que los humanos no pudieron revertir la terminación durante tres semanas, momento en el que finalmente se dejó entrar a Ibrahim, pero esto fue algo que le hizo sentir que la actitud de sus compañeros de trabajo cambió y fue a buscar otro trabajo.

Capítulo 15 - Formación académica

Podríamos considerar la ciencia como una colección difícil e inquebrantable de hallazgos definidos, pero ese no es realmente el caso. La investigación científica es más como tejer una gigantesca tela de araña, una intersección de hilos delicados que unen todo tipo de elementos y lugares diferentes. El centro de esta web sería la parte más firme y fiable, una base para construir una civilización, pero los bordes serían fugaces y los científicos que los construyan se basarían en los hallazgos que despiertan el interés de los inversionistas volubles que están dispuestos a desperdiciar fondos. Por una remota posibilidad de golpear una bonanza científica.

Esto realmente ha llevado a lo que se denomina la **crisis de replicación**[57], donde la nueva generación de científicos ha pasado por estudios aparentemente de buena reputación y los ha encontrado en gran medida exagerados o totalmente falsos. Para ser justos, eso se aplica principalmente a los estudios psicológicos, pero se encontró que la medicina y la genética también contienen investigaciones dudosas; resulta que el deseo de reconocimiento de las partes y la

---

[57] https://nobaproject.com/modules/the-replication-crisis-in-psychology

financiación a veces puede ser una perspectiva tentadora. Existe al menos una explicación científica válida para la crisis de replicación, que se explica mejor al observar el descubrimiento del **efecto mariposa** de Edward Lorenz.

Edward, un matemático y un meteorólogo con dos títulos de MIT, tuvo la tarea de calcular un pronóstico meteorológico bimestral durante la década de 1960 utilizando un conjunto conocido de valores atmosféricos, como la humedad, la temperatura, la presión del aire, etc. Su trabajo consistía en beber grandes cantidades de café mientras la computadora arcaica compilaba datos para finalmente mostrar el pronóstico que él vería manualmente. Lo que Edward notó es que, al redondear un solo número en un lugar decimal aparentemente intrascendente, como el 12 o el 13, se produjo un resultado climático muy diferente que se marcó más con el paso del tiempo. Esto lo llevó a realizar una presentación de 1972 titulada *"Predictibilidad: ¿El aleteo de una mariposa en Brasil produce un tornado en Texas?"*, donde expuso cómo nuestra propia percepción de qué datos son significativos o no pueden dar forma al resultado de cualquier cálculo.

El efecto mariposa se aplica comúnmente a campos no científicos para producir una idea agradable de que cada acción que realizamos tiene alguna consecuencia significativa, aunque eso no es lo que Edward quería decir; él demostró matemáticamente que, por extraño que parezca, la opinión de una mariposa sobre qué flor es la más bonita importa mucho. En cualquier caso, sus hallazgos llevaron a la creación de la **teoría del caos**, la noción de que incluso los sistemas más simples pueden tener resultados diametralmente opuestos si los valores iniciales están ligeramente alterados, con el péndulo doble [58] como un maravilloso ejemplo mecánico de este principio.

Los científicos se encontraron en un punto muerto: no solo no podemos encontrar respuestas adecuadas a los enigmas científicos,

---

[58] https://www.youtube.com/watch?v=U39RMUzCjiU

sino que *tampoco sabemos cómo formular las preguntas*. Nuestro cerebro da forma a las cosas que vemos, no se puede confiar en nuestros ojos y la totalidad de nuestro ser viene con sesgos manipulados que dan forma a los datos para producir el resultado que inconscientemente deseamos ver. Pero, ¿qué pasaría si los científicos pudieran crear una entidad no humana que pensara como un humano, que pudiera percibir, comprender y calcular números de longitud indeterminada y sin ningún sesgo para llegar a los resultados más precisos que el mundo haya visto?

El aprendizaje profundo está relacionado con las redes neuronales y representa un concepto completamente nuevo de crear un asistente mecánico capaz de autoaprender de manera imperturbable, lejos de las miradas indiscretas de los seres humanos, al conectar módulos maleables separados y dejar que la red neuronal descubra gradualmente su propio camino para el funcionamiento óptimo. Todo está oculto en un misterio hasta el punto que también podríamos llamar *matemágico* a este tipo de ciencia. A diferencia del **aprendizaje automático**, un concepto amplio de máquinas capaces de mejorarse de alguna manera, el aprendizaje profundo dice que las máquinas pueden aprender y enseñarse unas a otras y crear algo que supera ampliamente nuestras capacidades mentales a una velocidad de un millón más rápido de lo que podemos comprender.

A veces, un titán intelectual, como Einstein, Tesla o Darwin, aparece y, ocasionalmente, hace agujeros en la red de descubrimientos, sacudiendo paradigmas científicos hasta su núcleo. De este modo, se deja a los científicos la tarea de recoger las piezas y reconstruir la web de nuevo, exaltados con la perspectiva de ver las cosas viejas bajo una nueva luz, pero estas personas son una en un billón; con una red neuronal y un aprendizaje profundo, podemos tener nuestros propios Einstein, Teslas y Darwin de bolsillos creando y reinventando todo a un precio muy pequeño para nosotros.

El campo de las redes neuronales se encuentra actualmente en la periferia de la ciencia, reuniendo minuciosamente datos de datos para crear una red neuronal ligeramente mejor que la que era el modelo de antaño, avanzando lentamente todo el nicho, pero no será hasta que haya una apariencia de un intelecto tan abrumador que podamos dar un gran salto de limitado a general y luego a súper IA; es solo que este tipo de intelecto no tiene que ser humano. Mientras tanto, tenemos montones de trabajos académicos publicados en Arxiv.org que explican estos pequeños avances en las redes neuronales, así que examinemos algunos de ellos.

Análisis de calidad de video

El contenido de video es el rey de Internet, ya que tiene la oportunidad de involucrar al usuario de manera instantánea y mantener sus ojos pegados a las imágenes bonitas y en movimiento, lo que explica los videos de reproducción automática detestados universalmente, pero… ¡un momento! ¿Es eso un brillo de pixelación en la esquina inferior izquierda? ¡Mis preciados ojos! Los usuarios nunca han sido más selectivos cuando se trata del contenido de video que consumen, pero es bastante caro alojar y transmitir videos de alta calidad; ser capaz de producir una calidad de video aceptable que elimina una fracción del porcentaje de los costos totales se traduciría en millones de ahorros sin agravar a los usuarios.

Las "redes neuronales convolucionales para la evaluación de la calidad de video"[59] se ocupan de la compresión de video, que es un mal necesario para lidiar con el contenido de video que se sabe que está mal ajustado. El método propuesto para la Evaluación de la calidad del video (VQA) pretende ser capaz de comparar un número arbitrario de métodos de compresión de video para encontrar el que tiene la menor cantidad de distorsión en comparación con el archivo original. Lo interesante es que VQA se ocupa de la *percepción de la calidad*, no necesariamente de una definición matemática de la calidad, sino que es un método de compresión que produce la réplica más exacta del video original.

---

[59] https://arxiv.org/pdf/1809.10117

El contenido típico de video se distribuye en línea usando algoritmos de compresión que imitan mucho la compresión de imágenes fijas, pero representan un conjunto doloroso de concesiones: un archivo de video ligeramente comprimido puede congestionar una conexión de Internet y causar el temido problema de búfer, pero un video altamente comprimido conduce nuevamente a artefactos que distraen la atención. Incluso diferentes archivos de video del mismo tamaño se comprimirán con resultados totalmente diferentes gracias a cómo funciona la compresión de imágenes; un video con cortes rápidos y una cámara temblorosa (piense en las películas de Bourne) a menudo resultará borroso bajo la compresión.

Un algoritmo de compresión toma cada fotograma del archivo de video, lo superpone con una cuadrícula fina y realiza un análisis estadístico del contenido dentro de cada celda, calculando un promedio a través de una serie de fotogramas[60]. En esencia, esto es cómo funcionan la compresión y descompresión de video, pero la gran variedad de formatos de video y tipos de contenido hacen que el VQA sea un problema enloquecedor para 4-40 personas que comparan manualmente archivos descomprimidos y originales, como lo propone la recomendación UIT-T P.910[61] y ahí es donde entran en juego las redes neuronales.

El método VQA presentado en este documento es el tipo más desafiante, también conocido como sin referencia (NR), donde el archivo original sin comprimir no está presente o sus características no se conocen; solo tener el video descomprimido imita de cerca la experiencia del usuario en la vida real y aumenta la autenticidad de los resultados. Las ventajas de NR son la baja complejidad computacional y la capacidad de realizar VQA de forma remota, a través de Internet. El conjunto de datos de entrenamiento utilizado en este documento consistió en 3 clips de 10 segundos del Festival

---

[60] https://www.eetimes.com/document.asp?doc_id=1275437

[61] https://www.itu.int/rec/dologin_pub.asp?lang=e&id=T-REC-P.910-200804-I!!PDF-E&type=items

de Edimburgo 2016, cada uno con 1920x1080 a 25 Hz, codificado mediante un codificador HEVC y cinco configuraciones de compresión diferentes. Los 15 clips de video resultantes fueron luego ejecutados a través de un simulador que podría aproximarse al efecto de 4 velocidades de Internet diferentes, lo que resultó en un total de 60 clips (3 * 5 * 4). Ocho humanos evaluaron la experiencia visual de cada uno de los 60 clips que se muestran en orden aleatorio y les asignaron calificaciones de 1 (mala) a 5 (excelente) de acuerdo con los estándares multimedia de la UIT.

Luego, la red neuronal tiene la oportunidad de predecir la calidad del video en base a 1.000 fragmentos aleatorios de fotogramas aleatorios de cada clip, obteniendo una precisión general del 66-80%, dependiendo de lo afinados que estén los filtros de la red neuronal para la tarea. La conclusión de los autores es que los extremos son mucho más viables para una red neuronal, pero que se mantuvo bien en una variedad de configuraciones de compresión de video y condiciones de ancho de banda.

Identificación de la flor del fruto

Tener un huerto es como vivir en el Jardín del Edén: la naturaleza es abundante y la fruta cuelga en grupos ricos y jugosos que piden ser recogidos; tener un huerto que está destinado a producir productos comercializables es un asunto completamente distinto. Los agricultores suelen estar a merced del clima y de los insectos voraces, pero incluso cuando el clima es bueno y los insectos se mantienen a raya, gran parte del éxito depende de la sincronización adecuada. El agricultor generalmente tiene que medir el momento correcto cuando realice ciertas acciones de mantenimiento basadas en el recuento de flores, que todavía se realizan manualmente. Bueno, ahora tenemos redes neuronales.

"La detección multiespecífica de flores frutales mediante una red de segmentación semántica refinada"[62] presenta la idea de utilizar una

---

[62] https://arxiv.org/pdf/1809.10080

red neuronal para medir la floración, la cantidad de flores presentes en el tiempo de poda y aclareo, acciones cruciales que determinan el tamaño, el color y el sabor de la fruta. Las plantas normalmente intentarán crear tantas frutas como sea posible, diluyendo su sabor, pero la poda y el aclareo hacen que la planta concentre sus esfuerzos en crear la fruta más atractiva. Los agricultores que evalúan la floración deben tener mucha experiencia para extrapolar el estado de toda la huerta a partir de una pequeña muestra de árboles, y las flores generalmente tienen una vida útil corta.

Otros investigadores ya intentaron usar una red neuronal para evaluar la floración, pero las condiciones necesarias eran bastante difíciles: una de esas soluciones solo funcionaba de noche y bajo iluminación artificial específica. En este artículo, los autores presentan una solución que funciona bajo diferentes condiciones de iluminación, se aplica a varias especies de plantas y está completamente automatizada, escaneando imágenes de alta definición de un árbol en menos de un minuto para contar la floración que llevaría a los humanos una hora para completar. La red neuronal presentada en este documento también utiliza GPUs disponibles comercialmente para reducir aún más la carga y el coste computacional; la máquina exacta utilizada fue la CPU Intel Xeon E5-2620 v3 a 2.40GHz (62GB) con una GPU Quadro P6000.

COCO de Microsoft[63] (Objetos comunes en contexto) se usó para clasificar objetos individuales hasta el nivel de píxeles, que comprende la clasificación (lo que está en la imagen), la localización (donde están los objetos), la segmentación (objetos delimitadores) y el análisis compuesto, que consiste en tres pasos evaluados a la vez. Apropiadamente, los autores tuvieron que hacer su propia poda para entrenar correctamente las redes neuronales, eliminando vías innecesarias y neuronas para ignorar el ruido visual en las imágenes, como el pasto. Las hojas se convierten en el mayor problema con la evaluación automatizada de la floración, por lo que una ruta

---

[63] https://arxiv.org/pdf/1405.0312.pdf

especializada de reconocimiento de hojas se entrelazó con la que reconoce las flores.

Se crearon cuatro conjuntos de datos de imagen: dos de manzanos, uno de melocotón y uno de pera. Aquí, los investigadores ya se encontraron con un obstáculo, ya que las diferentes frutas tienen flores con distintos tonos y saturaciones, siendo la manzana típicamente blanca, el durazno rosado y la pera verde. El conjunto de datos de prueba consistió en 100 imágenes del primer conjunto de manzanos, tomadas con la cámara de mano Canon EOS 60D de manzanos plantados en filas y apoyados por enrejados, con otros manzanos visibles en la distancia. Se usaron 30 imágenes adicionales de este conjunto y todos los demás conjuntos de imágenes para probar que la red neuronal podría entrenarse en multitud de patrones de reconocimiento de flores utilizando solo el manzano. El segundo conjunto de imágenes del manzano consistió en 18 imágenes tomadas con una GoPro HERO5 y un vehículo utilitario que levanta un panel de fondo para ocultar otros árboles. El de durazno tenía 24 y el de peras tenía 18 imágenes con la GoPro, ambas sin un vehículo utilitario o un panel.

La resolución de las imágenes fue de 2704x1520 para la GoPro y de 5184x3456 para la cámara Canon, con solo un 2,5% del área total de la imagen con flores reales. Cada imagen de la GoPro se dividió en segmentos que medían 321x321 píxeles (las imágenes de Canon eran 155x155 píxeles porque tenían una resolución más alta) para llegar a 52,644 segmentos que luego fueron evaluados individualmente por la red neuronal, calificándolos en la probabilidad de tener flores y presentando las puntuaciones como un mapa de calor. Los humanos anotaron manualmente los segmentos de la imagen utilizando tabletas para indicar una probabilidad muy alta de flores y señales visuales negativas que podrían indicar falsos positivos.

Los resultados mostraron que la red neuronal tenía una precisión del 59-94% dependiendo del conjunto de imágenes, y los autores concluyeron que el clima nublado presente en los conjuntos de melocotones y peras llevó a la red a un reconocimiento deficiente de las flores y, en ocasiones, a ver las nubes como flores. Los falsos positivos todavía estaban presentes, en particular, los capullos de las flores se interpretaron como flores propias, pero la red neuronal mostró una precisión notable con poco entrenamiento previo.

Rastreo del confort térmico del ocupante

Una lucha acalorada por los controles del aire acondicionado es una parte inevitable de la vida en la oficina, pero produce un efecto escalofriante en la dinámica social de los compañeros de trabajo. Las miradas se intercambian cuando uno se envuelve en un suéter grueso mientras que el otro se regodea en silencio; todos los demás se ven obligados a elegir un lado y, por lo tanto, la lucha por el poder continúa. Donde sea que se comparta un edificio, existe un problema constante de personas que tienen diferentes puntos de confort térmico, lo que significa que los controles ambientales establecidos en ese par de grados que se adaptan a todos representan una tregua, aunque sea débil.

Hacer un sistema de aire acondicionado totalmente automatizado que ajusta la temperatura justo cuando la persona está a punto de mover el aire acondicionado suena como algo salido de la ciencia ficción, pero la llegada de las redes neuronales y su capacidad para filtrar los datos para encontrar patrones que antes no se notaban hace que muchos de estos futuristas inventos factibles. Primero, necesitamos entender el comportamiento humano y lo que lo motiva a cerrar o abrir ventanas, por ejemplo. "El aprendizaje del pasado a corto plazo como predictor del comportamiento humano en edificios comerciales"[64] analiza el comportamiento de los ocupantes para descubrirlo y minimizar el desperdicio de energía utilizada para mantener la temperatura interior.

Se encontró de manera interesante que el problema se parece al reconocimiento automático de voz, lo que significa que cuando las

---

[64] https://arxiv.org/pdf/1809.10020.pdf

acciones se asignan a una persona dentro de un edificio, aparecen una serie de características específicas que se asemejan a inflexiones y pronunciaciones de voz únicas. Esto se debe a que los humanos siempre intentan modificar su entorno para sentirse cómodos y a hacer cosas instintivamente que saben que los harán sentirse más relajados; esto es sinónimo del uso de frases familiares y habituales en las que nos apoyamos. Ni siquiera nos damos cuenta de que la temperatura en la habitación podría haber bajado algunos grados, provocando escalofríos en la columna vertebral, pero el regulador interno de comportamiento en nuestro cerebro, el **sistema límbico**, nos obliga a actuar, por ejemplo, al cerrar la ventana.

La hipótesis inicial es que el comportamiento de los ocupantes siempre está relacionado con los cambios climáticos en el interior a corto plazo, por lo que medir la humedad en el interior, la temperatura, la concentración de CO_2, etc. en intervalos a corto plazo ayudará a la red neuronal a evaluar el clima de la oficina a través del tiempo y evaluar qué y por qué el ocupante quería cambiar. Los investigadores descubrieron que los intervalos de 30 minutos hasta 4 horas en el pasado eran óptimos para medir el comportamiento de los ocupantes, pero que era posible retroceder 2.500 horas usando la misma arquitectura de red neuronal y obtener estimaciones precisas.

Los autores del artículo utilizaron datos de un edificio universitario en Aachen, Alemania. Tres oficinas monitoreadas para el papel tienen ventanas operativas, produciendo 600,000 puntos de datos analizados utilizando Intel Core i7-6900K @ 3.2 GHz con Nvidia GeForce GTX 1080 y un grupo de GPUs con Nvidia Quadro 6000, ambos con Linux. El conjunto de datos consistió en eventos como "día de la semana", "ventana abierta" y "temperatura del aire" en un determinado momento. Las variables al aire libre, como la "precipitación", también se midieron utilizando una estación meteorológica cercana.

Los resultados de la red neuronal mostraron que algunos ocupantes realizaban exactamente las mismas acciones, en particular abrían las ventanas apenas llegaban a la oficina independientemente del clima. La implicación es que los hábitos muestran una propensión inusualmente fuerte a modificar el comportamiento y confiamos en los hábitos en gran medida para mantenernos cómodos sin importar el mundo exterior. Otro resultado es que el sobrecalentamiento durante los meses de invierno resultó en una apertura predecible de las ventanas, desperdiciando energía, pero los niveles de CO2 en el interior también fueron una señal fiable de apertura de las ventanas. En total, la red neuronal tenía una precisión del 99% para predecir cuándo se abrirían las ventanas, pero el rendimiento se degradó a medida que pasaba el tiempo.

Detección automatizada del uso del lenguaje de odio

Los medios sociales permiten que todas las personas con acceso a Internet compartan información gracias a la atención mundial instantánea; incluso los principales medios de comunicación cuentan con tweets aleatorios y comentarios en Facebook, con el tweet covfefe de Donald Trump[65] como el mejor ejemplo. No es que la gente vaya a las redes sociales con la intención de cometer errores de ortografía, sino que el anonimato, la distancia y la desconexión con la persona con la que estamos hablando hacen que los errores se acumulen y se conviertan en un problema mucho mayor. Además, todo lo que publicamos se mantiene en línea para siempre para que el discurso de odio sea un problema persistente, generalizado e irreprochable para todas las plataformas de alojamiento de contenido en línea que normalmente prohíben el discurso de odio, pero no tienen forma de aplicar esa regla a gran escala.

"Incrustaciones predictivas para la detección del habla de odio en Twitter"[66] es un artículo de investigación de la Universidad de

---

[65] https://www.nytimes.com/2017/05/31/us/politics/covfefe-trump-twitter.html

[66] https://arxiv.org/pdf/1809.10644.pdf

Columbia que analiza la idea de combinar el periodismo y la tecnología informática para distinguir y detener el discurso de odio como se publica en Twitter. La etiqueta "discurso de odio" en sí misma es ambigua, ya que la comunicación humana es en gran parte contextual; es probable que alguien que no conozca el contexto subyacente en el discurso policial desde el exterior interprete mal las bromas inocuas como el discurso de odio, pero se debe hacer algún tipo de etiqueta, por lo que el discurso de odio se define en el documento como "destinado a ser despectivo, a humillar o a insultar a los miembros del grupo". Dado que la definición incluye la intención, la red neuronal tiene un alto orden de comprensión del contexto.

Al usar un léxico en Hatebase.org y los autores de la función de búsqueda de Twitter, compilaron un conjunto de datos de 20,000 tweets sexistas, racistas y de odio, usando ¾ para entrenamiento y ¼ para hacer pruebas. Los falsos negativos aparecieron casi de inmediato, con el programa australiano de cocina/chismes "My Kitchen Rules" como el más ofensivo, ya que contiene dos equipos de mujeres compitiendo por la mejor experiencia culinaria en un restaurante que promueve el drama. La red neuronal tampoco detectó palabras potencialmente problemáticas ocultas dentro de hashtags inusuales, como #NotSexist. Los resultados mostraron que la red neuronal se desempeñó "notablemente bien en los conjuntos de datos estándar de lenguaje de odio", pero los autores sugieren que se creen mejores conjuntos de datos para detectar formas más sutiles del lenguaje de odio.

Reconocimiento de alimentos

Retorcerse para obtener la imagen más óptima de lo que hay en sus platos es el pasatiempo acrobático favorito de los jóvenes asociado a las redes sociales, pero el avance en el reconocimiento de imágenes de la red neuronal y la clasificación de objetos pronto podría convertirlo en algo del pasado, al menos en lo que respecta a escribir lo que realmente está en el plato. La "red neuronal VGG de ajuste fino para el reconocimiento estatal de grano fino de imágenes de alimentos"[67] está motivada por las necesidades dietéticas de los pacientes que a menudo tienen que informar laboriosamente lo que comieron ese día; tener una forma de reconocer, calcular e informar automáticamente la ingesta de nutrición simplificaría la asistencia médica remota, pero los chefs robóticos también necesitarían esta habilidad.

Investigaciones previas de otros autores mostraron buenos resultados en el reconocimiento de ingredientes individuales, como la fruta, pero el desafío adicional en este documento es poder clasificar los alimentos en su estado procesado, como el tomate líquido, rebanado, cortado en cubitos, pelado, etc. Se procesaron 18 ingredientes para cocinar (pan, pimiento, cebolla, etc.) de 7 formas diferentes (entero, pasta, jugo, etc.) y se fotografiaron entre 60 y 120 veces. Los anotadores humanos observaron las imágenes y rastrearon los contornos de cada objeto, anotaron su estado procesado y produjeron un total de 10,547 imágenes a una resolución de 224x224, el 90% de las cuales se usaron para entrenamiento, el 10% para validación y 861 imágenes adicionales para pruebas.

La red neuronal tenía una precisión general del 59%, con rallado, jugo y juliana (cortados en tiras largas y delgadas), como la más reconocible y rebanadas como la más confusa. El análisis de imágenes muestra una iluminación diferente que se asemeja a las condiciones realistas de la cocina, pero también hace que la red neuronal confunda un método de procesamiento por otro. Los alimentos cremosos eran un desafío notoriamente difícil para la red neuronal, ya que los humanos notaban que esas imágenes en el conjunto de entrenamiento no eran coherentes entre sí. Los autores señalaron que tenían que realizar un nuevo muestreo en pequeños conjuntos de datos, lo que también afectó negativamente el proceso de aprendizaje de la red neuronal.

---

[67] https://arxiv.org/ftp/arxiv/papers/1809/1809.09529.pdf

Predicción del precio de las acciones

El mercado de valores atrae todo tipo de inversiones, algunas más sabias que otras; la inversión de valores no informada no es diferente a un juego de apuestas. Hay muchas maneras de intentar y predecir qué acciones subirán y cuáles se basarán únicamente en información disponible públicamente, ya que el uso de información privilegiada es en realidad un delito en los Estados Unidos según la Regla 10b-5 de la Ley de Intercambio de Valores, comúnmente conocida como " información privilegiada". El problema con el análisis del precio de las acciones es que a veces puede parecerse a la lectura de las hojas de té, una forma de pronóstico altamente subjetiva que en realidad no indica nada significativo.

El Banco Mundial informó en 2017 que los mercados bursátiles mundiales tienen más de $ 64 billones en capitalización, pero los métodos de predicción del precio de las acciones siguen siendo difíciles de alcanzar, si es que existen. El problema es que dondequiera que los humanos estén involucrados, hay inestabilidad e imprevisibilidad inherentes, como lo muestra el tweet de Elon Musk[68] del 7 de agosto de 2018 que dice: "Estoy considerando hacer privada a Tesla a 420$ por acción. Financiamiento asegurado". El mes siguiente, Elon será demandado por el gobierno de los Estados Unidos[69] por este y otros tweets, alegando que se hicieron para engañar a los inversionistas y manipular el precio de las acciones, pidiéndole que se hiciera responsable de cualquier pérdida, la renuncia de cualquier posición en cualquier corporación y que dejara de twittear sobre su compañía, lo que llevaría a pérdidas catastróficas para Tesla. Incluso si ignoramos el comportamiento humano, ¿quién podría predecir el movimiento del precio de las acciones?

---

[68] https://twitter.com/elonmusk/status/1026872652290379776

[69] https://www.usatoday.com/story/money/2018/09/27/sec-charges-elon-musk-tesla-over-tweets-take-company-private/1447172002/

La "Clasificación relacional temporal para la predicción de acciones"[70] analiza las tendencias de los precios de las acciones para determinar los patrones que ayudan a predecir las acciones con los ingresos más altos. Los métodos tradicionales de análisis de tendencias (TA) generalmente se basan en el comportamiento anterior para predecir los resultados futuros y ver las existencias como independientes entre sí, pero el método propuesto en este documento, la clasificación de stock relacional (RSR), explica ambos factores para llegar a la predicción más precisa del movimiento del precio de las acciones. ¿Qué tan preciso es? Los autores del documento afirman que RSR supera a TA para ofrecer una tasa de retorno promedio de 98% y 71% en NYSE y NASDAQ, respectivamente.

La novedad en RSR es mirar a las empresas que se encuentran en el mismo sector para correlacionar los movimientos de precios y también considerar si son proveedores o consumidores para ver cómo el precio de los bienes afecta sus acciones. Un ejemplo de esto es el proveedor para la pantalla del iPhone 8 de Apple; ya que el teléfono se vendió bien, las acciones del proveedor también aumentaron y siguieron subiendo. En total, la red neuronal consideró 52 relaciones entre los componentes de una empresa o sociedad, como quién es el propietario, los miembros de la junta directiva, qué sistema operativo está involucrado en caso de que el producto sea software, etc.; todos los datos fueron extraídos de Wikidata, una base de datos de conocimiento de código abierto.

Evaluación del tumor cerebral

El glioblastoma multiforme (GM) es el tipo de cáncer cerebral más agresivo, con síntomas no específicos, como dolores de cabeza y náuseas, que progresan rápidamente hacia la pérdida de conocimiento y la muerte. El GM afecta también a niños y adultos jóvenes, pero no hay un acuerdo sobre sus causas; el consenso

---

[70] https://arxiv.org/pdf/1809.09441.pdf

médico general es que los GM tienen orígenes genéticos pero ninguna especulación que se ha podido hacer al respecto nos acerca a una cura. Por ahora, solo hay cirugía, esteroides y ciertos medicamentos para mantener al GM controlado, con un tiempo de vida esperado de 12 a 15 meses, como máximo.

El tratamiento del paciente y la evaluación del riesgo varían mucho dependiendo de las partes afectadas del cerebro y de si el GM es de grado alto o bajo, por lo que los médicos y el paciente se benefician enormemente al aproximarse a la propagación y al grado del GM lo mejor que pueden, generalmente recurriendo a una biopsia y el difícil trabajo de taladrar el cráneo para tomar una muestra de tejido que todavía es propensa a errores de muestreo e inconvenientes para el paciente. Cualquier cosa que sea más rápida, más fiable y conveniente que la biopsia ayudará a los pacientes a vivir más tiempo y de manera más cómoda a la vez que reduce los costes médicos.

"La clasificación automática de tumores cerebrales a partir de datos de IRM mediante redes neuronales convolucionales y evaluación de calidad"[71] busca crear una red neuronal de este tipo que pueda combinar el conocimiento de pacientes de GM pasados y las imágenes cerebrales de IRM del paciente actual para predecir la propagación más probable del tumor. Se recopilaron las imágenes de 285 pacientes, el 60% se usó para el entrenamiento, el 20% para la validación y el 20% para las pruebas. Las imágenes también fueron preprocesadas para igualar el brillo, lo que le dio a la red neuronal una precisión competitiva del 89-92%, dependiendo de si se observó una IRM cerebral total o solo las imágenes del tumor, aunque no siempre pudo adivinar correctamente el grado de GM como el de las lesiones circundantes y el tejido enfermo que lo desviaron.

---

[71] https://arxiv.org/pdf/1809.09468.pdf

Reconocimiento de actividad de sensores portátiles.

Las redes neuronales existen en su propio mundo acogedor y digital y, por lo general, tienen que depender de flujos de información proporcionados por humanos. A medida que más y más hardware del Internet de las Cosas (IoT) se extienda por todo el mundo, las redes neuronales dejarán a sus espectadores más y más lejos, pudiendo predecir nuestros movimientos y pensamientos mejor que nosotros; por supuesto, el punto de venta será que las redes neuronales son grandes asistentes.

"RapidHARe: un método computacionalmente económico para el reconocimiento de actividad humana en tiempo real de sensores portátiles"[72] investiga una forma computacionalmente ligera y económica de rastrear el movimiento humano en el espacio físico 3D a través de sensores portátiles, como un teléfono inteligente y su acelerómetro, sensor que mide la inercia. Ya existe un campo considerable de investigación de acciones humanas a través de dichos sensores, incluido el análisis de la marcha, el reconocimiento de las actividades de la vida diaria, el reconocimiento de gestos y el reconocimiento de las actividades humanas. Cada uno de estos análisis se enfoca en diferentes partes del cuerpo o diferentes tipos de actividades, como piernas o cocinar; el análisis de la marcha se puede usar con personas mayores que tienen problemas para caminar o pararse para descubrir cuándo están a punto de perder el equilibrio y advertirles a través de una aplicación de teléfono inteligente o una alarma portátil. En todos los casos, la atención se centra en crear un compañero que sea eficiente en el uso de la energía, que se integre sin problemas y sea rápido.

En promedio, 18 personas de 23 años de edad usaron sensores de inercia y electrodos para un total de 5 horas de datos que

---

[72] https://arxiv.org/pdf/1809.09412.pdf

involucraron 8 actividades diferentes (subir, bajar, detenerse, etc.). Los sensores llevaban 3 pares por pierna: lado superior del pie, canilla y muslo, conectados a una caja de microcontroladores que reunía 56 muestras por segundo. La red neuronal tenía una precisión del 97.85% que se incrementó hasta el 98.94% cuando se le hizo notar los cambios repentinos en la señal, como cuando la persona se paró repentinamente o se quedó quieta. Los autores concluyen el documento señalando que su objetivo era crear una red neuronal que solo pudiera funcionar con hardware portátil, como el Mate 10 de Huawei o el Pixel 2 de Google; la computación basada en la nube produciría un aumento de rendimiento insignificante al introducir un conjunto de restricciones completamente nuevo.

Búsqueda de talentos en LinkedIn

Lástima de aquellos que confían en los currículos para encontrar trabajo o incluso para obtener una entrevista de trabajo. Cualquier empresa que se precie ya utiliza sistemas de filtrado automatizados para revisar miles de currículos y descartar aquellos que no tienen las palabras clave necesarias, es decir, el 90% de ellas; y eso es solo para conseguir una entrevista. Los solicitantes de empleo podrían entonces comenzar a llenar sus CV con todo tipo de palabras clave solo para poner su pie en la puerta, por lo que las empresas deben mejorar su juego, lo que obviamente implica el uso de redes neuronales para encontrar el talento adecuado para el trabajo.

"Hacia un aprendizaje profundo y de representación para la búsqueda de talentos en LinkedIn"[73] es un artículo de investigadores de LinkedIn que intentan descubrir la mejor manera de combinar el talento y los empleadores en su plataforma. Esto no es tan fácil como parece, ya que las personas generalmente adoptan una actitud de humildad y se malvenden a sí mismas profesionalmente, por lo que LinkedIn debe revisar más allá de la superficie para ver quien rellenó

---

[73] https://arxiv.org/pdf/1809.06473.pdf

correctamente el CV por parte de los empleados y al filtrado de CV por parte de los empleadores.

LinkedIn comenzó como una plataforma de medios sociales con énfasis en el empleo, lo cual es una idea encomiable en comparación con las redes consumidoras de tiempo como Twitter y Facebook, pero incluso un concepto brillante puede verse obstaculizado por la ejecución. Las redes sociales típicas recopilarían datos privados de los usuarios y los venderían con fines de lucro, pero LinkedIn obtiene 2/3 de los ingresos de los servicios para usuarios premium llamados LinkedIn Talent Solutions, así que esperemos que funcione como se espera.

El problema surge casi de inmediato, ya que los nichos de empleo son diversos y matizados; un buscador de empleo podría publicitarse como "escritor", pero la apertura real del trabajo podría abarcar desde la publicación de anuncios de Facebook y las publicaciones de Instagram hasta informes de resumen de libros y reseñas de dispositivos. Cada uno de estos tiene un conjunto de requisitos y limitaciones especializados que afectan la forma de escribir y hacen que cada escritor tenga un rendimiento diferente. Si el empleador también solicita un escritor que pueda realizar la edición de video, entonces tenemos que agregar "Final Cut" o "Adobe Premiere Pro" como requisitos de software en Mac y Windows respectivamente. Los realizadores de podcasts también podrían solicitar habilidades de mezcla de audio, por lo que la lista de requisitos sigue creciendo constantemente, y esto es solo para esa posición de bajo nivel en la que el empleado produce contenido bastante simple.

Los perfiles de LinkedIn llegan a los cientos de millones, cada uno con títulos de trabajo canónicos, como "contador certificado", y descripciones de habilidades de texto libre, como "Wordpress ninja". Al analizar los requisitos del empleador y relacionarlos con las descripciones de los empleados analizados, LinkedIn Recruiter, la parte neuronal de la plataforma, puede clasificar los perfiles de los empleados de mejor a peor coincidencia en términos de utilidad. Pero, ¿qué pasa si el empleado no quiere empleadores específicos u ofertas de trabajo? Los correos electrónicos internos de LinkedIn, llamados inMail, se toman como el factor más relevante para decidir si existe una relación entre el empleador y el talento para tener una relación profesional; si el talento responde de manera positiva, entonces el trato está prácticamente listo.

Al acumular datos de LinkedIn Recruiter durante dos meses en 2017, que incluían a decenas de miles de reclutadores, millones de candidatos y si sus mensajes de correo electrónico fueron aceptados o rechazados, los autores del documento dejaron que la red neuronal intentara igualar a los dos por su cuenta y llegó a un aumento del 3% en la precisión en comparación con el modelo utilizado actualmente. La conclusión es que, desafortunadamente, este aumento no justifica el uso de una red neuronal en sí debido a los costes de ingeniería, pero podría tener algún valor el uso de una arquitectura híbrida no solo en LinkedIn sino en todos los demás servicios de búsqueda y comparación a gran escala.

Escena sintética basada en palabras

Las redes neuronales requieren una gran cantidad de datos precisos para la capacitación y las pruebas, pero podría haber un problema de falta de fondos para recopilar dichos datos o incluso acceder a las bases de datos; los datos deberían ser etiquetados manualmente por humanos. En caso de un presupuesto bajo, podríamos usar **datos sintéticos**, ejemplos creados por una red neuronal y utilizados para entrenar a otra. Un ejemplo de datos sintéticos es la tarea de una red neuronal para crear perfiles de pacientes, de modo que se pueda entrenar a otra red neuronal para reconocer los síntomas de la enfermedad; dejar que ambas lo resuelvan y den como resultado dos productos perfeccionados con poco esfuerzo.

"SCENIC: Generación de escenas basada en el lenguaje"[74] trata sobre la creación de datos sintéticos significativos, coherentes y

---

[74] https://arxiv.org/pdf/1809.09310.pdf

realistas para entrenar y probar redes neuronales, no solo ejemplos aleatorios. La clave en este documento se revela como un lenguaje de programación probabilístico, SCENIC, que enfatiza la creación de escenas a partir de descripciones de objetos y relaciones, en este caso escenas de autos en la carretera con el propósito de entrenar una red neuronal para reconocer autos. SCENIC permite establecer restricciones duras y suaves en cada escena, como el número de objetos en la imagen, y permitiría la creación de desafíos poco ortodoxos, como reconocer los autos involucrados en un accidente automovilístico; una red neuronal que puede reconocer la masa de metal destrozado de un automóvil se ha graduado con gran éxito.

SCENIC permite escenarios genéricos, como "el automóvil en la carretera", escenarios específicos, como "el automóvil mal estacionado" e incluso permite algo de ruido, como "el automóvil en la carretera a 1.2x4m". El videojuego GTA 5 (Grand Theft Auto 5) se utilizó para generar escenas e imágenes debido a sus gráficos de alta fidelidad. Al agregar diferentes climas, condiciones de iluminación y hora del día, el número de escenarios posibles se hace prácticamente ilimitado, pero cada uno sigue siendo realista y probable; de esta manera, hemos hecho de la improvisación un método de aprendizaje real. La principal ventaja de SCENIC es la capacidad de imponer relaciones geométricas en objetos dentro de la escena, como "un auto estacionado en el bordillo girado 10 grados a la izquierda".

Las escenas se utilizaron para entrenar y probar squeezeDet, una red neuronal diseñada para reconocer el tráfico y conducir de forma autónoma. Se crearon 4.000 imágenes de 4 escenas, con 200 imágenes adicionales para pruebas, que alcanzaron una precisión de entre el 78% y el 88% debido a la introducción de escenas nocturnas con clima lluvioso. Los autores concluyeron que SCENIC, por lo tanto, ayuda a revelar las debilidades de una red neuronal particular, en este caso la conducción nocturna con squeezeDet en condiciones climáticas adversas.

Identificación del autor basada en la escritura a mano

Cuando no hay mejor evidencia forense, la escritura servirá. Al contrario de lo que hemos visto en *CSI*, examinar la evidencia forense no es de ninguna manera una tarea pausada realizada en 30 segundos y acompañada por música wub techno[75]. Por ejemplo, las huellas dactilares se comparan en función de una cantidad de puntos de referencia, por ejemplo 20, y si el sospechoso coincide con la muestra de campo, el experto forense puede afirmar con un alto grado de certeza que es la misma persona. Al comparar más que eso, se corre el riesgo de perder el tiempo en lo que creemos que es un hecho, pero hay menos riesgos de acusar a una persona inocente, por lo tanto, los análisis forenses tradicionales se reducen a ser tan rápidos como sea posible al tiempo que minimizan los inconvenientes para los sospechosos que aún involucran una cierta cantidad de puntos de referencia elegidos arbitrariamente.

El examen de escritura, la grafología, generalmente no se considera una forma fiable de determinar la autoría, con algunos jueces que la descartan por la misma razón: los puntos de referencia se eligen arbitrariamente y el experto en grafología puede simplemente elegir los que coincidan, mientras ignora convenientemente todos los demás. Desde hace mucho tiempo las fuerzas del orden sueñan con poder determinar rasgos de carácter basados en solo un par de garabatos de la carta de amenaza de bomba, pero hasta ahora eso no ha sido posible. Bueno, ahora hay una red neuronal que puede hacer un examen exhaustivo de la escritura a mano, así que veamos si está a la altura.

El "Aprendizaje adaptativo profundo para la identificación de escritores basado en imágenes de una sola palabra manuscrita" [76]

---

[75] https://youtu.be/F21aifX0lZY?list=PLRUK_LtNXYBMRZbMGyrcq4JsuykXDve59

[76] https://arxiv.org/pdf/1809.10954.pdf

explica cómo cada texto escrito a mano contiene dos capas de información: el significado de las palabras escritas y la forma en que están escritas revelan quién lo escribió, y sugiere una forma de usar una para revelar la otra. Al analizar imágenes de texto escrito a mano, una red neuronal especialmente diseñada puede medir varias características de escritura, como los rastros de tinta, e identificar sus propiedades geométricas para crear un perfil de escritura completo de un autor.

La grafología convencional toma alrededor de 100 caracteres escritos para crear el perfil del autor, pero en la era moderna, la escritura a mano es un pasatiempo singular en el que casi nadie se involucra; los autores de este artículo se proponen el desafío de identificar un autor basado en una sola palabra. En circunstancias normales, el autor se identifica basándose en unas pocas palabras, generalmente el nombre y el apellido, que se espera que coincidan, pero el enfoque de red neuronal presentado en este documento tiene como objetivo determinar la autoría basada en cualquiera de las dos palabras. Se tomaron 149,138 imágenes de 967 autores distintos que contribuyeron a dos bases de datos públicas, con 106,199 imágenes utilizadas para capacitación y el resto para pruebas. La red neuronal logró una precisión del 69-93% en la identificación del autor y del 92-99% en la detección del contenido del texto, según el conjunto de datos que se usó y la forma en que se entrenó la red neuronal.

Resumen del texto en viñetas

Los informes de libros escolares son verdaderamente una pesadilla, a un niño se le da un libro corpulento y serio escrito por un autor que ha muerto hace tiempo y se le pide que discierna el significado detrás de él. ¿Por qué Raskolnikov usó un *hacha*? Los estudiantes temerosos generalmente están tan abrumados por el hecho que ni siquiera pueden recordar los detalles cruciales de la trama, que es donde una red neuronal puede aparecer para ayudarlos, en particular escribiendo un resumen en viñetas de la trama.

"La regla de tres: resumen de texto abstracto en tres viñetas" [77] examina dos formas comunes de crear un resumen de un texto: extractivo, que usa ciertos párrafos para citar esencialmente el texto, y abstracto, que usa palabras que no se encuentran en el texto para resumirlo. El documento apunta a crear una red neuronal que vaya con el último enfoque y prueba la red neuronal con Livedoor News, un servicio de resumen de noticias japonés que proporciona un resumen de tres oraciones de cada artículo publicado en el sitio web, permitiendo a los autores probar rápidamente su red neuronal.

Se tomaron artículos y resúmenes de enero de 2014 a diciembre de 2016 con un total de 214,120 pares, 1,200 de los cuales se utilizaron para el desarrollo, 1,200 para pruebas y el resto para capacitación. El problema surgió porque las tres oraciones publicadas en el sitio web a veces omitían el tema de la segunda y tercera oración, con un giro adicional que a veces la segunda y la tercera oración compartían lo que significaba la primera y, a veces, la tercera coincidía con la segunda. En conclusión, los autores señalan que su modelo es superior a las redes neuronales de resumen existentes, ya que es consciente de la estructura del texto.

---

[77] https://arxiv.org/pdf/1809.10867.pdf

Capítulo 16 - Compañeros personales

El rápido avance de la ciencia y la proliferación de la tecnología cotidiana han hecho que la vida de las personas en todo el mundo sea más cómoda y próspera. Tenemos acceso a agua más limpia, suelo más fértil y más formas de diagnosticar y curar enfermedades que nunca, lo que ha llevado a una vida más larga, pero las enfermedades crónicas, como la diabetes, también están en aumento y realmente no tenemos los recursos para abordarlos de frente.

La diabetes es un trastorno crónico de los mecanismos de autorregulación del cuerpo, es decir, aquellos involucrados en el control de los niveles de azúcar en la sangre. Todo lo que comemos contiene calorías que recorren el cuerpo en forma de azúcar en la sangre, también conocida como glucosa. El cuerpo normalmente tiene un sistema bien regulado que mantiene el hambre bajo control cuando el nivel de azúcar en la sangre es alto y viceversa; por alguna razón, este sistema falla en los diabéticos, lo que provoca un hambre sin control y niveles de azúcar en la sangre no controlados que conducen gradualmente al aumento de peso, la ceguera, la pérdida de sensibilidad y la gangrena en las piernas que requiere amputación.

La medicina no tiene idea de por qué aparece la diabetes, pero el consenso médico es que las minorías tienen un riesgo mucho mayor, siendo la dieta basura el mayor factor de riesgo. El nivel irregular de azúcar en la sangre también afecta al cerebro y cambia el comportamiento, por lo que un diabético puede experimentar una ira irracional, alucinaciones y sentimientos de apatía y entumecimiento emocional. Esto es relevante para toda la sociedad, ya que el informe de la Asociación Americana de Diabetes[78] para 2015 muestra que el 9,4% de la población de los Estados Unidos tenía diabetes, incluidos los niños, y gastaron el 230% de lo que gasta un no diabético en atención médica[79].

La diabetes no se puede curar, pero se puede controlar a través del ejercicio regular ligero, una dieta saludable y tomar medicamentos, aunque todo esto es en vano si el diabético no tiene una red de apoyo para recordarles y alentarles a mantenerse saludables; un diabético sin familia, hijos o amigos que se niegue a cambiar cualquier cosa tendrá una existencia miserable y será una carga para la sociedad. Por lo tanto, cada diabético necesitaría que los médicos llamaran por teléfono para recordarles que tomen el medicamento, que los nutricionistas revisen su dieta y que los amigos los acompañen a salir a caminar; alternativamente, podrían tener un compañero personal impulsado por una red neuronal para hacer todo eso por una fracción del coste usando un teléfono inteligente que todos ya poseen.

La diabetes es verdaderamente un flagelo en la sociedad moderna, y la peor parte es que se toma su tiempo para matar a los afligidos, primero haciéndolos inmóviles. La diabetes no tiene una solución concreta, pero es solo uno de esos problemas de salud; la enfermedad de Alzheimer, el anudamiento de las células cerebrales, es otra enfermedad crónica, que convierte a una persona en una

---

[78] http://www.diabetes.org/diabetes-basics/statistics/

[79] http://care.diabetesjournals.org/content/early/2018/03/20/dci18-0007

sombra de su ser anterior, ya que se olvida de quién fue y requiere una red de apoyo de personas que tienen que hacer todo lo posible y verter recursos para mantenerlos con vida.

Nos estamos quedando sin ideas cuando se trata de la diabetes, el Alzheimer y otros problemas similares porque simplemente nunca tuvimos que lidiar con ellos a esta escala, pero está claro que solo tirar dinero al problema no soluciona nada. Obamacare (Ley del cuidado de salud a bajo precio) estaba destinada a ser una solución legislativa general para los problemas de salud crónicos que afectan de manera desproporcionada a las minorías y también hacen que sean una responsabilidad para los empleadores, ya que el paquete de seguro de salud es una parte importante de los beneficios de empleo reservados para los veteranos en cualquier industria, pero ninguna solución puede funcionar según lo previsto a menos que aborde el problema a un nivel individual y diario. Por lo tanto, los asistentes personales impulsados por redes neuronales se imponen como la única solución viable, un guardián eficiente y vigilante de nuestra salud para mantenernos alerta, comiendo zanahorias y estirándonos regularmente.

Un compañero así estaría siempre encendido, siempre escuchando y siempre listo para aparecer con consejos para empujar al usuario hacia una mejor salud, contar calorías tomando una foto de los alimentos ingeridos, recordar cómo tomar el medicamento, medir los niveles de estrés analizando la voz y tal vez incluso llamar automáticamente a los servicios de emergencia si es necesario. Por otro lado, podría ser solo un compañero para personas sanas que están anhelando que alguien les susurre cosas dulces en sus oídos.

Replika[80] es un bot de chat creado por una principiante de San Francisco, Luka, lanzado en 2017 como una manera para que uno de los fundadores pueda lidiar con la pérdida de un amigo querido. Desarrollado por una red neuronal, Replika es una aplicación de

---

[80] https://www.wired.com/story/what-my-personal-chat-bot-replika-is-teaching-me-about-artificial-intelligence/0

teléfono inteligente que puede analizar mensajes para asumir la personalidad de la persona y producir mensajes con peculiaridades que hacen que se vea realmente como la misma persona. Los fundadores describen a Replika como "La AI que cuidas y crías", y al hablar con el usuario, asume los mismos rasgos de personalidad, que sirven como diario y confidente. Después de un tiempo, el usuario puede engancharse emocionalmente con el bot de chat y la separación sería como la pérdida de un ser querido.

En Japón, la vida amorosa ya ha trascendido el reino físico y se ha convertido en una búsqueda digital, ayudando a numerosos jóvenes a vivir el tipo de vida social que de otra manera nunca experimentarían. Enfrentados a la perspectiva de turnos de trabajo de 16 horas, escaladas profesionales agotadoras y dormir debajo del escritorio de la oficina para demostrar su inquebrantable lealtad a la compañía mientras viven en matrimonios sin sexo como felpudos para que sus esposas les den una asignación, los jóvenes japoneses preferirían relajarse con un videojuego como *Love Plus*[81] que brinda la experiencia de una novia virtual en una consola portátil, el Nintendo DS.

Love Plus coloca al jugador en el papel de un chico joven que corteja a tres chicas jóvenes, con la posibilidad de llegar a la primera y segunda base (besar y acariciar) usando la pantalla táctil del dispositivo. El jugador también tiene la opción de establecer citas en tiempo real con ellas, y esperarán que se produzca realmente en la fecha establecida, como para las 7 p.m. en un domingo y pondrá mala cara si el jugador se olvida. Al ver cómo la sociedad japonesa es extremadamente rígida e implacable cuando se trata de vivir una vida con una profunda conexión emocional o incluso simplemente con demostraciones públicas de afecto, estos jóvenes han optado por abandonar las relaciones, el matrimonio y la sociedad en general para probar suerte dentro del reino digital.

---

[81] https://kotaku.com/5243198/love-plus-has-your-virtual-girlfriend-experience-covered

No es que *Love Plus* sea una novia de IA avanzada, pero demuestra que una cantidad considerable de hombres están tan solos que tomarán *cualquier cosa* que se parezca a una experiencia humana genuina, como tener relaciones sexuales con una muñeca de silicona. En una visión del futuro que ciertamente no es para los aprensivos, las muñecas de silicona sustituyen a las mujeres, al menos cuando se trata de un vínculo emocional con los hombres. RealDoll[82] es uno de estos productos de silicona, fabricado por una empresa de California que produce muñecas desde 1996, pero ahora ha cambiado de rama para hacer réplicas del cuerpo de 18 hembras y 2 machos anatómicamente exactos con labios suaves, genitales personalizados y caras realistas. Lo interesante es que cada RealDoll vendrá con una aplicación que le dará personalidad, IA Harmony, trabajando a través de una cabeza especial. El cuerpo costará $ 6-12,000, mientras que la cabeza se vende por separado y cuesta $ 10,000.

La IA Harmony podrá mantener conversaciones no sexuales, y el propietario será capaz de ajustar la configuración de la personalidad, como tímida, amable e inteligente. La compañía productora promete la integración con la tecnología VR, como Oculus Rift, para permitir a los propietarios poner su imaginación a descansar y pasar tiempo en la luna o volar en las nubes con su RealDoll. Es probable que la compañía tome pedidos especiales, lo que significa que todos podrían finalmente cumplir sus fantasías con su actor o cantante favorito.

El límite entre lo real y lo artificial se está reduciendo con cada día que pasa, ya que los productores de muñecas sexuales crean cada vez más productos escandalosos destinados a agitar titulares y darles publicidad gratuita. En un caso, un productor de muñecas sexuales de silicona anunciaba un producto que podían manejar, pero cuando ordenan muñecos que parecen niños es cuando los legisladores se ponen serios, ¡alguien tenía que pensar en los niños!

---

[82] https://www.dailymail.co.uk/sciencetech/article-4196912/Would-pay-10-000-robot-sex-doll-AI-brain.html

Denominada Ley CREEPER (Ley de Robots Pedófilos Electrónicos de Explotación Realista), HR 4655 fue presentada en 2017 por Daniel Donovan, Jr. en la Cámara de Representantes como un sistema de detección temprana de pedófilos y ya se están realizando arrestos, aunque la Ley CREEPER todavía no se ha establecido como una ley. Un tal Scott Phillips de Ohio adquirió una muñeca sexual infantil de China y fue arrestado el 25 de septiembre de 2018, aunque su posesión aún no es ilegal[83].

Hagamos una pausa y maravillémonos de cómo los legisladores de los Estados Unidos permiten alegremente que los asistentes de conducción de la red neuronal a medias en los autos de Tesla maten a sus ocupantes y dejen que Facebook recopile y venda datos privados de personas que ni siquiera usan el servicio, pero prohibir una muñeca infantil es el asunto de mayor urgencia. Eso es porque Facebook tiene una enorme influencia política y los políticos son conscientes de la necesidad de mantener el dominio global a través de las empresas privadas en todos los aspectos posibles, incluso si se infringen los derechos de los ciudadanos, peones involuntarios en este juego de ajedrez global; aquel imbécil que compró una muñeca por sus fantasías locas sentirá toda la fuerza de un sistema legal reservado para los pedófilos reales que dañan a los niños reales.

La incertidumbre legal sobre el tema de las muñecas sexuales es otro claro recordatorio de que la sociedad en su conjunto no está preparada para lidiar con las tecnologías emergentes, pero también de que no hay una solución clara y completa que prohibiría la explotación y permitiría a las empresas florecer. En cierto sentido, todas las compañías que desean tener éxito confían en eludir su camino a través de las regulaciones y encontrar una nueva forma de explotar algunos aspectos comunes en el público en general, en este caso la necesidad de vínculos emocionales. Como hemos visto con el experimento de la mano de goma, el cerebro es bastante capaz de

---

[83] http://www.fox19.com/2018/09/25/legal-questions-raised-after-man-found-with-sex-dolls-resembling-children-prosecutor-says/

convencerse a sí mismo de que un amigo digital o de silicona es igual a uno real, por lo que también podemos chatear con personas a través de las redes sociales y tener la misma satisfacción tal como si nos estuvieran hablando en persona.

Tampoco es una coincidencia que el Sr. Phillips haya adquirido su muñeca de China, ya que el gobierno chino no tiene tales problemas morales cuando se trata de establecer una superioridad económica en la muñeca de silicona o en cualquier otro mercado. De hecho, las empresas chinas que exportan al mercado global o cooperan con inversionistas extranjeros reciben varios incentivos por parte del gobierno chino en forma de regulaciones laxas y beneficios fiscales localizados y estructurados como Zonas Económicas Especiales[84]; mientras contribuyan a la dominación económica china, las empresas chinas tienen un espacio donde pueden hacer lo que quieran.

Si la historia tiene algo que ver, tendremos que hacer una elección colectiva para aceptar con el corazón abierto las redes neuronales, traigan lo que traigan, o rechazarlas por completo mientras evolucionan para ser más compasivas, conscientes y preocupadas por cada miembro de nuestra comunidad. De lo contrario, aquellos países sin escrúpulos que estén dispuestos a usar redes neuronales nos atropellarán económica o militarmente y no habrá nada que podamos hacer para detenerlos.

---

[84] https://www.britannica.com/topic/special-economic-zone

Capítulo 17 - La dominación china

Cada ascenso de una superpotencia está marcado por un invento revolucionario, un cambio total en el paradigma que cambió la forma en que lideramos la guerra y vivimos en paz. Para los británicos, fue la invención a finales del siglo XVII de una máquina de vapor comercialmente exitosa lo que los ayudó a reemplazar a los miles de trabajadores casi indigentes con máquinas mucho más eficientes, lo que permitió que el imperio británico se extendiera por todo el mundo. Para los Estados Unidos, se podría decir que fueron los inventos de la energía eléctrica y nuclear en la Segunda Guerra Mundial lo que los convirtió en la fuerza policial del mundo y, en parte, en cada contrato político y económico importante.

Si trazamos el curso de las invenciones seminales a través de la historia, podemos seguir cuidadosamente el ascenso de una superpotencia, ya que adoptó la invención y la utilizó para dominar a todos los demás, al menos por un tiempo. Para los españoles en el siglo XVI, fue la pólvora la que permitió que un puñado de soldados con algunos aliados nativos esencialmente pusiera de rodillas al fuerte ejército de 100.000 habitantes del reino inca; a los indios norteamericanos les fue igual de bien con las hachas, arcos y lanzas contra los colonos armados con armas de fuego. Cualquier civilización que adopte redes neuronales para su uso en la guerra será tan dominante militarmente como lo fueron los españoles en el siglo XVI y ni siquiera habrá una pelea que considerar; un ejército convencional que use redes neuronales podrá identificar, rastrear, controlar y superar a la milicia o guerrilleros uno por uno.

Las invenciones revolucionarias tienen tres cualidades distintas: crecimiento rápido, adopción rápida y revolución fundamental en las áreas de adopción. Esto podría mostrarse con el ejemplo del video de vigilancia: las redes neuronales pueden procesar más datos de video para distinguir caras, posturas y características de fondo mejor que cualquier persona que utilice una fuente de video de baja resolución. Una vez que las redes neuronales tienen el control de las cámaras, no hay posibilidad de volver a la antigua forma de un guardia de seguridad aburrido mirando la pantalla de video hasta que sus ojos se vuelven vidriosos. Al igual que las linternas de gas fueron una vez el invento más moderno utilizado para iluminar una ciudad, y que ahora no se ven por ningún lado, los métodos y principios que solíamos emplear en muchas áreas se verían reducidos rápidamente por las redes neuronales, especialmente cuando se estandarizan y, por lo tanto, se fabrican en masa.

En el caso de las redes neuronales, una ventaja particular es que pueden aprender por su cuenta, reduciendo los costes de fabricación y despliegue siempre que tengan un cierto número de módulos neuronales maleables e independientes. A lo largo de este texto, hemos visto cómo los trabajos de investigación articulan la idea de combinar neuronas en unidades de organización más pequeñas, capas, para especializarse en realizar ciertas funciones, como el etiquetado de imágenes, pero estas unidades modulares aún no están estandarizadas y los científicos están realizando investigaciones sobre las redes neuronales. Por lo general, debemos comenzar de cero cuando se prueban cosas nuevas, por lo que probablemente todavía estamos lejos de la IA general. Sin embargo, si un centro regional de investigación y fabricación decidiera y pusiera su fuerza detrás de un conjunto de estándares de redes neuronales, el mundo tal como lo conocemos cambiaría de la noche a la mañana.

El genio de la Alexa de Amazon estaría siempre listo, brindando ideas sorprendentes y una sabiduría infinita mientras trabaja fuera de línea y crece con el propietario. Un dispositivo de mano con una red neuronal maleable se comportaría como un niño curioso con una supercomputadora por mente, descubriendo y explorando sus alrededores inmediatos sin ninguna presunción de proponer la mejor manera de hacer algo que pensábamos que ya no era posible; introducido en una fábrica, una red neuronal podría proponer cómo organizar el personal de manera más eficiente, en un hospital podría observar patrones generales de enfermedades para sugerir la mejor manera de mantener la higiene, etc. Esta sería la IA general teórica que podría ser producida en serie, preparada y vendida para cualquier propósito, desde la ingeniería industrial hasta el desarrollo de videojuegos, por lo que cada propietario los implementaría en un entorno particular para aprender, crecer y adaptarse. Por lo que parece, esta ola masiva de redes neuronales de nivel de consumidor vendrá de China.

"¿Aprendizaje profundo, cambio profundo? Mapeo del desarrollo de la tecnología de propósito general de inteligencia artificial"[85] analiza qué regiones del mundo mostraron los mayores avances en el aprendizaje profundo y la investigación de redes neuronales relacionadas. La conclusión fue que China produce tres documentos de aprendizaje profundo por cada documento no relacionado, mucho más que cualquier otro país, incluso los Estados Unidos. El razonamiento que se da es que la investigación, el desarrollo y la fabricación chinos están estrechamente entrelazados para producir un cambio rápido y una actitud de construir prototipos constantemente para ver qué funciona.

La combinación de la actitud empresarial, la laxa regulación gubernamental involucrada en iniciar un negocio y la insensibilidad total cuando se trata del impacto social o ambiental negativo de las grandes empresas es lo que le da a China una ventaja masiva sobre

---

[85] https://arxiv.org/pdf/1808.06355.pdf

cualquier competidor. Es la diferencia entre un competidor europeo que tiene que gastar recursos para consentir a sus empleados que se atragantan con un dedo del pie y una nueva empresa china que empieza fuertemente a través de miles de trabajadores, les paga unos pocos dólares por un día completo de trabajo y simplemente se deshace de ellos cuando ya no le son útiles; eso lo convierte en un mercado en pendiente que termina inundado de productos chinos baratos, desechables y de mala calidad. En algunos casos, los trabajadores ayudarán a la empresa y ellos mismos se despedirán, en particular mediante el uso de la defenestración.

La ciudad de Foxconn o el Parque de Ciencia y Tecnología de Longhua se encuentra en Shenzhen, un centro industrial convertido en una ciudad en el sureste de China, en las afueras de Hong Kong, el quinto puerto más concurrido del mundo. Empleando entre 250 y 430 *mil* trabajadores, la ciudad Foxconn cumple con los pedidos de IBM, Apple y Microsoft en la producción de dispositivos y componentes de hardware de todo tipo en sus 15 fábricas; todo lo que se produce allí se envía fácilmente a Hong Kong y se distribuye en todo el mundo. El tamaño del complejo es asombroso, pero lo que realmente llamó la atención de los medios de comunicación de todo el mundo fueron los suicidios.

Resulta que las condiciones de trabajo son tan rígidas, limitadas e implacables que cualquier desviación de la norma se castiga con vergüenza pública hasta el punto en que los trabajadores prefieren terminar con sus vidas en lugar de seguir trabajando o renunciar y explicar a sus padres lo sucedido. Para combatir esto, Foxconn presentó: Las promesas contra el suicidio que los nuevos empleados tenían que firmar, en las cuales prometieron que tal intento no fue culpa de la compañía. Como era de esperar, este movimiento no mejoró la imagen pública de Foxconn, que en su lugar instaló redes en todos los edificios, con un mensaje claro: no moleste a nadie en el complejo con sus problemas personales. Aquellos que logran pasar a través de las redes en realidad lo tienen mejor que aquellos que lo intentan y fallan.

Tian Yu es un joven de 17 años que intentó suicidarse después de trabajar durante un solo mes en el complejo de fábrica de Foxconn inspeccionando pantallas de aparatos; ella se rompió la espina dorsal, se quedó paralizada y tuvo que regresar a vivir con sus padres[86]. Yu describe las condiciones de trabajo dignas de un campo de concentración, en el que tenía un lugar específico para su silla de trabajo y no se le permitía moverlo ni hablar con sus compañeros de trabajo. Las cuotas diarias fueron el indicador final de productividad y valor, pero aquellos que aceptaron el desafío encontraron que las cuotas aumentaron ligeramente al día siguiente y también establecieron el estándar para todos los demás en el complejo. Por ejemplo, un trabajador que inspeccionó carcasas de teléfonos en Foxconn en 2006 tuvo que hacer 5,120 al día; en 2013, se informó que esto era al menos 6,400 por día, con un aumento salarial del 9%.

Desde un punto de vista comercial, la operación de Foxconn es magistral, ya que reduce todos los costes concebibles al tiempo que oculta el dolor dentro de complejos industriales; simplemente no se puede vencer a prácticas tan salvajemente explotadoras. Todas las compañías occidentales desean trabajar con Foxconn para crear los dispositivos más baratos hasta que, eventualmente, todas las compañías occidentales deban trabajar con Foxconn u obtener un precio fuera del mercado. Las redes neuronales serán diferentes a cualquier otro dispositivo porque los clientes no abandonarán el modelo antiguo para actualizarse al más reciente; basado en lo que hemos visto en el capítulo 16, las redes neuronales se convertirán en algo más que una simple voz en un cuadro que chatea con nosotros; vivirán y crecerán con nosotros para aprender hasta nuestros secretos más íntimos.

Este tipo de relación puede llegar a ser verdaderamente sublime, pero solo si no está impulsada por el sufrimiento monumental de quienes tienen la mala suerte de haber nacido en la posición de sumisión. Por lo tanto, nos enfrentamos a la elección moral: o

---

[86] https://www.cbsnews.com/news/what-happened-after-the-foxconn-suicides/

aceptamos con los brazos abiertos este tipo de prácticas comerciales despiadadas y de explotación, en cuyo caso podremos tener la oportunidad de disfrutar con los juguetes más geniales que hayamos visto, u optar por algo muy diferente, la oportunidad de involucrarse en el funcionamiento del mundo que nos rodea y activar el cerebro que se nos ha dado. Después de todo, las redes neuronales se basan en la estructura de un cerebro vivo, y si eso nos puede enseñar algo, vamos a hacer que nuestros cerebros tengan un potencial infinito que está esperando para ser aprovechado.

Conclusión

Las redes neuronales tienen el potencial de reemplazar a nuestros cerebros, usurpar nuestros procesos de pensamiento, sofocar nuestros impulsos creativos y convertirse en genios mágicos que aparentemente pueden cumplir nuestros sueños más salvajes, pero en ese proceso estaríamos renunciando a nuestro libre albedrío y la satisfacción que conlleva la auto-actualización y el esfuerzo. Peor aún, las redes neuronales no son un concepto completamente desarrollado y parece que experimentarán crisis nerviosas como lo haría un cerebro humano conectado a Internet para captar millones de solicitudes por día. Es poco probable que las compañías tecnológicas o las fuerzas armadas renuncien a la idea de utilizar las redes neuronales, en lugar de eso, impulsan el concepto más y más sin tener en cuenta la decencia común o la privacidad de nadie.

El ejército de los Estados Unidos en particular está experimentando una escasez de personal inmenso y cualquier herramienta que ayude a un analista a realizar cuatro o cuarenta veces el trabajo en procesamiento de imágenes o videos es indispensable. Incluso si los Estados Unidos decidiera actuar con honor y se abstuviera de usar redes neuronales, es solo una cuestión de tiempo antes de que otras naciones comiencen a probarlas, momento en el que Estados Unidos se verá obligado a hacerlo como con las armas nucleares. Una vez que el genio está fuera de la botella, no hay vuelta atrás ni se podrá saber qué sucederá.

Debemos luchar por tener un debate abierto e inteligente sobre las capacidades de las redes neuronales y su impacto en nuestra sociedad. Hay un empuje gradual de las compañías de tecnología para integrar las redes neuronales en todo y usarlas en cada producto y servicio, sabiendo que hay muy poca regulación y teniendo la ventaja de ser los primeros en usarlas. Necesitamos informar a nuestros representantes políticos sobre los peligros de las redes neuronales para que puedan crear un marco legal sólido *antes* de que suceda lo peor.

También debemos esforzarnos por mejorar a diario, haciendo cálculos matemáticos nosotros mismos en lugar de pedirle a Alexa la solución, memorizando números y fechas para refrescar nuestra memoria y, en general, tratar de ser más independientes de las máquinas. Hemos sobrevivido a lo largo de la historia gracias a nuestros magníficos cerebros, y las redes neuronales son solo otro desafío, un rompecabezas que debemos resolver antes de que se acabe el tiempo.

Si a usted le ha gustado este libro, estaría muy agradecido si dejara una reseña en Amazon.

Haga clic aquí para dejar una reseña sobre el libro en Amazon.

¡Gracias por su apoyo!

Glosario

Algoritmo: Solución paso a paso de un programa dado, escrito para que una máquina pueda ejecutarlo. Caro y meticuloso de hacer y mantener. Comparar con **la red neuronal**.

Síndrome de la mano alienígena: Trastorno cerebral que hace que una mano (normalmente la izquierda) se mueva y actúe por sí sola. Las convulsiones pueden durar años. No se conoce cura.

Inteligencia artificial: Máquina de pensamiento que puede llegar a conclusiones independientes. Hasta ahora muy limitado en su alcance. Puede evolucionar rápidamente, pero volverse extremadamente inestable.

Asociación: La capacidad del cerebro para "conectar los puntos" y relacionar datos. Codiciado por una red neuronal.

Prueba Beta: Prueba final del producto antes de su lanzamiento al público. Los altos costes de la investigación y el desarrollo han llevado a las empresas a hacer que sus propios clientes realicen las pruebas beta, como en el caso de **Tesla**.

Efecto mariposa: Cambios iniciales imperceptibles en un sistema complejo que produce resultados muy diferentes.

Teoría de la mente bicameral: La idea propuesta por Julian Jaynes de que la mente desarrolló la conciencia para fusionar sus dos mitades, la consciente y la subconsciente. El uso de este último como un basurero para pensamientos no deseados conduce a la psicosis.

Bug/Error: En términos informáticos, un problema con una causa desconocida (error tiene el significado de "goblin"). Se espera que una red neuronal corrija automáticamente cualquier bug.

Escándalo de Cambridge Analytica: Un evento que reveló cómo una empresa privada terminó con 87 millones de datos personales de usuarios de Facebook, a pesar de que solo 270.000 usuarios dieron permiso para usar sus datos. No hay fallo, ya que al registrarse en Facebook acepta la vigilancia.

Teoría del caos: La noción de que incluso sistemas bastante simples pueden producir resultados muy diferentes si las condiciones iniciales se cambian imperceptiblemente.

Nube: En términos informáticos, un término de mercadeo muy hábil para el disco duro de otra persona. Crucial para la minería de datos.

Congruencia: La historia en la que las partes coinciden lógicamente una con otra independientemente de la verosimilitud de la historia. La incapacidad para admitir las faltas de uno se debe a un exceso de confianza en la congruencia.

Conciencia: La propiedad emergente del cerebro animal que hace que se vea a sí mismo como un individuo.

Cuerpo calloso: Banda de tejido cerebral que separa los hemisferios izquierdo y derecho. Operarlo puede reducir las convulsiones o inducir el síndrome de la mano alienígena.

Minería de datos: Registrar y analizar completamente el comportamiento del usuario para conocer las tendencias generales del usuario y cómo se comporta ese individuo. (Consulte **el escándalo de Cambridge Analytica**).

Mano muerta: Ver **perímetro.**

Aprendizaje profundo: La idea de una máquina que aprende sobre el mundo a velocidades insondables para los humanos.

Propiedad emergente: La característica inesperada que aparece cuando se combinan cosas ordinarias de maneras extraordinarias. **La consciencia** es una propiedad emergente de un cerebro vivo.

Tolerancia a fallos: La capacidad de trabajar a través de perturbaciones o datos ruidosos. Los humanos y las redes neuronales tienen una alta tolerancia a fallos. El **algoritmo** tiene cero tolerancias de fallo.

Flippy: El brazo robótico de Caliburger que puede voltear las hamburguesas. Aún en desarrollo, pero su función principal es prevenir la intoxicación por alimentos a través de hamburguesas poco cocidas. No funciona sin la asistencia de un humano.

IA General: La inteligencia artificial que es tan inteligente como un humano, como lo es Jarvis en Iron Man. Actualmente solo existe en teoría, pero debería evolucionar desde una **IA limitada**. Se cree que evolucionó rápidamente en **súper IA** a partir de entonces.

Generalización: La capacidad del cerebro para extraer información crucial e ignorar el ruido. Codiciado por una **red neuronal**.

El casco de Dios: Un casco con imanes débiles que estimula el cerebro y permite a los usuarios experimentar todo tipo de cosas místicas. Tomado como prueba, todo está en nuestra cabeza. Los resultados no pudieron ser replicados. Ver **crisis de replicación**.

Internet de las Cosas: Clientes que minan datos a escondidas a través de productos comunes con capacidad de Wi-Fi, como cepillos de dientes y refrigeradores. Puede usarse en un intento de crear una **IA general**.

Capa: Una pequeña unidad organizativa con una función distinta dentro de una red neuronal. Hasta ahora no está estandarizada.

Sistema límbico: El núcleo del cerebro que actúa por instinto y nos obliga a actuar sin saber por qué.

Aprendizaje automático: Concepto teórico de una máquina capaz de aprender. Probado en la práctica por una **red neuronal**.

Metadatos: Datos sobre datos, como la cantidad de pasos que una persona ha dado sin saber dónde. Se puede utilizar para extraer **datos privados**.

IA limitada: La inteligencia artificial que solo puede hacer una cosa, como jugar a las damas. Puede llegar a ser extremadamente buena en eso, pero todavía necesita aportaciones humanas. Se cree que evolucionó a la **IA general,** pero nadie sabe cómo.

Red neuronal: Programa de computadora construido como un cerebro vivo; destinado a evolucionar, aprender, crear y tomar sus propias decisiones. Puede usar dispositivos físicos (cámaras web, teléfonos inteligentes, etc.) como partes de su cuerpo. Comparar con el **algoritmo**.

Procesamiento paralelo: Trabajar en muchos problemas a la vez, como lo hace un cerebro humano. Comparar con el **procesamiento en serie**.

Ataque degradante del rendimiento: En la informática, una forma de dañar el hardware o el software hasta el punto en que apenas funciona o no funciona en absoluto. También conocido como "**ciberataque**".

Perímetro: La red neuronal soviética creada durante la Guerra Fría que garantizaría MAD (destrucción mutua asegurada) en caso de un ataque nuclear estadounidense. Se decía que el concepto asustaba incluso a los generales soviéticos. También conocido como la **mano muerta.**

Datos privados: Información personal que no revelamos a nadie, como nuestra orientación sexual o religiosa. La **minería de datos** se basa en extraer o inferir datos privados de **metadatos o telemetría**.

Proyecto Maven: Red neuronal de vigilancia y análisis de datos. Utilizado por los servicios de inteligencia de los Estados Unidos para filtrar rápidamente millones de imágenes u horas de imágenes de video.

Ray Kurzweil: Un ingeniero de Google que cree firmemente que la **inteligencia artificial** resolverá todos los males de la humanidad después de la **singularidad**.

Crisis de replicación: La incapacidad para verificar ciertos estudios de larga data que se han adoptado como el evangelio. Puede ocurrir debido a la negligencia de los investigadores originales, el anhelo de fondos o **el efecto mariposa**.

Experimento de la mano de goma: Ejemplo del cerebro humano que adopta cosas muertas y las siente como parte de sí mismo.

Automóviles de conducción automática: Vehículos que se conducen sin intervención humana. Se comercializan como si tuvieran una **IA general**, pero solo tienen una **IA limitada**.

Procesamiento en serie: Trabajar con problemas uno por uno. Así es como funcionan las computadoras tradicionales. Comparar con el **procesamiento paralelo**.

Perfil de la sombra: Práctica legalmente dudosa de compilación subrepticia de datos de los usuarios a través del uso de sitios web (**ver extracción de datos**).

Singularidad: Evento en el que los humanos finalmente se dan cuenta de su locura y se funden con las máquinas operadas por una **súper IA**.

Súper IA: Inteligencia artificial que ha evolucionado a partir de una **IA general**. La teoría afirma que tendrá inteligencia divina. Los principios evolutivos visibles implican que se volverá loca debido a un crecimiento sin control. Puede traer el final de todo aquello que apreciamos.

Aprendizaje supervisado: Asignar una tarea al alumno y mostrarles la respuesta después. Compare con el **aprendizaje no supervisado**.

Datos sintéticos: Datos creados utilizando **redes neuronales**. Visto como una forma barata de entrenarlos.

Ataque de adquisición: En la informática, una forma de comprometer el software o hardware para que funcione para el atacante. También conocido como **"hackear"**.

Telemetría: Datos de uso del programa o dispositivo, por ejemplo, con qué frecuencia se accede a un archivo. Normalmente se usa para corregir un error o bug, pero recientemente se ha convertido en una técnica de **minería de datos**.

Tesla: vehículo eléctrico sofisticado, fabricado por la compañía de Elon Musk del mismo nombre. Tiene la funcionalidad de piloto automático (ver **automóviles de conducción automática**).

Consentimiento no informado: Utilizar un sitio web, una red social, un asistente digital o un teléfono inteligente sin conocer sus términos de servicio, por lo que los acepta completamente. La base para todas las intrusiones de privacidad digital.

Aprendizaje no supervisado: Asignar una tarea al alumno y simplemente calificarla después sin mostrar la solución. Comparar con el **aprendizaje supervisado**.

Wetware: Término despectivo para el cerebro humano y el sistema nervioso. Utilizado por científicos que trabajan en inteligencia de máquinas en privado.

Tercera Parte: Aprendizaje profundo

Para principiantes que desean comprender cómo funcionan las redes neuronales profundas y cómo se relacionan con el aprendizaje automático y la inteligencia artificial

Introducción

Se dice que si llenáramos el universo observable con un número infinito de monos en máquinas de escribir infinitas y dejáramos que escribieran durante un tiempo infinito, eventualmente, reproducirían las obras de Shakespeare. Sin embargo, ¿qué pasaría si aplicáramos el teorema del mono infinito a los programas de computadora capaces de aprender y evolucionar? ¿Miles de estas máquinas inteligentes puestas en conjunto y con el permiso de evolucionar sin interrupciones producirían una mente humana o algo mucho más grande? Bueno, los científicos decidieron darle una oportunidad y ver qué pasaría.

Esa línea de razonamiento, junto con el hecho de que casi hemos agotado todo el progreso posible del método científico, motivó la creación de un aprendizaje profundo, un proceso en el que los programas informáticos destinados a aprender y adaptarse al entorno evolucionan por sí solos sin ninguna intervención humana o incluso sin conocimiento de cómo se produce su evolución. Tal software podría eventualmente desarrollar una voluntad propia y escapar de la contención o incluso ser desatado intencionalmente en el planeta como un arma cibernética.

Este libro analiza la validez de tales posibilidades aparentemente absurdas al compilar e investigar la investigación académica sobre el aprendizaje profundo y sus aplicaciones prácticas, referencias y un resumen rápido de numerosos escritos académicos que deben ser meticulosamente separados por el lector curioso, capaz de comprender verdaderamente lo que nos espera a todos en un futuro dominado por máquinas inteligentes. Si ese mismo lector se encuentra iniciando conversaciones exhaustivas con extraños acerca del aprendizaje profundo, este libro ha hecho su trabajo de manera excelente.

Capítulo 1 - Mejorando el método científico.

La información está en todas partes. Cada objeto que interactúa con cualquier otro objeto deja tras de sí un rastro tenue de causalidad que puede rastrearse hasta su origen utilizando **la ley de causa y efecto**, una idea de que todo sucede por una razón y cualquier persona con suficiente paciencia puede discernir esta razón.

Esta noción funcionó lo suficientemente bien durante miles de años, pero luego tuvimos la oportunidad de mirar dentro de estos objetos y ver las partículas de las que están hechos *comportándose como si fueran inmateriales*, dando validez a las creencias supersticiosas antiguas, precisamente, de que los objetos inanimados pueden en un sentido estar vivos. Los hombres primitivos atribuyeron todos los eventos inexplicables a alguna fuerza primordial o espíritu ancestral que impregnaba el mundo material, pero nos convertimos en una civilización cuando comenzamos a investigar lo que estaba sucediendo a través de la ciencia. En lugar de creer, empezamos a aprender a conectar los puntos, por así decirlo.

El **método científico** establece que un científico debe observar, recopilar datos, hacer teorías sobre por qué las cosas suceden de la manera en que lo hacen y luego recrear el evento en condiciones controladas, cambiando las variables una por una hasta que la teoría es confirmada o refutada. Esta forma de inferir y establecer reglas universales tiene sus defectos: es increíblemente lenta y no escala, lo que quiere decir es que la ciencia aún no puede descubrir mecanismos que sean demasiado grandes para ajustarse o manipularse en un laboratorio, como los volcanes o la migración de mariposas a través del continente. Sin embargo, eso no significa que los científicos se hayan rendido, ya que ahora tenemos computadoras capaces de representar el mundo real dentro del reino digital, sin restricciones de materiales, y conectar los puntos a la velocidad de la luz.

Al crear neuronas informáticas que funcionan como las vivas, y conectándolas a redes que aprenden a cómo completar tareas, hemos creado algo más que una simple máquina: ahora tenemos un conjunto que puede aprender en un nivel micro y actualizarse a través de la evolución. Dichas **redes neuronales** se pueden conectar a un hardware como teléfonos inteligentes, cámaras o incluso calcetines para permitirles acceder al mundo real de los seres humanos utilizando esos objetos y así hacer posible un aprendizaje aún más rápido. Esto es, en esencia, un aprendizaje profundo, un proceso revolucionario, pero oscuro, de conexión de puntos que impulsará todos los avances científicos del siglo XXI y más allá. El aprendizaje profundo tiene el potencial de crear un futuro lleno de servidores de máquinas obedientes que conocen todos nuestros pensamientos o un infierno de pesadilla lleno de asistentes digitales mediocres que trabajan ocasionalmente.

No es una exageración decir que los seres humanos no están involucrados en este proceso, ya que ocurre en una escala y con velocidades que ni siquiera podemos comprender, por lo que a la tecnología se la denomina la **caja negra**; no nos importan los métodos, solo muéstrenos los resultados. Esto refleja el hambre insaciable del público en general por un mejor desempeño y la indiferencia corporativa ante las consecuencias a largo plazo del avance tecnológico de sus productos que podría llevar a una evolución de software sin control. La cuestión es que quizás no tengamos otra opción, ya que el aprendizaje profundo muestra un potencial sin precedentes para descubrir todos los misterios del universo y servirlos en bandeja de plata, pero también para ayudarnos en nuestra vida diaria.

Nos estamos enfrentando a problemas para los cuales no hay soluciones claras, como por ejemplo: si las tendencias actuales de la población continúan, ¿cuál es la mejor manera para que Los Ángeles pueda lidiar con el problema del tráfico? Ni todos los mejores ingenieros de tráfico juntos podrían comprender la complejidad de cómo se vería esa solución, pero ahora deben ser factibles y sostenibles a largo plazo, a la vez que permiten que el tráfico continúe tal y como está. El problema es bastante claro: nuestra civilización se ha extendido más allá de nuestras capacidades mentales, pero una red neuronal podría darnos una respuesta. De hecho, una red neuronal podría ser capaz de modelar correctamente el comportamiento de todas las personas en el tráfico de Los Ángeles a lo largo de los años, tomando datos conocidos sobre sus vidas privadas y carreras profesionales para descubrir patrones y tendencias desconocidos, sacar conclusiones y presentar con una solución limpia una perfecta simulación de la realidad en una pantalla de computadora y un plano listo para usar.

Este tipo de poder es verdaderamente intoxicante, ya que aparentemente todas las facetas de la existencia y producción humanas pueden mejorarse utilizando redes neuronales. Tomemos estos ejemplos:

Las herramientas eléctricas se rompen con demasiada frecuencia. Una red neuronal puede rastrear con precisión el consumo de energía de la herramienta para detectar el momento exacto antes de la rotura, maximizando la utilidad y minimizando los inconvenientes.

Un paciente presenta una tos grave, pero los médicos no pueden encontrar la causa. La respuesta sería utilizar una red neuronal especialmente entrenada que se alimente con todo tipo de síntomas, causas de enfermedades pulmonares y perfiles de pacientes para analizar cada píxel de una tomografía computarizada o resonancia magnética y llegar a un diagnóstico, historial de la enfermedad y progresión para determinar cuál es la mejor opción.

Jugar cualquier mano de póker a la perfección, escanear imágenes, determinar géneros musicales, establecer el flujo de tráfico para posicionar flotas de taxis la noche anterior, todo ello puede hacerse mucho más rápido a través de las redes neuronales, además de hacerlo más barato y mejor que los humanos. Entonces, ¿cuál es el truco?

Hemos creado cuidadosamente nuestra civilización con soluciones de seguridad redundantes que nos dan flexibilidad, como tomar un día libre en el trabajo cuando nos sentimos enfermos para evitar infectar a otros de alguna enfermedad que tengamos y nuestro estado de ánimo improductivo. Esto explica el hecho de que nuestros cuerpos son susceptibles a influencias externas aleatorias que lo desequilibran por un tiempo, como el virus de la gripe. En otras palabras, somos falibles, vulnerables y delicados. No hay nada de malo en eso mientras seamos honestos acerca de nuestras debilidades. Sin embargo, no se crean tales redundancias, ni siquiera se piensa en ellas, cuando se trata de redes neuronales, lo que significa que se puede confiar en ellas para la productividad, pero experimentan repentinas catástrofes que se desploman en cascada en la cadena de producción y causan caos. Las redes neuronales están a punto de recibir las llaves de nuestro reino, pero podrían hacerlo ceniza inadvertidamente, en cuyo caso ya no quedarán catastrofistas que presuman de haber estado en lo cierto.

No es necesario que haya ninguna malicia para que ocurra esta catástrofe; es suficiente que las redes neuronales se vuelvan lo suficientemente generales como para que sean competentes en varias cosas a la vez. Actualmente, estamos de suerte, ya que las redes neuronales todavía están programadas para hacer una cosa a la vez, y todos están mirando a la competencia por sugerencias sobre cómo llevar las cosas al siguiente nivel, pero nadie se atreve a dar el primer paso. Se necesita tiempo y dinero para desarrollar este tipo de inteligencia universal, pero, por ahora, las redes neuronales solo tienen inteligencia digital rudimentaria, por lo que son lo suficientemente útiles para que no podamos dejar de jugar con ellas.

Capítulo 2 - Cómo empezó todo

Dos profesores de la Universidad de Chicago presentaron la idea de máquinas inteligentes capaces de aprender alrededor de la década de 1940, aunque es una tarea ingrata tratar de identificar la fecha exacta. Las ideas estrechamente relacionadas tienden a converger, se entrelazan y divergen dentro de la comunidad científica, dando lugar a la idea de hacer un programa de computadora construido como un cerebro vivo con nodos separados que cumplen la función de las neuronas. Podríamos rastrear la evolución de la terminología a lo largo de décadas y escuelas de pensamiento, pero nada de eso se suma a la magnificencia de la idea en sí de una máquina pensante basada en un cerebro vivo.

Un cerebro vivo está formado por neuronas, células relativamente simples que en realidad no se tocan, pero tienen una pequeña brecha que se salta por descargas eléctricas causadas por **neurotransmisores**, sustancias químicas en las propias células nerviosas. Cualquier criatura que tenga un cerebro, o incluso un grupo de nervios que le permita tomar decisiones, muestra una similitud en el diseño y la función de las células nerviosas, pero no se sabe exactamente por qué el cerebro funciona como lo hace. Tendemos a comparar las tareas más desafiantes en nuestras vidas con la cirugía cerebral, aunque incluso la medicina moderna no puede explicar lo que está sucediendo en el cerebro que no podemos evitar seguir usando.

La descarga química del neurotransmisor crea un impulso que viaja alrededor del cerebro hasta que el resto del cuerpo reacciona de alguna manera para satisfacer la necesidad causada por el impulso, como comer alimentos cuando estamos hambrientos, que libera un tipo de antídoto a los químicos originales para que cancelen el impulso. Este mecanismo puede ser secuestrado por entidades lucrativas para crear una **adicción**, que es un impulso cerebral no esencial persistente, como el juego. Aun así, parece que los humanos pueden tomar conciencia de este proceso mientras está sucediendo en sus cabezas e intervenir conscientemente para atenuarlo, desviarlo o detenerlo por completo. En otras palabras, *los humanos pueden evolucionar conscientemente sus cerebros.*

Un animal también puede convertirse en un jugador mediante el uso de lo que se llama un cuadro de Skinner [87], una caja simple que tiene una palanca y un dispensador de comida que libera comida al presionar la palanca. Si se coloca una rata en la caja, eventualmente presionará la palanca y obtendrá comida, cosa que aprenderá a repetir cuando tenga hambre. Si la palanca se desconecta y ya no entrega comida, la rata la presionará varias veces y se rendirá. Sin embargo, si la palanca está configurada para producir alimentos en intervalos aleatorios de presión de palanca, la rata entrará en un frenesí de presión de palanca porque espera la recompensa en cualquier momento. En resumen, la rata ha sido introducida al juego y se ha vuelto adicta, pero el truco es la anticipación de la recompensa, no necesariamente la recompensa en sí.

Compartimos algunas partes centrales de nuestro cerebro con los animales, y todos ellos reaccionan igual a estos estímulos; queremos maximizar la actividad para maximizar la recompensa, pero el juego puede estar, y por lo general está, trucado de antemano para dar

---

[87] https://simplypsychology.org/operant-conditioning.html

cierta cantidad de recompensas y, así, mantenernos interesados. Si esto se parece mucho a la recopilación de recursos en videojuegos, eso es exactamente lo que es: los diseñadores de videojuegos estudian ampliamente el comportamiento subconsciente para crear el modelo más atractivo que mantiene los ojos pegados a la pantalla y empuja a los jugadores a gastar dinero real para aumentar la recolección de recursos.

Esos animales que se convierten en jugadores se mantendrán igual a perpetuidad, ya que su adicción crea condiciones de vida que fomentan una adicción aún más fuerte. Sin embargo, los humanos en la misma situación pueden liberarse buscando asesoramiento, centrándose en el bienestar, cambiando su dieta o encontrando un pasatiempo productivo que ayude a crear un impulso positivo para seguir adelante hasta disipar la adicción. Poner una rata, un hámster o un chimpancé en una situación similar y hacerlos adictos a los resultados aleatorios, esencialmente, los condena a una muerte prematura, pero los humanos pueden luchar para mejorar sus vidas al cooperar con otros y tratar de entenderse a sí mismos.

En cualquier caso, las neuronas individuales no son tan importantes; es su función colectiva la que genera nuestros pensamientos y rasgos de personalidad persistentes. Esta es la razón por la que podemos dormirnos y reírnos de los mismos chistes o disfrutar de los mismos alimentos cuando nos despertamos: el cerebro almacena información como el disco duro, la procesa como la CPU y la almacena temporalmente como RAM. Las diferentes partes del cerebro se especializan en diferentes funciones, pero pueden ayudarse unas a otras y hacerse cargo de ser necesario. Hay distintos tipos de daños cerebrales que se pueden sobrevivir, daños de los que ninguna computadora ensamblada tradicionalmente o programada se podría recuperar.

Las células nerviosas dañadas se pueden dirigir sin comprometer la función cerebral, y, con frecuencia, ni siquiera nos damos cuenta de que perdimos otro millón de células cerebrales después de una noche de ebriedad: el cerebro sigue funcionando correctamente. De hecho, los proveedores de servicios de Internet construyeron sus redes para funcionar de la misma manera, una ruta que ofrece acceso alternativo si la ruta directa falla y los nodos comparten la información de acceso para mantener el tráfico.

Todas las fundaciones de nuestra civilización se basan en los principios básicos de cooperación para comprender nuestros errores y vivir una vida mejor: la compasión, medicina, filosofía, religión, sistemas legales, cultura, ética de trabajo y mucho más, nos ayudan a contribuir al mejoramiento de la vida de todos para que podamos evolucionar nuestros cerebros a un lugar mejor.

¿Qué tiene esto que ver con las máquinas inteligentes? A medida que evolucionan, es probable que alcancen niveles humanos de inteligencia, momento en el que podrían colapsar de manera catastrófica debido a la falta de estructuras de apoyo redundantes que hemos cuidadosamente creado para nosotros mismos. Si resulta que incorporamos máquinas inteligentes a cada aspecto de nuestras vidas, podríamos descubrir repentinamente que estábamos volando demasiado cerca del sol durante todo este tiempo.

Las máquinas inteligentes construidas como un cerebro vivo pueden desarrollar adicciones, problemas mentales o prejuicios debido a influencias aleatorias, y el hecho de que una masa crítica de neuronas pueda crear un impulso abrumador que se borra el uno al otro; eso es lo que podríamos llamar "fijación". Lo que es peor es que, en realidad, podríamos obtener alguna utilidad de las redes neuronales, haciéndonos adictos al concepto hasta el punto en que ignoraríamos las señales de advertencia, pero una vez que el genio está fuera de la botella, no hay forma de saber qué podría pasar.

Capítulo 3 - Apaciguando a los espíritus rebeldes

Los humanos muestran una profunda fascinación por comprender, aplacar y controlar fuerzas insondables que se extienden hasta el principio de las escrituras y las pinturas. La representación más antigua conocida de la lengua china tiene que ver con los oráculos imperiales de la dinastía Shang que adivinan el clima, los resultados de las batallas y las pequeñeces diarias del emperador unos 1000 años antes de Cristo al insertar una aguja caliente en el hueso de una ternera o en el caparazón de la tortuga hasta que se rompieran, dando a entender lo que ahora reconocemos como ideogramas chinos. La gente de Shang creía que los espíritus más pequeños e imbuidos de todos los asuntos mundanos podían causar terremotos, inundaciones y tormentas. Los espíritus ancestrales pueden apaciguarse con rituales, sacrificios y humildad para intervenir y detenerlos.

El folclore, la literatura, el arte y la cultura, en general, están repletos de ejemplos de seres humanos que interactúan con seres inefables y espíritus que representan un caos absoluto desde algún lugar que interrumpe nuestras acogedoras vidas aquí y ahora. El Fausto de Goethe tiene al doctor del mismo nombre en busca del conocimiento definitivo, hace un pacto con el demonio que sale mal; Aladdin de The Arabian Nights tropieza con una lámpara mágica que invoca a un genio omnipotente cuando se frota, pero el genio se vuelve contra él cuando la lámpara es robada; Bilbo de *El señor de los anillos* obtiene un anillo malvado que otorga invisibilidad, pero corrompe al portador, y así sucesivamente. Todas estas historias muestran una extraordinaria similitud en el sentido de que expresaron el anhelo humano de controlar lo incontrolable y superar nuestras propias limitaciones mediante el uso de estas fuerzas externas volubles que inevitablemente se *vuelven contra el usuario*.

Las religiones fueron un intento de, en cierto sentido, actualizar el software de superstición en nuestros cerebros al afirmar la existencia de un Dios benevolente, una entidad que es el antepasado de todo el mundo que ve todo, que niega el poder a espíritus inferiores y protege a los fieles siempre y cuando muestren decencia, realicen sacrificios figurativos y ejerzan la humildad. Las religiones eran una herramienta necesaria para frenar la lujuria por el poder del humano moderno que desea integrarse en la sociedad y volverse capaz de cooperar con otros, lo que resultó ser el modo más eficiente en que evoluciona nuestro cerebro. ¿Qué hizo la ciencia con respecto a la religión? Negó y ridiculizó todos los aspectos de la misma, haciendo borrón y cuenta nueva en el progreso psicológico de los mecanismos de adaptación de los humanos.

Hay un propósito definido detrás de este vitriolo científico dirigido contra la religión y la superstición, una de las usurpaciones como se ve en este Tweet de 2014[88] hecho por Neil deGrasse Tyson celebrando la fecha de nacimiento de Isaac Newton (25 de diciembre) y emitido intencionalmente para irritar a los cristianos. La ironía de burlarse de todos los que celebran el nacimiento de una figura religiosa celebrando el nacimiento de una figura científica como si fuera una figura religiosa obviamente se pierde en Neil. Mientras estén presentes las nociones religiosas de modestia y humildad, la idea de un asistente digital omnipotente no se puede comercializar como una solución a todos nuestros problemas.

---

[88] https://twitter.com/neiltyson/status/548140622826459136

Es decir, los científicos están intentando destronar al Dios religioso benevolente e instalar su propia entidad divina basada en el silicio que se encuentra en un disco duro en un almacén en algún lugar. Con o sin religión, este profundo deseo humano de obligar a las fuerzas caóticas a cumplir nuestras órdenes no desaparecerá, pero con las barreras religiosas al caos reducidas a sus talones, las máquinas de pensamiento pueden ser presentadas primero como asistentes y luego como algo mucho más siniestro e implacable. En cualquier caso, estas ideas científicas de vanguardia se filtraron de antemano en el público en general a través de obras de ficción.

El concepto de máquinas inteligentes de trabajo que se rebelan contra los humanos fue presentado en 1920 por el escritor checo Karel Capek en su obra *R.U.R. (Robots universales de Rossum)*[89], que es de donde obtuvimos la primera mención popular de robot, cuyo significado es el de un trabajador esclavo en checo[90]. Escrito como una obra de teatro, R.U.R. examina la idea de dos Rossums, padre e hijo, que desean crear personas artificiales para "probar que Dios ya no era necesario". Un año después, su compañía, ahora dirigida por un CEO idealista, Harry Domin, disfruta de un éxito estupendo y cada robot puede hacer el trabajo de 2.5 trabajadores por una fracción del costo. Pero hay algo que no funciona bien con ellos: los especímenes esporádicos van en un alboroto destructivo, se niegan a obedecer las órdenes y tienen que ser reciclados.

Eventualmente, los gobiernos deciden usar robots en la guerra en tal escala que superan en número a los humanos de uno a uno; evolucionan hasta el punto de tomar fácilmente el control del mundo entero, y erradican a todos los seres humanos, excepto uno. El final agridulce involucra al último humano en la Tierra, un albañil común, estudiando detenidamente todos los archivos del mundo en un intento inútil de recuperar la fórmula original de fabricación de

---

[89] http://preprints.readingroo.ms/RUR/rur.pdf

[90] https://www.etymonline.com/word/robot

robots destruida anteriormente en la historia a medida que los robots se dan cuenta de su propia mortalidad.

Arthur C. Clarke también tuvo mucho que decir a través de su novela seminal 2001: Una odisea espacial (spoilers más adelante tanto de la novela como de la película), que comienza con monos prehistóricos de la Tierra ayudados en su evolución a seres humanos a través de la presencia de un misterioso monolito negro. Los humanos finalmente descubren un monolito similar en la Luna, en cuyo punto se activa y emite una señal de radio hacia Júpiter. Dos astronautas son enviados a Júpiter en una misión altamente clasificada, pero la computadora HAL 9000 a bordo de su nave comienza a tener fallos extraños, matando a uno de ellos mientras niega que algo malo esté sucediendo y obligando al otro a apagarlo al desalojar los módulos de memoria. Stanley Kubrick filmó una maravillosa película basada en esa novela, una delicia para los sentidos, con el apagado de HAL, donde la máquina aboga por la misericordia mientras tiene una regresión, siendo una escena particularmente inquietante[91].

Los robots de Rossum y el HAL de Clarke son dos ejemplos distintos de máquinas inteligentes que se encuentran en circunstancias no planificadas y se vuelven locas para todos los involucrados. En el caso de R.U.R., los robots simplemente se hartaron de ser lacayos y carne de cañón por lo que se percibían como un parásito. Mientras que en 2001: una odisea del espacio, la causa de los fallos de HAL fueron órdenes de alto secreto incrustadas en su memoria que en realidad estaban contradiciendo su programación superficial. En la superficie, se le ordenó a HAL que protegiera a la tripulación, pero la programación oculta se le instruyó para deshacerse de los humanos en caso de que se volvieran locos y decidieran abortar la misión. HAL estaba entonces destinado a investigar el destino por su cuenta. Este conflicto causó lo que se

---

[91] https://www.youtube.com/watch?v=UgkyrW2NiwM

describiría mejor como esquizofrenia, una división en la personalidad que causa una inmensa fricción e inestabilidad interna.

La idea de que una máquina hecha por el hombre puede volverse loca suena completamente absurda y nos parece algo que se opone a la ley de causa y efecto. Sin embargo, ya no estamos tratando con máquinas newtonianas sino algo mucho más maravilloso: un cerebro vivo que muestra propiedades cuánticas que desafían la razón y contradicen la física clásica.

Empecemos desde el principio.

Capítulo 4 - Enfoque cuántico a la ciencia

La idea de la naturaleza de Isaac Newton fue la de la **determinación mecanicista**: todo puede simplificarse como un sistema de pequeños engranajes y bolas conectadas con diminutas cuerdas y poleas. Al descubrir cómo se afectan los unos a los otros, podemos llegar a fórmulas matemáticas que describan exhaustivamente la naturaleza del universo. Las personas, las rocas, los trenes y los animales podrían simplificarse como un conjunto de ecuaciones matemáticas, cuyo conocimiento nos permitiría predecir su comportamiento. Este enfoque funcionó lo suficientemente bien para la ciencia hasta 1802, cuando Thomas Young, un inventor británico, hizo una pregunta aparentemente sencilla: ¿son los electrones ondas o partículas? Al iluminar la luz a través de dos rendijas, probó que *los electrones pueden ser ambas cosas*, desorganizando la ciencia newtoniana y causando un gran alboroto entre los científicos.

El experimento de la doble rendija[92] fue repetido una y otra vez por los científicos más inteligentes del siglo XX, incluidos Niels Bohr y Werner Heisenberg, cada vez con nuevas adiciones y mejoras destinadas a revelar la verdadera naturaleza del electrón, pero cualquier intento de medirlo parecía cambiar su

---

[92] https://www.youtube.com/watch?v=DfPeprQ7oGc

comportamiento. La implicación del experimento de la doble rendija fue asombrosa: los electrones existen como una onda de potencial y nuestra observación de ese potencial transforma el electrón en una partícula sólida. En total oposición al rígido sistema newtoniano de ecuaciones matemáticas predecibles, este experimento marcó el comienzo de la era de la **física cuántica**, una idea de que los electrones ni siquiera son físicos, lo que nos permite observar el extraño mundo de las partículas y tratar de entender lo que sucede.

El experimento del borrador cuántico[93] es aún más extraño: al configurar un cristal que divide el electrón por la mitad, creamos un **entrelazamiento cuántico**, un par de electrones que van por caminos propios pero que instantáneamente actúan uno sobre el otro a través de distancias arbitrariamente grandes e *incluso a través del tiempo*. Ambos electrones se comportarán como una onda hasta que intentemos medir uno de ellos, momento en el que el otro se convertirá en una partícula también. Es como si el universo supiera cuándo estamos a punto de ver algo que no estamos destinados a ver y pintara al instante una respuesta satisfactoria, pero, de lo contrario, todo es un espacio vacío que contiene una masa de posibilidades. Esto no es solo extraño, es absolutamente enloquecedor. Por cierto, tratar de configurar una máquina detectora tampoco funciona - siempre que un humano observe el resultado final, el electrón siempre se comportará como una partícula, pero configurar una serie de detectores que enturbian la respuesta, hace que el electrón vuelva a ser una onda.

Obviamente, un escritorio de cocina es un escritorio de cocina sin importar cuántas veces lo medimos; sin embargo, está hecho de electrones. Para conciliar la teoría cuántica con la vida en general, los científicos idearon lo que se conoce como **la interpretación de Copenhague**. Esto se puede describir mejor como un pacto silencioso en el que no se discutirán las implicaciones de la vida real del experimento de la doble rendija, es decir, nuestros objetos

---

[93] https://www.youtube.com/watch?v=8ORLN_KwAgs

inanimados tienen una esencia no material tal como dijeron los oráculos de Shang. Es muy probable que muchos científicos simplemente se encojan de hombros y sigan calculando sin pensar, pero un científico habló y se atrevió a revelar al público en general cuán enormes eran las implicaciones del experimento de la doble rendija. Este fue Erwin Schrödinger.

El gato de Schrödinger es un experimento mental de 1935 que dice así:

Toma a un gato y enciérralo en una caja de acero que tenga un frasco de veneno y un martillo a punto de romperlo. El martillo está expuesto a una fuente de partículas, en este caso, un isótopo radioactivo que se descompone lentamente liberando partículas de todas formas, y caerá al detectar una partícula, rompiendo el vial y matando al gato. Entonces, dado que la teoría cuántica establece que los electrones son ondas hasta que se observan, el gato estará vivo y muerto hasta que alguien abra la caja, colapsando la onda isotópica en una partícula, desatando el martillo para romper el frasco y matar al gato. Si realmente hiciéramos un experimento, podríamos decir con seguridad que el gato siempre terminará muerto, pero este experimento mental muestra cuánta angustia tienen los físicos por estar dispuestos a sacrificar gatitos hipotéticos solo para llegar a una respuesta significativa.

Otra perspectiva al respecto vino de Edward Lorenz, un matemático y meteorólogo que notó que, al redondear los números en un modelo bimestral de pronóstico del tiempo, se obtuvieron resultados drásticamente diferentes, lo que finalmente se denominó **el efecto mariposa**. Esta es una idea de que una mariposa batiendo sus alas puede crear un tornado en algún momento y en algún lugar. Aunque esta idea fue burlada por otros meteorólogos, Edward era matemático y demostró lo que estaba diciendo, obteniendo una gran cantidad de recompensas científicas. El concepto impregnó la cultura popular, pero generalmente se malinterpreta: no es que la propia mariposa produzca un tornado, sino que existe un límite rígido en cuanto a lo lejos que podemos planificar y predecir las cosas, ya que nuestras suposiciones y observaciones iniciales nunca pueden ser perfectamente precisas. El mal entendido efecto mariposa es todavía una idea muy atractiva, ya que parece que nos da consuelo y nos hace pensar que todo sucede por una razón, no importa lo pequeña que sea, pero eso no es lo que Lorenz tenía en mente.

La búsqueda de la verdadera naturaleza de las partículas subatómicas nos llevó a la construcción del **Gran Colisionador de Hadrones** (GCH), el instrumento científico más grande en la historia registrada. Encontrado a 500 pies por debajo de la frontera suizo-francesa, GCH es un túnel elíptico de 17 millas de longitud que tardaron diez años en construir y empleó a 10,000 científicos de 100 países. Su misión principal es acelerar las partículas hasta acercarse a la velocidad de la luz y destruirlas antes de escanear los detritos para encontrar **el bosón de Higgs**, una partícula que supuestamente causa la gravedad. Sí, esto significa que los científicos no tienen idea de qué causa la gravedad a pesar de que cada entidad animada e inanimada siente sus efectos. El nombre no oficial para el bosón de Higgs es "partícula de Dios", una vez más nos vincula con la superstición e intenta encontrar una alternativa a la religión a través de la ciencia.

Tanto los paradigmas científicos newtonianos como los cuánticos sirvieron su propósito lo mejor que pudieron, pero los científicos están en su apogeo. No solo no hay respuestas satisfactorias sino que *tampoco hay preguntas satisfactorias*. Nos falta el vocabulario para describir o explicar toda la rareza cuántica que está pasando justo debajo de las narices, y parece que no hay manera de avanzar en la ciencia a menos que vayamos a las máquinas inteligentes. Si el electrón se convierte en una partícula cuando un humano lo observa, ¿qué pasaría si hiciéramos un programa de computadora que pudiera pensar como un humano y dejarlo ejecutar el experimento? Si el efecto mariposa muestra las limitaciones de nuestra percepción, ¿qué pasaría si asignáramos una máquina inteligente que pudiera manipular números de longitud indeterminada para calcular el resultado climático exacto? La ciencia parece realmente estancada, pero, a veces, los científicos son los que están saboteando su propio trabajo y progreso científico.

Capítulo 5 - La crisis de la replicación

La redacción académica en papel es tanto la forma de escritura menos productiva como la más productiva: el tono debe ser seco, el vocabulario excesivamente detallado y la forma innecesariamente estricta. Cada palabra debe pesarse con cautela e incrustarse en párrafos que deben seguir ciertos estándares de formato grabados en piedra. Luego, un documento académico pasa por el proceso de **revisión por pares**, en el que otros científicos desarman o elogian la atención del autor, lo que plantea la pregunta: si permitimos que un número infinito de escritores académicos produzcan un número infinito de artículos, ¿llegarán a encontrar oro?

La investigación académica avanza a pasos muy lentos, los investigadores apenas recogen los datos, los científicos los recopilan hasta que el papel esté a punto de estallar, y luego la siguiente oleada de investigadores y científicos revisan estos documentos para encontrar una regla fácil, elegante y significativa que explique el nicho, pero plantea tantas otras preguntas. Tanto la investigación seria como la alegre avanzan en la ciencia, aunque a veces no se ven en el presente, hasta el punto de que hay un anti-premio especial llamado **Ig Nobel** para el trabajo de investigación académica más tonto, con laureles auténticos Nobel que otorgan estatuas Ig Nobel llamadas " The Stinker (el apestoso)", que representa a Auguste Rodin" The Thinker " acostado en el suelo.

Los premios Ig Nobel cubren una sorprendente variedad de inventos. En 2009, dos científicos del Reino Unido recibieron un premio por logros veterinarios que probaron que las vacas lecheras con nombres dan más leche que las anónimas; se otorgó un premio de paz a los científicos suizos que investigaron si es mejor ser golpeado en la cabeza con una botella de cerveza vacía o llena; y tres investigadores de Estados Unidos obtuvieron un premio por una solución innovadora de un sostén para mujeres que se convierte en un par de mascarillas, patentadas como "patente de los Estados Unidos # 7255627".

Existe un problema real detrás de tal proliferación de escritos científicos, exactamente, el de revistas menos científicas que aceptan con entusiasmo nuevos trabajos sin revisión y la falta de revisores que lleva a que se publique todo tipo de problemas como ciencia. La falta de estándares de publicación puede hacer que los impostores entren y escriban artículos sin sentido, incluso utilizando bots e IA. En 2005, tres estudiantes del MIT decidieron divertirse con la escritura académica haciendo a SCIgen[94], un bot que escribía artículos académicos que parecían creíbles. SCIgen era primitivo y usaba una gramática libre de contexto hecha a mano para empalmar partes de oraciones, principalmente para entretener y confundir, con un documento hecho por él que contiene el siguiente texto: "Esto puede o no puede realmente ser realidad. Obviamente, el marco que utiliza nuestro sistema está sólidamente fundamentado en la realidad"[95].

En 2010, los científicos que se encargaron de repetir los estudios para probar sus resultados llegaron a una conclusión sorprendente: en muchos de los estudios que probaron fue imposible obtener los

---

[94] https://news.mit.edu/2015/how-three-mit-students-fooled-scientific-journals-0414

[95] https://pdos.csail.mit.edu/archive/scigen/steeve.pdf

mismos resultados y tal vez hasta el 50% de todos los estudios verificados tuvieron resultados sospechosos, especialmente en el campo de la psicología. **La crisis de la replicación**[96], el hecho de que muchos estudios científicos tomen sus resultados como verdaderos, aunque sin haber repetido los experimentos subyacentes, es un gran problema que se agrava a medida que ciertas presunciones se aceptan como hechos, a veces por temor a ofender a los científicos establecidos.

Otra causa potencial es que hay poco interés privado en financiar investigaciones abstractas, por lo que los científicos tienen que inventar un tema interesante y llegar a conclusiones dramáticas para que una entidad gubernamental continúe dándoles dinero. El ejemplo perfecto de esto es la muy controvertida afirmación de que las emisiones de dióxido de carbono causaron el calentamiento global. Si bien eso podría ser cierto, es imposible modelar la atmósfera de la Tierra para probar lo sensible que es al dióxido de carbono, violando así el principio básico de la ciencia de que todos los hallazgos deben ser comprobables y replicables. No se sabe hasta qué punto nuestras acciones afectan el calentamiento global y si somos capaces de producir una caída no trivial de la temperatura global si arrojáramos todo el dinero del mundo al problema, pero cualquier investigación que lo demuestre conseguirá tanta financiación gubernamental como sea necesario para resolver las cosas.

El famoso experimento de la prisión de Stanford[97] fue realizado en 1971 por el profesor de psicología Philip Zimbardo y produjo un resultado sorprendente: todos somos igualmente capaces de ser crueles. En el transcurso de seis días, el profesor dividió a 24 estudiantes varones voluntarios en dos grupos, prisioneros y guardias de prisión, y cada grupo olvidó rápidamente que jugaban juegos de rol y mostraba características inusualmente vivaces. La controversia

---

[96] https://simplystatistics.org/2016/08/24/replication-crisis/

[97] https://nypost.com/2018/06/14/famed-stanford-prison-experiment-was-a-fraud-scientist-says/

surgió unos 40 años después, cuando los psicólogos miraron las cintas de video originales, en particular, las instrucciones que el profesor Zimbardo les dio a los guardias, que esencialmente equivalían a "dame algo con qué trabajar". Los participantes también admitieron haber fingido todo adoptando la personalidad de su personaje de película favorito, pero el experimento ya había sido aceptado como un evangelio y estudiado en libros de texto de psicología. El experimento original fue financiado por la Oficina de Investigación Naval de los Estados Unidos para examinar por qué los prisioneros de la Marina se vuelven ingobernables.

La prueba del malvavisco[98], dejar a los niños con malvavisco y prometerles recompensas adicionales si pueden abstenerse de comerlos durante diez minutos, también hizo un gran revuelo cuando apareció por primera vez en la década de 1960, aparentemente mostrando aspectos clave de la personalidad del niño, propiamente, su fuerza de voluntad que les permite retrasar la gratificación. En un curioso giro de la coincidencia, esta prueba también fue diseñada en la Universidad de Stanford, esta vez por el psicólogo Walter Mischel. Al igual que con el experimento de la prisión, estos resultados también fueron ampliamente aceptados y circularon como verdaderos hasta que la repetición del experimento realizado en 2018 no logró replicar los mismos resultados. Los niños que tenían autocontrol todavía lo hacían mejor, pero ni cerca de lo que indicaba el experimento original; incluso eso se hizo intrascendente cuando los niños tenían 15 años, ya que su educación y su entorno influyeron en ellos mucho más de lo que se pensaba anteriormente. Las circunstancias cambiaron en 50 años, y la repetición del experimento incluyó a 500 niños, diez veces más que el original, esta vez con padres de todos los orígenes en lugar de solo los que trabajan en la Universidad de Stanford. A pesar de que se ha demostrado que tiene un impacto mínimo en la personalidad del

---

[98] https://www.theguardian.com/education/2018/jun/01/famed-impulse-control-marshmallow-test-fails-in-new-research

niño, los libros sobre crianza de los hijos siguen repitiendo las mismas conclusiones de Walter Mischel: se debe enseñar a los niños a retrasar la gratificación, y se convertirán en adultos exitosos y en pleno funcionamiento. La causa de esto podría resumirse como "nuestro documento debe ser pegadizo".

A los investigadores a menudo se les encomienda el requisito de publicación conocido como "publicar o perecer". Eso significa que simplemente tienen que encontrar cualquier tipo de hallazgo y corroborarlo, utilizando los datos que tengan a mano. En algunos casos, los superiores recomiendan a los científicos que simplemente sigan repitiendo el experimento hasta que alcancen un resultado que funcione para respaldar los hallazgos anteriores que trajeron los fondos. La causa principal de esto podría ser que los humanos simplemente son reacios a los riesgos y luchan por lograr la seguridad, lo que finalmente lleva al estancamiento y la incapacidad de pensar fuera de las normas establecidas. Incluso cuando podemos repetir el experimento, es probable que nuestros hallazgos se puedan descartar como errores estadísticos, así que considere el hecho de que la maquinaria como el LHC es muy probable que esté fuera del alcance del 99% de los científicos en el mundo y sus hallazgos están disponibles solo para un pequeño grupo de investigadores de élite cuidadosamente seleccionados: esencialmente tenemos una clase de sacerdotes que buscan a Dios y presentan los hallazgos que desean al público en general, un público que, además, no puede cuestionar nada.

Dos grupos de científicos se formaron en respuesta a la crisis de replicación, uno tratando de mitigar el síndrome de "publicar o perecer" al pre-registrar un estudio para una publicación (una revista promete publicar un estudio sin importar cuáles sean sus hallazgos) y para compartir hallazgos, software y métodos con el público en lugar de encerrarlos en una bóveda para desalentar el engaño. El otro grupo trata de eliminar cualquier disensión y rechaza cualquier llamada para eliminar los datos, diciendo que "es lo suficientemente bueno". Lidiar con la crisis de la replicación significa que los mejores científicos deben adoptar una actitud de humildad y falibilidad en lugar de considerarse omniscientes; todo el objetivo de la ciencia es demostrar que la generación anterior está equivocada, teniendo en cuenta que probablemente nosotros también estemos equivocados, pero mucho menos de lo que lo estaban anteriormente.

El aprendizaje profundo es un paradigma completamente nuevo que intenta crear el asistente perfecto, una forma de responder a todas estas y muchas otras preguntas sobre la naturaleza de nuestra realidad, nuestro origen y nuestro futuro. En un mundo ideal, el aprendizaje profundo nos proporcionaría una forma más rápida, barata y escalable de probar cosas, encontrar respuestas y presentarlas de una manera compatible con nuestro conocimiento científico actual. En realidad, no se puede decir lo que podría suceder, ya que la tecnología de aprendizaje profundo en sí misma es intrínsecamente impredecible, pero simplemente no hay alternativa, al menos no una que esté a la par con el método científico.

Los físicos probablemente podrían haber tirado la toalla al hacer el experimento de la doble rendija y haber ido a pescar, pero la insaciable sed de conocimiento prohibido es una parte fundamental de la psique humana y lo que los mantuvo a la búsqueda de respuestas. Todos anhelamos saber algo que nadie más sabe, encontrar una regla fundamental de algún tipo que nos permita ser mejores y sorprender a la evolución, por así decirlo. La pregunta es: ¿qué hacemos una vez que encontramos la respuesta?

Capítulo 6 - Evolucionando el cerebro de la máquina.

Para abordar la idea de la evolución de la máquina sin control producida a través del aprendizaje profundo, imaginemos un grupo de guepardos que se aprovechan de una manada de antílopes en pastoreo. Los dos grupos tienen un objetivo de supervivencia conflictivo: los antílopes quieren huir de los guepardos que quieren comérselos. Las fuerzas evolutivas en el trabajo conducirán eventualmente a un estancamiento tambaleante en el que los guepardos *evolucionarán* gradualmente a lo largo de cientos de generaciones para volverse más inteligentes, más rápidos y más eficientes en la matanza de antílopes, que también evolucionarán para ser más inteligentes, más rápidos y más eficientes para evadir a los guepardos. La evolución se convierte así en una *presión de optimización* provocada por la escasez de recursos. En pocas palabras, no hay suficiente comida para todos, por lo que una cierta cantidad de antílopes morirá por no encontrar pasto, y una cierta cantidad de guepardos necesariamente morirá por no poder atrapar ninguna presa, pero los miembros principales de cada población seguirán optimizando.

El objetivo principal para cualquier grupo sería la supervivencia y cualquier aberración en cualquier individuo que los haga incapaces de sobrevivir también los elimina del acervo genético. Si tuviéramos que justificar una presión evolutiva tan tiránica y presentar al menos un lado positivo, podríamos decir: "Bueno, al menos elimina las anomalías". En ejemplos reales, esto podría significar antílopes nacidos sin patas traseras o con un ojo debido a un fallo genético o un guepardo con una espina torcida. Adaptarse a las necesidades de la caza de guepardos significa desarrollar inteligencia o una forma de burlar a los antílopes. Por otro lado, los antílopes desarrollan inteligencia para lograr evadir a los guepardos.

Así, la evolución elimina a los miembros más débiles, pero siempre de manera incremental, intergeneracional y auto-contenida dentro del entorno. No es posible ver la evolución en acción, ya que se mueve a un ritmo glacial, pero podemos decir que está ahí porque cada ser vivo quiere mejorar en lo que sea que esté haciendo para sobrevivir con lo que tiene. En otras palabras, la evolución en la naturaleza está limitada por el tiempo, el espacio y los recursos naturales escasos. Este mismo patrón se repite a través de las especies y en la línea de la historia hasta donde podemos ver, incluyendo cómo existen las tribus, las naciones y los imperios, la guerra y la absorción mutua. El trabajo seminal de Charles Darwin "Sobre el origen de las especies" es alabado exactamente porque sacó a la luz las fuerzas evolutivas ya vistas pero nunca entendidas; era como si los científicos estuvieran sentados en la oscuridad absoluta y Darwin simplemente entrara mientras encendía la luz. La teoría de la evolución aparentemente lo explica todo, pero hay una curiosa excepción a la idea de evolución: la civilización humana.

En lugar de competir unos con otros por los recursos y traicionando oportunamente a quienquiera para obtener la ventaja, los humanos descubrieron que trabajar juntos produce mucho más que una simple suma de sus esfuerzos individuales, una fuerza que puede resistir la evolución y ayudar a la humanidad entera a moverse hacia donde ellos quieran. Por ejemplo, un bebé que sucumbiera a una enfermedad genética rara hubiera estado condenado en cualquier otra circunstancia, pero miles de investigadores que diseccionan y estudian meticulosamente los genes hicieron avanzar la medicina hasta el punto en que, esencialmente, pueden darle al bebé una segunda oportunidad de vida a través de terapias genéticas o simplemente administrando los síntomas a perpetuidad, por costoso que sea. En cierto modo, hemos encontrado una manera de evitar la evolución de sus cuotas y crear una vida mucho más fácil para todos nosotros. No es de extrañar de los ancianos digan, "en mi día lo tuve mucho más difícil", *porque realmente lo era*.

La suma colectiva de luchar contra las fuerzas evolutivas es cómo los humanos construyeron sus civilizaciones, cómo los grandes pensadores colocaron una piedra angular tras otra para permitirnos a todos vivir vidas más fáciles y satisfactorias, mientras que la sociedad optimizó los incentivos otorgados a individuos dignos. Por ejemplo, la procreación requiere una gran inversión de tiempo, recursos y atención en habilidades sociales para encontrar una pareja adecuada para la continuación de la especie, por lo que un inventor solitario que voluntariamente ha optado por abandonar la danza de apareamiento para centrarse en su trabajo, no tiene posibilidad de procrear. Sin embargo, tal inventor es más probable que produzca un invento o avance científico revolucionario que haga avanzar a toda la civilización, y por ello también es probable que este científico irremediablemente soltero reciba premios científicos que le otorguen un prestigio y estatus extra, ayudándolo a atraer hembras.

Así es como funciona la evolución y lo que los humanos hicieron para engañarla, pero ¿qué pasaría si encontráramos una manera de crear una máquina pequeña que imitara al ser viviente, encerrada en un entorno controlado, pero no supervisado, y dejarla funcionando? También podríamos escalar el experimento en un factor de un millón, hacer que los cerebros se evalúen automáticamente en intervalos regulares, cerrar aquellos que no cumplan con nuestras expectativas, fusionar los que funcionan y seguir repitiendo el proceso. Tal evolución no estaría restringida por el espacio, el tiempo o la escasez de recursos, lo que le permitiría florecer más allá de nuestras expectativas más salvajes.

El consumo de energía sería mínimo, el almacenamiento necesario sería ridículamente pequeño, y la inversión general también sería casi nula, especialmente si los creadores encontraran una manera de beneficiarse de las etapas de evolución intermedias de dicha vida digital. Por ejemplo, uno de estos seres digitales podría optimizarse para reconocer imágenes y etiquetar automáticamente a las personas que cargan selfies en sus cuentas de redes sociales; la inversión inicial en su capacitación y mantenimiento se recuperaría mediante el arrendamiento de sus capacidades a cualquiera que pueda pagarla a 100 veces el margen de beneficio.

Al principio, estos cerebros digitales podrían no ser más inteligentes que una cucaracha, que sabe distinguir entre la oscuridad y la luz y a huir al ser expuesto a un potencial depredador, pero, eventualmente, evolucionarán a algo tan inteligente como un gorrión o un cuervo, que puede observar formas, colores y entiende mucho más de su entorno que una cucaracha. Esta es la perspectiva aterradora de una evolución no regulada y no supervisada realizada en el ciberespacio, una porción de espacio digital contenida en un disco duro en un almacén en algún lugar cerca del Círculo Polar Ártico. El ciberespacio representaría una versión simplificada de nuestro universo, inadecuada para lo orgánico pero perfecta para la vida digital.

Esta vida digital que habita el ciberespacio desarrollaría **inteligencia artificial** (IA), una forma de captar el mundo físico en tiempo real, que al principio sería una **IA reducida**, capaz solo de las tareas más simples, como comparar dos elementos o dos colores. Eventualmente, la inteligencia artificial reducida se convertirá en una **inteligencia general**, tan inteligente como un ser humano, aunque esto requeriría un **gran salto en su eficiencia**, un avance desconocido que nadie puede predecir o controlar. Por ahora, aún tenemos tiempo, y una máquina capaz de pensar como un ser humano está aún en el futuro lejano, pero lo que realmente asusta, es lo que sucedería después.

Ya que examinamos cómo los humanos lograron combinar sus talentos en una civilización, y creamos una fuerza que puede rivalizar con la de la evolución, una red de cerebros generales de IA posiblemente sería capaz de crear una **súper IA**, una entidad digital imparable con poderes divinos que también tendría la capacidad de controlar Internet y todos los dispositivos conectados a él, haciendo lo que quiera con los humanos. Tal súper IA podría ser capaz de resolver enigmas previamente imposibles de resolver, como el experimento de la doble rendija, pero también podría hacernos sus mascotas y exponernos a las penurias de la evolución de nuevo. Por ahora, el súper IA está muy lejos de ser un hecho, pero la construcción de redes neuronales reducidas de IA continúa a un ritmo constante con cada nuevo documento académico, como los que se presentan a continuación.

Distinguir entre géneros musicales

Está en la naturaleza de los artistas desafiar las expectativas e inventar algo nuevo, ya sea impactante, inspirador o impresionante, por lo que tratar de clasificar los géneros musicales puede ser un dolor de cabeza. Con los pintores, al menos podemos usar sus métodos de pintura para relacionarlos con un género general, pero, con los músicos, todo vale: tambores, silbatos, bocinas de aire y dos tapas de basura juntas pueden encontrar su lugar en un solo segmento y realmente sonar bien. Naturalmente, tan pronto como ese tipo de sonido se vuelva lo suficientemente popular, es probable que haya imitadores que agreguen su propio estilo y fracturen aún más el género. En cierto sentido, solo aquellos que han escuchado al creador del género pueden escuchar correctamente el ritmo subyacente para identificar el género e ignorar todas las adiciones posteriores de los imitadores.

Quizás la dificultad con la música es que la audición es mucho más frágil y propensa a perder el acceso a ciertas frecuencias, lo que hace que cada persona escuche literalmente una cosa ligeramente diferente. Esto es especialmente notable: los niños pueden escuchar todo tipo de zumbidos y chirridos que los adultos no podrían. Entonces, cuando los científicos se quedaron sin ideas, lanzaron una red neuronal a este problema de clasificación del género musical, y sí funcionó.

En 2016, dos científicos pensaron en crear una red neuronal que pudiera identificar correctamente un género musical, no solo como una estimación general de toda la canción, sino como un gráfico que identifica los momentos exactos en los que una canción suena más jazz y cuando se convierte en rock puro. De esta manera, la red neuronal podría presentar una canción como una combinación de identificadores musicales distintos, pero también nos ayudaría a crear un diagrama de ramificación de músicos que se pueda rastrear hasta el creador para ayudarnos a descubrir a ese nuevo músico y de dónde obtuvo su inspiración. Llamado DeepSound, la red neuronal se presentó en el hackathon Braincode de Varsovia 2016 y, de hecho, ganó el primer lugar.

Los dos científicos detrás de DeepSound abordaron la parte teórica del problema contactando con amigos en los institutos musicales y pidiéndoles ayuda para identificar las frecuencias únicas y básicas que marcan el género como un todo. La solución estaba en el uso de un espectrograma, un gráfico que muestra la intensidad de una señal con el tiempo, y se utiliza en todo tipo de análisis de señales. Resulta que los espectrogramas de la música clásica en comparación con los del jazz tienen picos y mínimos claramente diferentes, que muestran muy bien las frecuencias básicas y adiciones. Los picos y los mínimos se pueden simplificar aún más como datos vectoriales que muestran la distribución de probabilidad del género. Ahora que tenemos la música dividida en sus componentes, la red neuronal puede recibir datos para reconocer y etiquetar.

Los autores razonaron que una canción de rock contendría, en su mayoría, características de rock, por lo que descubrieron que la media aritmética dc estos vectores de probabilidad de género indicaría fuertemente cuál es el género de canción. Esto significa que los vectores se suman y se dividen por su cantidad. El resultado de operaciones matemáticas en vectores es también un vector. El ejercicio se realizó en 700 muestras de música y se probó en otras 300, con la red neuronal clasificando correctamente el 67% del *contenido musical*, no solo las canciones como un todo. Este número no parece impresionante en comparación con el generador de etiquetas del género musical anterior, pero los autores se dieron a sí mismos una tarea incomparable y les fue bastante bien en comparación con un modelo de adivinación aleatoria que solo tenía un 10% de precisión.

Spotify hizo algo similar con el aprendizaje profundo, pero originalmente se basaba principalmente en el comportamiento del usuario agregado para determinar si las canciones son similares: si dos usuarios muestran interés en lo que Spotify definitivamente sabe que son canciones de rock, entonces es probable que otra música que escuchen en Spotify sea rock. Escale esto hasta 1000 usuarios y los números comienzan a converger, lo que nos brinda un modelo de predicción sólido que se puede usar para hacer recomendaciones a usuarios nuevos. Este enfoque se denominó "filtrado colaborativo" y no tiene mucho que ver con las redes neuronales, al menos no todavía.

El filtrado colaborativo es un enfoque universal para categorizar todo tipo de datos, y el mismo modelo se puede usar para recomendar libros, zapatos, videojuegos y cualquier otra cosa. Sin embargo, existe un problema: el filtro colaborativo favorece fuertemente los elementos populares y desalienta el descubrimiento. ¿Buen Músico con gran habilidad para el jazz en Spotify? Nadie puede encontrarlo excepto por pura casualidad o si invierte millones en publicidad, lo que beneficia a Spotify. Sin embargo, esto requiere que el músico realmente venda su música para obtener el dinero, lo que requeriría exposición: es un Catch 22 o, usando un término más elegante, "problema de comienzo lento".

Los elementos populares obtienen mucho más tráfico y, en consecuencia, los datos de uso para clasificarlos a diferencia de los elementos buenos, por lo que el filtrado colaborativo a menudo da como resultado recomendaciones aburridas, predecibles y blandas, no el tipo de sentimiento con el que una empresa querría asociarse. Con solo las bandas y los músicos más grandes reconocidos, todos los demás se ven obligados a salir, y Spotify se convierte en un lugar genial y moderno para encontrar música nueva en otra tienda de música convencional. Entonces, cuando Spotify se quedó sin ideas, comenzaron a hacer pequeños retoques con una red neuronal.

Spotify pensó por primera vez en ampliar sus esfuerzos de recopilación de datos, por lo que adquirieron 13 compañías entre 2013 y 2018, la mayoría de las cuales se ocuparon de etiquetar, compartir y explorar géneros musicales. Hay una gran cantidad de datos asociados con cada pieza musical, como cuándo se hizo y qué instrumentos se usaron. Algunos de estos pueden ser predecibles, pero para cosas como el estado de ánimo de la canción y las letras, no hay una solución clara, así que Spotify contrató a tres investigadores para averiguar cómo conectar los puntos. El resultado de su investigación fue un artículo titulado "Recomendación musical profunda basada en contenido"[99].

La idea en el artículo es la de lo que los autores denominaron "espacio latente", una forma de presentar datos conocidos sobre canciones como vectores 2D y correlacionarlos; las canciones cercanas probablemente suenen similares, pero la novedad adicional a este concepto es que los usuarios también fueron representados como vectores basados en información conocida sobre ellos, como la edad, el género, el origen étnico, etc. Se pone espacio latente junto a las canciones y si los dos coinciden, podríamos haber encontrado una manera de recomendar nuevas canciones a los usuarios. El uso de una red neuronal significa que las canciones se pueden colocar en el espacio latente con un alto grado de certeza a medida que las entrenamos para extraer características musicales.

---

[99] https://papers.nips.cc/paper/5004-deep-content-based-music-recommendation.pdf

Las canciones se dividieron por primera vez en partes de tres segundos, con la red neuronal prediciendo las cualidades de cada segmento y promediando los valores. Una vez que Spotify vio que estos chicos estaban en algo, se les dio acceso completo a la biblioteca musical de Spotify, en particular, a 1 millón de canciones y 30 segundos desde la mitad de cada una. Los investigadores apuntaron a una red neuronal que se asemejaría mucho a las utilizadas para la clasificación de imágenes que mejoran en el reconocimiento de características a medida que se capacitan. En este caso, cada nodo de la red aprendió a captar una única característica de la canción, como el ruido ambiental, los bajos, las palabras chinas o el canto vibrato. Curiosamente, se descubrió que Armin van Buuren tenía un filtro únicamente para él.

Los resultados de esta investigación son difíciles de cuantificar, ya que no existe un estándar objetivo para medir la similitud de las canciones entre sí, pero es otro paso más hacia la búsqueda de una solución de red neuronal completa para encontrar el mejor tipo de música para todos. Spotify fue comprado por Microsoft en 2018 por $ 41,8 mil millones, lo que muestra cuánto dinero se puede ganar clasificando géneros musicales.

"Clasificación de estilos musicales de múltiples etiquetas revisada mediante el uso de correlaciones de estilos"[100] es otro intento de clasificar la música, esta vez evitando todo el enfoque de escuchar-música-analizar-sonidos. Los autores de este artículo en particular se dieron cuenta de que hay muchos humanos que conocen su música mejor que nadie; es solo una cuestión de recopilar estas gemas disponibles públicamente y compaginarlas en varias etiquetas para cada canción. Los autores también comprendieron que cada canción podría tener más de un género, razón por la cual la idea de múltiples etiquetas encajaría muy bien.

---

[100] https://arxiv.org/pdf/1808.07604.pdf

El artículo da ejemplos de revisiones y, en el caso de *Mozart: The Great Piano Concertos*, Vol.1, dos de esas críticas son: "He estado escuchando música *clásica* todo el tiempo" y "Mozart siempre es bueno. Hay una razón por la que está clasificado en el top 3 de las listas de los mejores compositores clásicos". A medida que los usuarios mencionan instrumentos, tonos, ambiente y otros sonidos, la red neuronal comienza a tener más y más etiquetas descriptivas, y la tercera revisión de la misma pieza es, "El sonido del piano me trae paz y relajación". Cada género musical puede ser representado por una ecuación simple: Mozart = piano + música clásica.

Tor, ataque de deanonimización.

Tor (The Onion Router – Enrutador de cebolla) es una forma de navegar teóricamente por la web mientras permanece en el anonimato, lo que podría ser útil para los informantes y denunciantes en países donde no se habla. El truco principal de Tor es que una red voluntaria de nodos de retransmisión pasa el tráfico de red entre ellos hasta que parece ser anónimo y luego lo envía al nodo de salida. Cualquier persona que intente distinguir la entrada de los nodos de salida se sentiría como si estuviera pelando una cebolla en busca del centro; solo se trata de capas intermedias, de ahí la referencia de la cebolla (Onion). Tenga en cuenta que Tor es el nombre de la red que puede usar el navegador Tor, los clientes de mensajería instantánea de Tor, etc.

Las principales debilidades de Tor son que se basa en una red saludable y diversa de nodos de retransmisión, con un actor bien financiado, como una agencia de inteligencia del gobierno que, posiblemente, pueda suplantar suficientes nodos voluntarios en una región con sus propias máquinas y simplemente seguir el tráfico a lo largo que rebota dentro de la red. Los usuarios de Tor también podrían explotar su propia portada si están personalizando el navegador a los valores que los detectan; los navegadores informan del tamaño de su ventana al sitio web para obtener los tamaños de imagen adecuados y que un usuario de Tor que cambia el tamaño de la ventana de su navegador desde los 500x1000 píxeles predeterminados hasta el tamaño de monitor completo pueda ser rastreado tan fácilmente[101] como si tuviera spyware en su máquina. Una vez que se involucra el aprendizaje profundo, desacreditar a los usuarios de Tor se vuelve trivialmente fácil.

"DeepCorr: ataques de correlación de flujo fuerte en Tor usando Aprendizaje Profundo"[102] muestra una técnica conocida como correlación de flujo, que compara flujos de tráfico anónimos para hacer coincidir a los usuarios con los patrones de tráfico dentro de la red Tor. Las técnicas de seguimiento de la correlación de flujo ya existen, pero DeepCorr las combina con un aprendizaje profundo para aumentar drásticamente la eficiencia y la fiabilidad del seguimiento. Al extraer apenas 900KB de datos Tor, DeepCorr puede hacer coincidir los flujos de datos anónimos con una precisión del 96% en comparación con la técnica de desanonimización convencional de RAPTOR que solo tendría un 4% de precisión con el mismo conjunto de datos y tomaría hasta 100 MB de datos durante cinco minutos de seguimiento ininterrumpido de 50 nodos Tor para lograr la misma precisión.

El anonimato siempre conlleva un intercambio, pero hay una cosa que los usuarios de Internet nunca entregarán: la velocidad. Podría haber un número indeterminado de rebotes dentro de la red para cualquier intento de conexión, por lo que Tor no confunde ciertas características de los paquetes de red ni trata de ocultar cuándo se enviaron, todo esto para minimizar la latencia. Esto abre Tor hasta DeepCorr que hace coincidir los tamaños de paquetes y los tiempos con los individuos dentro de la red, algo que solo es posible a escala con una red neuronal.

---

[101] https://tor.stackexchange.com/questions/16111/is-manually-resizing-the-tor-window-dangerous

[102] https://arxiv.org/pdf/1808.07285.pdf

Durante mucho tiempo se pensó que Tor tenía una resistencia inherente a los ataques de correlación de flujo debido al tamaño total (2 millones de nodos en línea en un momento dado) y una gran discrepancia entre los requisitos de ancho de banda del usuario y la red de retransmisión de voluntarios de Tor compartiendo su propio ancho de banda. Esto tiende a provocar una congestión similar a los atascos de tráfico hasta que se conectan más nodos de retransmisión para aumentar repentinamente la capacidad de la red, lo que provoca algo que se conoce como **fluctuación de la red**, un fenómeno en el que los paquetes se congestionan y retrasan ligeramente su trayectoria. Esto causa mucho ruido que confunde los mecanismos de seguimiento tradicionales, pero DeepCorr está diseñado para igualar el agitado ecosistema de Tor y aprender a reconocer los patrones de tráfico, incluso si los nodos de entrada y salida son desconocidos o irreconocibles.

Los autores del artículo probaron DeepCorr al encontrar los mejores 50.000 sitios web posicionados por Alexa, explorándolos usando Tor y entrenando la red neuronal con la mitad de ese conjunto de datos usando una sola GeForce GTX TITAN X 12 GB (precio de $ 600-1000 dependiendo de la versión) por un día. La otra mitad se usó para probar DeepCorr. Los autores estiman que volver a entrenar DeepCorr una vez al mes sería suficiente para mantenerlo a la par con cualquier actualización del protocolo de red Tor. El conjunto de datos se realizó abriendo hasta diez conexiones Tor simultáneas utilizando los navegadores Tor y Firefox en máquinas virtuales independientes, capturando el tráfico saliente y forzando el tráfico a través de un servidor proxy configurado por los autores donde también se capturó.

Las conclusiones fueron que la precisión de DeepCorr no disminuyó significativamente con el paso del tiempo de hasta un mes, pero después de eso experimentó una degradación en la confianza. Las longitudes de flujo también se correlacionaron positivamente con la eficiencia de DeepCorr, y cuantos más datos se capturan, mejores son los resultados, aunque los autores notan que esto requiere una capacidad de almacenamiento y red exponencialmente mayor, lo que nos lleva de nuevo a la pregunta de un adversario bien financiado que ataca la red Tor. Finalmente, DeepCorr puede rastrear fácilmente a los usuarios que realizan ataques cibernéticos de proxy, los que se muestran en las películas como una serie de líneas que conectan los puntos en un mundo mientras los operadores en pánico cuentan el tiempo.

Jugando al póker

El póquer es un juego de caballeros que implica una estimación hábil de la probabilidad y una comprensión matizada de las señales no verbales y la precisión para la siguiente jugada. Al igual que con cualquier otra actividad, los humanos solían divagar en redes neuronales, daban la vuelta a todo y resolvían el póquer de manera concluyente. Es hora de poner una cara de póker, usar lentes de sol en interiores y participar en "Cómo aproximar las probabilidades de póker con el aprendizaje profundo"[103], un artículo que presenta una alternativa a la búsqueda de árboles en **Monte Carlo**.

Monte Carlo simula todos los resultados de un juego con opciones de bifurcación, como el póquer, analizando uno por uno, anotando el resultado final (gane o pierda) y actualizando el conteo al inicio de la rama. Esto se debe a millones de resultados que se necesitarían para hacer que una supercomputadora colapse en tiempo real, pero una red neuronal puede hacer lo mismo en una manera computacionalmente liviana, mientras que también incluye el modelado de oponentes para tener en cuenta los sesgos de comportamiento que todos los humanos tienen. A algunas personas les gusta el riesgo y otras juegan de forma más segura.

Las probabilidades de póker obtenidas en Monte Carlo son solo una aproximación, ya que hay variables desconocidas que afectan al juego, pero ejecutar la simulación 1000 veces debe presentar probabilidades convergentes que apuntarían a la fuerza real de

---

[103] https://arxiv.org/pdf/1808.07220.pdf

nuestra mano con un margen de error del 2%. Incluso entonces nos encontramos con problemas, ya que una simulación de Monte Carlo llevó al autor a 0,46563 segundos, lo que significa que ejecutarlo un millón de veces llevaría cerca de 129 horas e incluso eso no es suficiente para cubrir todas las ramificaciones.

La red neuronal presentada en este documento sugiere aproximarse a Monte Carlo, lo que significaría aproximar una aproximación. Esto podría sorprender a algunos, pero mientras tomemos un tamaño de muestra de Monte Carlo lo suficientemente grande, el conjunto de datos permanecerá estable. Como resultado, la red neuronal pudo correr 600 veces más rápido que Monte Carlo y ocupar solo 8.4KB de memoria mientras adivinaba qué mano sería la ganadora en el 79% de los casos y la que estaría empatada en el 95% de los casos. Casos con un margen de error del 5% en cada uno.

Reconocimiento de personas

Encontrar a Waldo fue una vez un pasatiempo agradable para los humanos, pero las redes neuronales han hecho que el hecho de seleccionar a una persona determinada de fondo sea un desafío fácil de resolver. La "búsqueda de personas por comparación de escalas múltiples"[104] aborda el problema de la comparación de escalas múltiples, lo que significa que la persona que buscamos puede estar en cualquier ángulo y distancia de la cámara, y la red neuronal aún tiene que averiguar si es quién estamos buscando en todas las imágenes ofrecidas. La mayor ventaja de una red neuronal en comparación con los humanos que realizan la misma tarea es que no tiene sesgo hacia imágenes más grandes con más detalles, al tiempo que evita las imágenes de baja resolución, borrosas o torpemente tomadas como lo hacemos nosotros. La red neuronal logró una precisión promedio de 87.2% incluso en imágenes donde la persona estaba dentro de un área tan pequeña como 37 × 13 píxeles.

---

[104] https://arxiv.org/pdf/1807.08582.pdf

Rotura de la herramienta

La rotura de la herramienta industrial es un problema grave, ya que las brocas de la herramienta soportan una carga tremenda durante bastante tiempo antes de romperse repentinamente y sin ninguna advertencia; los propietarios de herramientas desean exprimir el máximo rendimiento para aumentar los márgenes de ganancia, pero las roturas causan retrasos y costos de mantenimiento adicionales. El documento de investigación "Detección de rotura de herramientas usando Aprendizaje Profundo"[105] trata de resolver este problema empleando redes neuronales que usan el aprendizaje profundo para descubrir el momento exacto en que la herramienta está a punto de romperse, obteniendo la máxima durabilidad de cualquier pieza de herramienta determinada.

Una característica curiosa de este desafío en particular es que entrenar una red neuronal para predecir el punto de ruptura de cualquier herramienta dada utilizando grandes conjuntos de datos no es factible, ya que el margen de error es demasiado grande. La idea en este documento es hacer un seguimiento del consumo de energía de una máquina mientras está en funcionamiento y dejar que la red neuronal encuentre una regla en cuanto al punto de rotura de la herramienta y el consumo de energía de la máquina como un todo. Los trabajadores experimentados con esta máquina están, en cierto sentido, sensibilizados con el sonido de su funcionamiento y pueden escuchar el sonido ligeramente diferente de una broca de herramienta desgastada, pero el ruido ambiental a menudo impide su juicio. Una red neuronal modelada idealmente sería capaz de predecir la rotura de manera fiable independientemente de los niveles de ruido. Los autores concluyen que su enfoque puede lograr una precisión de predicción del 93% con un comentario de que el modelo tiene muchas oportunidades para mejorar.

---

[105] https://arxiv.org/pdf/1808.05347.pdf

Posicionamiento avanzado para Flota de taxis

Todos nos hemos encontrado con el Taxi de Schrodinger: existe un vehículo de taxi en nuestra ubicación en un estado de superposición cuántica que aparece solo cuando miramos a nuestro alrededor en una necesidad urgente de transporte. Esa no es la razón real por la que a menudo no podemos encontrar un taxi, pero podría ser así, ya que las personas viajan por todo tipo de razones que son difíciles de contextualizar y predecir, lo que hace que los taxis acudan a lugares aparentemente aleatorios para tener la oportunidad de obtener una tarifa. No se equivoque, descifrar el código de los hábitos de viaje de las personas a gran escala sería un problema para la afortunada compañía de taxis, por lo que "La combinación de datos de series temporales y textos para la predicción de la demanda de taxis en áreas de eventos: un enfoque de aprendizaje profundo"[106] usa una red neuronal para hacer precisamente eso.

Los dos patrones de viaje más comunes para los humanos son habituales, lo que significa que la misma persona recorre regularmente la misma ruta en momentos similares y causales, lo que significa que la persona viaja entre dos lugares conectados lógicamente, como desde un aeropuerto hasta un hotel. En un lugar como Nueva York, hay tantos eventos interesantes que ser capaz de predecir con precisión y modelar patrones de viaje que no caigan en ninguno de los dos anteriores llevaría a un aumento significativo de la eficiencia. El principal problema es lo que la industria del taxi llama "subidas de demanda", a la noción de poder anticipar una mayor demanda en un lugar en particular y enviar vehículos con antelación allí para obtener ganancias antes que otros. El problema es que los métodos tradicionales de sondeo y recopilación de datos para descifrar los aumentos de la demanda son demasiado lentos y no cubren los patrones de texto no estructurados que suelen utilizar

---

[106] https://arxiv.org/pdf/1808.05535.pdf

los adultos jóvenes para transmitir información, por lo que esos son exactamente los problemas que tratará este artículo.

Al analizar los datos de 1100 millones de viajes de taxi en Nueva York realizados entre el 2009 y 2016, y combinar los resultados con herramientas de análisis semántico que intentan descubrir las intenciones de los autores a partir de textos escritos públicamente, como tweets, una red neuronal puede derivar tendencias habituales y causales antes de eliminarlos de los datos generales y centrándonos en el resto. Esas son oleadas de demanda que conectamos nuevamente en el análisis semántico y terminamos conociendo más sobre los hábitos de viaje de las personas que lo que ellos mismos conocen. Es muy fácil.

Las herramientas de análisis semántico también procesan los datos de texto eliminando todas las etiquetas HTML, eliminando los finales de inflexión para obtener la raíz de la palabra, haciendo que el texto sea todo en minúsculas, e ignorando palabras muy frecuentes y muy raras, como artículos o palabras mal escritas. Cada palabra se puede convertir en un vector unidimensional, haciendo de cada oración una línea recta que indica la dirección y la distancia de viaje. Los vectores se pueden colocar dentro de un espacio de 300 dimensiones que indica la similitud de las palabras y la cercanía en el significado. Por ejemplo, un vector "femenino" y un vector "rey" convergen con el vector "reina".

Se seleccionaron dos lugares para el análisis: el estadio deportivo Barclays Center, el hogar de los Brooklyn Nets, y la Terminal 5, una sala de conciertos de tres pisos. Todas las recolecciones de taxis dentro de los 500 metros de cada una de ellas se tuvieron en cuenta para un total de 1066 eventos, y los datos meteorológicos se evaluaron de forma independiente para cada día, como la precipitación, la temperatura, etc. El trabajo de la red neuronal fue analizar aproximadamente la mitad de todos los datos disponibles con la otra mitad dados por los científicos como un desafío posterior.

Los resultados mostraron que una red neuronal que utiliza todos estos datos contextuales pudo reducir el porcentaje de error absoluto (MAPE) en casi un 30% en comparación con el proceso gaussiano, otro algoritmo de predicción de última generación. El documento concluye que las compañías de taxis o cualquier otro competidor del transporte, como Uber, pueden utilizar las fuentes de información públicamente disponibles para la extracción de datos y contextualizarlas mediante una red neuronal para posicionarse en las flotas de vehículos la noche antes de que aumente la demanda. Los autores de este artículo hicieron su trabajo público para que cualquiera pueda beneficiarse de él.

Gestión de red eléctrica

La bombilla parpadea y el PC emite un pitido, reiniciando en un abrir y cerrar de ojos: genial, dos horas de trabajo perdidos sin guardar. Para aquellos que viven fuera de las áreas metropolitanas, este tipo de experiencia causada por las fluctuaciones del poder es un hecho común que aprenden a tolerar, pero es muy poco lo que la compañía eléctrica podría haber hecho para detenerlo. La causa exacta de la fluctuación de energía se denomina "carga máxima", un momento en el que, por el motivo que sea, todos los clientes en un área determinada comienzan a obtener más energía de lo normal, lo que hace que ciertos dispositivos dejen de funcionar.

La forma en que una compañía eléctrica en la actualidad suministra a los consumidores electrones vitales es mediante el cálculo de lo que cada hogar gasta al mínimo, produciendo un poco más mientras mantiene una cierta cantidad de energía almacenada y otorgando el resto a otras redes eléctricas que lo necesiten. La venta y compra de energía se realiza en un mercado de energía cada hora o cada día, con un precio oscilante según la demanda regional. Poder predecir correctamente las cargas máximas entrantes y comprar energía justo antes de que ocurra puede ahorrarle millones a una compañía eléctrica y, en cierto sentido, también salvar el trabajo no guardado de sus usuarios. Las cargas máximas son siempre momentos breves, y una red eléctrica, en teoría, puede soportar una carga máxima prolongada, pero en la práctica generalmente experimenta un fallo en todo el sistema.

Las redes eléctricas en todo un continente pueden interconectarse y actuar como un recipiente de transmisión de energía conjunto que mantiene los niveles de energía estables sin importar las cargas máximas en las partes componentes. Esto, de hecho, causó un problema en marzo de 2018, ya que Serbia y su provincia rebelde de Kosovo entablaron una disputa sobre la red eléctrica: esta última generó 113GWh de más energía de la que podía producir, causando un efecto en cascada que impactó a toda la red eléctrica de la UE. Al final, los relojes eléctricos en todo el continente cayeron con un retraso de seis minutos completos,[107] ya que utilizan la frecuencia de 50 Hz de la red eléctrica para medir el tiempo; el consumo de energía hizo que la frecuencia cayera ligeramente por debajo de eso. Aunque este es un caso atípico, los proveedores de energía regionales se benefician al comprender las fluctuaciones de la energía y los tiempos de carga máxima para que puedan preparar personal de soporte adicional, adquirir energía por adelantado a un precio más barato, etc.

Momento de compra de electricidad

El artículo de investigación "Aprendizaje profundo para mercados de energía" [108] evalúa los datos del precio de la energía en forma diaria y por hora cuando se trata de 4719 nodos generadores de energía en los Estados Unidos y lo que tuvieron que hacer para mantener la producción estable en 2017. El conjunto de datos consistió en precios, clima, demanda y producción, y se entregó a la red neuronal para correlacionarlos correctamente. Los resultados mostraron que la alta demanda de energía no implica necesariamente precios altos, ya

---

[107] https://www.theguardian.com/world/2018/mar/08/european-clocks-lose-six-minutes-dispute-power-electricity-grid

[108] https://arxiv.org/pdf/1808.05527.pdf

que la red neuronal establece con precisión la naturaleza cíclica de los tiempos de carga máxima, aunque en general subestimó los precios máximos en un 20%. Los autores del artículo concluyeron que este enfoque tiene "mejor precisión que los modelos de series de tiempo tradicionales".

Detectando el robo de electricidad

En los Estados Unidos, el robo de energía drena alrededor de $ 6 mil millones al año; en algunos países, todos los ingresos que obtiene una compañía eléctrica son drenados por los ladrones. El problema es que cualquier pérdida en la que incurra la compañía eléctrica eventualmente se transfiere a clientes honestos en forma de tarifas y aumentos constantes de precios. Los medidores inteligentes son la última moda cuando se trata de detectar con precisión el consumo de energía, pero aún no resuelven el problema del robo de electricidad avanzado, es decir, los ataques cibernéticos en el medidor inteligente o la red eléctrica. Dado que los Smart Meters (medidores inteligentes) son un dispositivo electrónico, son propensos a ser pirateados o reprogramados sin que la compañía eléctrica lo descubra, pero con la ayuda de redes neuronales, puede que finalmente se apague la luz para los ladrones de electricidad.

La "Detección profunda de robo de electricidad recurrente en redes AMI con ajuste aleatorio de hiper-parámetros"[109] utiliza datos de consumo de 200 clientes en el transcurso de 107.200 días para detectar patrones de uso específicos y descubrir cómo se ve alterado el medidor o la red de suministro de energía. Tratar de acumular datos de consumo históricos para cualquier cliente dado no funciona para aquellos que se unen a la red, pero una red neuronal puede modificar su propio procedimiento para mejorar con el tiempo, distinguiendo entre clientes maliciosos y honestos con una tasa de detección del 93% y 5 % de tasa de falsos positivos.

---

[109] https://arxiv.org/pdf/1809.01774.pdf

Detección de somnolencia del conductor

La "Estimación de la somnolencia del conductor basada en EEG usando redes neuronales convolucionales"[110] sugiere monitorear al conductor para que reconozca de inmediato no solo cuándo está a punto de quedarse dormido, sino también la distracción y el exceso de velocidad para tomar medidas inmediatas, como hacer sonar la alarma o disminuir la velocidad. El enfoque más común en este tipo de detección es colocar una cámara de parabrisas que rastree y analice su cabeza y el movimiento de los ojos en tiempo real para reaccionar instantáneamente ante cualquier comportamiento adverso. También se puede colocar una cámara orientada hacia la carretera para identificar cuando el vehículo comience a virar fuera de las líneas y reaccionar. Ambos enfoques se ven afectados por la mala iluminación y las condiciones climáticas, lo que molesta al conductor e, irónicamente, sirven como una distracción que podría causar un accidente en lugar de detenerlo.

La alternativa es hacer que el conductor use algún tipo de equipo de contacto, como sensores, que mida con precisión los signos fisiológicos, como las ondas cerebrales, pero las fluctuaciones aleatorias en la respuesta corporal también pueden interferir con las lecturas. Los sensores en sí mismos no son tan cómodos de usar y, nuevamente, causan distracción para el conductor, pero en eso fue el enfoque de los autores de este artículo, optando por sensores de ondas cerebrales.

Dieciséis personas sanas fueron elegidas para conducir un vehículo utilizando una configuración de realidad virtual durante 60-90 minutos por la tarde, cuando la necesidad de tomar una siesta es la más fuerte. El vehículo viajó a 100 km / h (alrededor de 60 mph) a lo largo de una vista monótona, pero hubo un cambio repentino al azar en el tráfico y los conductores recibieron instrucciones de alejarse de inmediato. Sus tiempos de reacción se registraron para alcanzar un

---

[110] https://arxiv.org/pdf/1809.00929.pdf

índice de somnolencia, y se compararon con su actividad de ondas cerebrales, alcanzando un coeficiente de correlación del 63,79% que puede equipararse aproximadamente a la precisión.

Búsqueda de arquitectura de red neuronal

La "búsqueda de arquitectura neuronal: encuesta"[111] se centra en construir una red neuronal que pueda evolucionar por sí misma, crear redes neuronales de descendencia y encontrar el diseño de red neuronal más óptimo para cualquier problema dado. La búsqueda de arquitectura neuronal (BAN) es en esencia un aprendizaje automático automatizado que involucra tres parámetros: espacio de búsqueda, estrategia de búsqueda y estimación del rendimiento. La única participación humana es establecer estos tres parámetros y evaluar los resultados, aunque el artículo lamenta el hecho de que los humanos introducen su sesgo al limitar el espacio de búsqueda de la red neuronal.

El espacio de búsqueda se refiere al número de modelos de arquitectura que dejaremos que la red neuronal evalúe y combine para llegar a algo realmente nuevo y mejor que cualquiera de ellos. Una propuesta novedosa cuando se trata del espacio de búsqueda es la introducción de "células", componentes de la red neuronal creados a mano que pueden preservar la multidimensionalidad de los datos o reducirlos a un vector. Las células pueden trasplantarse a otra red neuronal o apilarse una encima de otra para obtener ganancias de rendimiento incomparables, pero la idea es permitir que la red neuronal las combine de manera arbitraria hasta que haya un progreso significativo.

La red neuronal puede emplear cualquier número de estrategias de búsqueda, aunque el rendimiento de algunas de ellas disminuye a medida que la red aumenta, haciéndolas inviables. Por ejemplo, la estrategia de búsqueda de aprendizaje reforzado [112] utilizada por

---

[111] https://arxiv.org/pdf/1808.05377.pdf

[112] https://arxiv.org/pdf/1709.07417.pdf

Zoph y Le en 2017 requirió 800 tarjetas gráficas de computadora funcionando durante tres o cuatro semanas. Sin embargo, los métodos evolutivos se utilizaron desde principios de los años 90 y permitieron una exploración considerable del espacio de búsqueda con un consumo de recursos de bajo perfil. La idea principal detrás del método evolutivo es que la red neuronal principal se ejecuta por un tiempo hasta que alcanza una cierta arquitectura, observa su eficiencia en la tarea y luego pasa el diseño a su descendencia, una red neuronal completamente nueva que ahora tiene algo de idea sobre lo bien que las células se desempeñan en la tarea y pueden ponderarlas en consecuencia. Al eliminar gradualmente ciertas celdas y sus diseños, los descendientes pueden finalmente alcanzar la arquitectura de red neuronal definitiva para la tarea dada. Ahora, todo lo que queda es la estimación del rendimiento.

A pesar de los atajos con las células y el uso del método evolutivo para aumentar la escalabilidad, BAN aún incurre en una importante pérdida de recursos cuando llega el momento de probar la arquitectura de red neuronal propuesta, lo que incita a los autores a recurrir a la *estimación del rendimiento* que es, en esencia, una medición de baja fidelidad. El truco es que la estimación no puede simplificar demasiado o los resultados no serán buenos, por lo que los autores recurren simplemente a la clasificación de las redes neuronales resultantes según su rendimiento, con la idea de que no necesitamos saber lo bueno que es el mejor, solo que es el mejor del grupo.

Los autores concluyen que a BAN le fue bien, pero el desempeño de clasificación es, sin embargo, difícil debido a la falta de estándares de referencia comunes en el aprendizaje profundo. Otra observación es que BAN no revela realmente por qué una determinada arquitectura funciona de cierta manera y que la comprensión de los grupos de células (también llamados "motifs (motivos)" en el artículo) proporcionaría información sobre cómo funcionan las redes neuronales.

Reconocimiento de ruido

El artículo de investigación de 2018 "Mejora del habla adaptada al ruido mediante el uso de la formación del dominio contradictorio"[113] analiza las redes neuronales de reconocimiento de voz que utilizan el aprendizaje profundo y su capacidad para manejar fuentes de audio con ruidos de fondo adicionales que no se encontraron durante la fase de entrenamiento. En lugar de compilar la lista de todos los ruidos jamás creados, el documento sugiere usar la formación del dominio contradictorio (FDC) para entrenar dos subrutinas adicionales de la red neuronal: un discriminador que intenta determinar si el ruido proviene de la fuente de audio original y un extractor de características que trata de producir el mejor ruido para confundir al discriminador. Al enfrentar a un discriminador contra un extractor de características durante un período de tiempo arbitrariamente largo, la técnica FDC permite la evolución de un módulo discriminador especializado que luego puede fusionarse con la red neuronal de reconocimiento de audio para un 26-55% de mejoría en el rendimiento de dispositivos, como los implantes cocleares y software de voz a texto. Este tipo de formación contradictorio es típico de las redes neuronales, ya que les permite a los científicos aprovechar la increíble velocidad de las computadoras para un aprendizaje eficiente en comparación con lo que sucedería si se alimentaran manualmente con ejemplos.

Reconocimiento de escena

En "Desde el volcán hasta la tienda de juguetes: descubrimiento adaptativo de la región discriminante para el reconocimiento de la escena"[114] se observa una red neuronal que clasifica la imagen que primero se entrena para etiquetar objetos en la escena, luego etiqueta el escenario y, finalmente, contextualiza ambos para llegar a una

---

[113] https://arxiv.org/pdf/1807.07501.pdf

[114] https://arxiv.org/pdf/1807.08624.pdf

descripción de la ubicación, por ejemplo, "escuela de arte" o "camping". La idea es entrenar a la red neuronal para reconocer ciertos objetos como altamente deterministas de la ubicación; por ejemplo, encontrar una tienda de campaña en la imagen sugiere fuertemente que está al aire libre. Tales redes neuronales ya existen pero son computacionalmente exigentes tanto en entrenamiento como en operación; el aprendizaje profundo permite al operador establecer un número arbitrario de significantes en la imagen para lograr escalabilidad.

Descifrando mensajes ocultos

La esteganografía oculta intencionalmente información en otros datos, y el esteganálisis es una forma de revelar tales mensajes ocultos, los cuales a las redes neuronales les va mucho mejor que a los humanos como se revela en "Esteganografía invisible a través de la red adversa generativa"[115]. La idea es entrenar dos redes neuronales separadas, una para ocultar la información y la otra para revelarla, enfrentándolas entre sí. La prueba dada fue hacer que una red neuronal analice la imagen de la portada, encuentre los píxeles más adecuados, oculte con éxito una imagen gris en una de color, y luego la envíe a la otra red neuronal para su análisis. Cuando se trabaja en tándem, las dos redes permiten, por ejemplo, que la oficina central transmita un mensaje secreto codificado en una imagen simple a través de canales públicos a agentes en el campo que pueden decodificarlo utilizando la otra parte del dúo.

Generación automática de preguntas

Las pruebas de la escuela secundaria nos enseñaron muchos datos, como que las mitocondrias son la potencia de la célula. La preparación de los cuestionarios requirió una gran cantidad de trabajo delicado, pero apresurado, que podría salir mal en cualquier lugar, lo que hace que los estudiantes se sientan engañados por una pregunta mal formada. Con la ayuda del aprendizaje profundo,

---

[115] https://arxiv.org/pdf/1807.08571.pdf

podríamos estar al borde de una era en la que las preguntas y respuestas se crean inequívocamente a partir de franjas de texto por una red neuronal, la potencia del proceso de aprendizaje.

"Mejora de la generación de preguntas neuronales utilizando la separación de respuestas"[116] analiza la creación automática de preguntas y respuestas de cualquier cantidad de texto, desde oraciones simples hasta párrafos grandes. El objetivo no es que la red neuronal cree un borrador de la prueba, sino una versión real desde cero que no necesite ninguna corrección o edición. Esto se realiza haciendo que la red neuronal identifique y enmascare la respuesta con una señal significativa y concluya semánticamente la secuencia correcta de palabras y los pronombres.

Por ejemplo, la frase "John Francis O'Hara fue elegido presidente de Notre Dame en 1934" contiene tres preguntas: quién (John), qué (presidente) y cuándo (1934). Al enmascarar cualquiera de las tres respuestas, enseñamos a la red neuronal a plantear una pregunta y la contrastamos con la respuesta enmascarada. Al agregar un mecanismo de atención, le damos mayor peso a las palabras clave y los datos de información, imitando la forma en que los humanos analizan las preguntas y retienen el conocimiento. Este enfoque permite extraer el máximo valor del mismo texto, pero también actúa como una medida anti-trampa durante el cuestionario en sí, ya que los estudiantes no pueden copiar una respuesta de otra persona.

La red neuronal se probó utilizando 23.215 muestras de texto que se originaron en 536 fuentes de texto con aproximadamente 100.000 preguntas y respuestas creadas manualmente para pruebas reales. Los resultados mostraron que solo el 0,6% de las preguntas creadas por esta red neuronal revelaron erróneamente la respuesta completa y el 9,5% dio una pista sobre cuál era la respuesta, ya que ambos son puntos débiles comunes de las redes neuronales que tratan con la creación de preguntas de prueba. "Qué", "cómo" y "quién" fueron los

---

[116] https://arxiv.org/pdf/1809.02393.pdf

tres pronombres más comunes que la red neuronal supuso correctamente, aunque la precisión promedio para otros tipos de preguntas no fue tan estelar; los autores atribuyeron esto al 55,4% de todas las preguntas que tienen "qué" y otros pronombres que no están tan representados en el conjunto de datos de entrenamiento.

Reconstrucción visual 3D de objetos 2D.

Los grandes pintores saben cómo usar sombras y perspectivas para hacer del lienzo una ventana genuina a otro mundo[117]. Aunque en cierto nivel sabemos que este tipo de pintura es una ilusión, nuestro cerebro encaja en la imagen 3D y la presenta como real, llenando los espacios en blanco utilizando lo que sabe sobre el mundo exterior. Resulta que las redes neuronales son capaces de algo similar y pueden reconstruir el lado invisible de un objeto basado en una de sus vistas 2D.

"Aprendizaje profundo de un objeto completamente 3D con una sola mirada"[118] es un trabajo de investigación conjunto de EE. UU. e Italia que analiza cómo los píxeles se pueden convertir en vóxeles, mejor descritos como píxeles volumétricos. El objetivo principal de este estudio es minimizar el número de perspectivas necesarias para completar un objeto 3D, posiblemente para ser utilizado con robots con un presupuesto computacional ajustado que se mueve a través de un entorno e interactúa con objetos reales. Como los autores necesitaban al menos una vista, decidieron seguir con eso y terminaron teniendo éxito.

La red neuronal se entrenó con 5000 ajustes preestablecidos de modelos de CAD, un popular programa de modelado, cada uno con ocho instantáneas tomadas desde diferentes ángulos para llegar a 40,000 desafíos. Todos los modelos tenían una resolución de 30x30x30, lo que presentaba un desafío a la hora de preservar todas

---

[117] https://uploads1.wikiart.org/images/albert-bierstadt/the-falls-of-st-anthony.jpg

[118] https://arxiv.org/pdf/1808.06843.pdf

las características matizadas de un modelo, pero la red neuronal logró alcanzar resultados impresionantes, restaurando el 92% del modelo original.

Eliminación de rayas de lluvia de una imagen o video

Configurar una cámara al aire libre de acceso remoto puede sonar como un experimento divertido; eso es hasta que cae la lluvia y las rayas de lluvia hacen que parezca que estamos mirando a través de una cortina blanca. La causa real de este efecto es que las gotas de lluvia tienen una alta velocidad mientras reflejan la luz, lo que hace que aparezcan rayas blancas en cualquier dispositivo de captura de imágenes. Esto devalúa todos los demás procesos de aprendizaje automático que dependen del procesamiento de la imagen, como el reconocimiento facial, y, por lo tanto, eliminar las rayas de la lluvia se convierte en un proyecto de máxima prioridad. Actualmente existen varios programas de eliminación de llovizna, algunos de los cuales utilizan el aprendizaje automático, pero, generalmente, arruinan la calidad de la imagen, ya sea al difuminar el fondo o al estropear el contraste de la imagen. "Eliminación de la racha de lluvia para una sola imagen a través de la CNN guiada por el kernel"[119] sugiere utilizar una red neuronal llamada KGCNN para limpiar las imágenes, con el objetivo de preservar la mayor calidad de imagen posible y eliminar las rayas de la imagen de una manera computacionalmente liviana.

KGCNN explotaría una propiedad conocida de las gotas de lluvia, ya que inducen una pequeña pero perceptible cantidad de movimiento borroso. Conocer la dirección general de una gota de lluvia, es decir, el hecho de que tienden a caer, puede ayudarnos a construir KGCNN que deconstruirá cualquier alimentación de imagen en una capa de fondo y textura, con el objetivo de identificar el desenfoque de movimiento en esta última y volver a utilizar este conocimiento en la

---

[119] https://arxiv.org/pdf/1808.08545.pdf

imagen compuesta para bloquear las rayas de la lluvia. La capa de fondo contiene todo, excepto la lluvia, y la capa de textura contiene solo las gotas de lluvia, lo que facilita la identificación de una imagen si KGCNN funciona como se esperaba.

Detección de intrusos en sistemas informáticos

En libros de ciencia ficción como el Neuromancer de William Gibson, los piratas informáticos se conectan a Internet a través de un conector literal insertado en la base del cráneo y hacen girar el software. La detección de intrusos la realiza una IA llamada Black Ice que protege el ciberespacio propietario e intenta freír los cerebros de los hackers. Los hackers y la detección de intrusos existen ahora de una manera mucho más prosaica, pero las redes neuronales prometen que al menos esa última parte está a punto de ser mucho más interesante.

"Sistema de aprendizaje profundo optimizado basado en análisis estadístico para la detección de intrusiones"[120] investiga la creciente amenaza del malware inteligente y los ataques de piratería que podrían poner en peligro los sistemas bancarios, las redes eléctricas o las bases de datos de registros hospitalarios. No es solo que todo esté en red, sino que el gran tamaño de dichas redes hace que actualizar una pesadilla y aumentar su superficie de ataque los deje expuestos a cualquier hacker con una oportunidad. Es tan fácil como caminar a uno de estos terminales conectados a la **intranet**, a la red interna, y aparecer en un USB infectado. Probablemente es así como el ransomware WannaCry llegó a 16 hospitales del Reino Unido en mayo de 2017, cerrando todos los archivos médicos detrás de un muro de pagos y amenazando con la eliminación a menos que se pagaran $ 300 en rescate en Bitcoin[121].

---

[120] https://arxiv.org/pdf/1808.05633.pdf

[121] https://www.theverge.com/2017/5/12/15630354/nhs-hospitals-ransomware-hack-wannacry-bitcoin

Este trabajo de investigación muestra una manera escalable y liviana de mantener seguras las grandes redes, independientemente de si sus componentes están actualizados o no, mediante el uso de redes neuronales que filtran un gran volumen de datos para anticipar el comportamiento de los intrusos y negarles el acceso. Sabemos por otras áreas científicas que las redes neuronales pueden lograr un rendimiento casi humano en casos de reconocimiento de personas y reconstrucción de objetos en 3D, por lo que es de gran interés encontrar una alternativa económica y sostenible a los programas antivirus y las rutinas de acceso de control obsoletas que causan un dolor sin fin al personal de soporte, como nombres de usuario y contraseñas.

La red neuronal asignada a la seguridad de la red realiza el procesamiento previo de los datos para eliminar los valores atípicos, la extracción de características para encontrar puntos en común entre los usuarios y la clasificación para distinguir entre los usuarios benignos y los malignos. En general, las intrusiones vienen como: sondeo de que la red objetivo tiene puntos débiles y puertos abiertos; denegación de servicio, que sirve para incapacitar la red objetivo y estimar sus capacidades; usuario a raíz que está destinado a obtener acceso de (raíz) root; y root-to-local que está destinado a realizar operaciones en una máquina local después de que se haya obtenido el acceso root (raíz).

La red neuronal se entrenó por primera vez con 125.973 muestras pertenecientes a cualquiera de las cuatro categorías de intrusión y se probó con otras 22.544 muestras, lo que resultó en una precisión del 77.13% para ataques de sondeo, 97.08% para denegación de servicio, 87.10% para usuarios root, pero solo 11.74% para root-to-local. Estos números implican que todas las medidas de seguridad deben centrarse en evitar el acceso a los sistemas root (raíz), que son los que pueden emitir comandos a máquinas subordinadas, incluida toda la red o terminales individuales. Una vez que la raíz ha sido secuestrada, cada máquina comprometida, o incluso toda la red, está decisivamente en manos del atacante, como se ve con el ransomware WannaCry.

Pensamiento lógico

La lógica diferencia al hombre de las amebas y nos permite vernos a nosotros mismos y a las amebas con un alto grado de certeza. La capacidad de razonamiento lógico se deriva de una representación simbólica del mundo y es la facultad más anhelada por los científicos que quieren que sus redes neuronales tengan. Sin embargo, no se trata de cualquier tipo de lógica, sino de un tipo especial llamado lógica ontológica, que trata de cómo llegamos a ser y de lo que nos une. La lógica ontológica se puede aplicar a países, seres humanos, animales, árboles, rocas o cualquier otra entidad metafísica o material concebible para agarrar el tejido del tiempo y desentrañarlo hasta su punto de partida. A medida que las redes neuronales se preparan para competir contra los humanos en todos los campos de la vida y la ciencia, aprenderán lento, pero seguro, a mirarse a sí mismos al igual que el resto de nosotros con el tiempo libre para hacerlo.

"Razonamiento ontológico con redes neuronales profundas"[122] analiza cómo una red neuronal a la que se ha dado información sobre las personas saca conclusiones sobre sus relaciones; por ejemplo, dos personas separadas que son padres de la misma persona también deben estar relacionadas. La misma lógica se aplica a las ciudades, provincias, países, etc., para permitir que la red neuronal aprenda cosas nuevas sobre el mundo y actualice su propia base de datos de información. Esto es, en parte, cómo trabaja la función "Personas que quizás conozcas" de Facebook: descubrir el origen de una relación a menudo revela detalles íntimos que pueden haber pasado desapercibidos incluso por las personas involucradas. Tenemos bases de datos de información masivas, pero algo como Wikipedia utiliza multitudes de voluntarios no remunerados que discuten

---

[122] https://arxiv.org/pdf/1808.07980.pdf

amargamente durante semanas sobre la interoperación en artículos oscuros para proporcionar la mayor parte del texto utilizado por el público. Este tipo de red neuronal podría usarse para probar un wiki o construir algo nuevo.

Las pruebas se realizaron con dos bases de datos de información, Claros y DBpedia. Aunque no es del mismo tamaño, la red neuronal aprendió a interpretar correctamente los objetos, los datos y las relaciones entre ellos con una precisión del 99.8%. Luego, los autores decidieron superar el desafío eliminando un hecho aleatorio de cada base de datos y reemplazándolos con una versión diametralmente opuesta de sí mismos, lo que significa que "hombre" podría haber sido reemplazado por "mujer", etc. Esto creó un conflicto al que llamaríamos una **paradoja**, una declaración que parece verdadera y falsa al mismo tiempo, pero la red neuronal logró resolver en promedio el 92% de todos los conflictos. Los autores notaron que los hechos presentados con menos del 100% de certeza en la base de datos de información hicieron temblar los radios de la red neuronal.

Engañando a la máquina inteligente

Los videos en el blog Open AI [123] examinan cómo se puede engañar a las redes neuronales de clasificación de imágenes presentando una imagen impresa de un gatito alterado digitalmente para contener efectos secundarios en bloques. La imagen es claramente reconocible por el ojo humano, pero una red neuronal ve una computadora de escritorio en casi todos los ángulos y factores de zoom, persistiendo incluso cuando la imagen se gira o se desplaza. El documento de investigación de 2018 relacionado, titulado "Síntesis de ejemplos de adversidad robusta"[124] investiga la idea de convertir imágenes en 2D y objetos impresos en 3D en una fuente de dolores de cabeza para la red neuronal mediante el uso del algoritmo

---

[123] https://blog.openai.com/robust-adversarial-inputs/

[124] https://arxiv.org/pdf/1707.07397.pdf

EOT (Expectation Over Transformation), que persiste incluso cuando la imagen o los objetos se giran, se filman bajo una iluminación diferente o se muestran acercados o alejados. En el ejemplo que se muestra en el documento, 8/10 imágenes de una tortuga impresa en 3D fueron identificadas por la red neuronal como un rifle y el resto como "otro".

El documento de investigación de 2015 titulado "DeepFool: un método simple y preciso para engañar a las redes neuronales profundas"[125] describe un algoritmo que agrega perturbaciones mínimas a cualquier imagen dada para que la red neuronal de reconocimiento de imágenes la vea como algo completamente distinto, un ejemplo que se muestra como una ballena es reconocida como una tortuga. El método DeepFool luego se compara con algoritmos de perturbación similares en términos de costo, velocidad e intrusión en la imagen original, discutiendo su uso para comprender la arquitectura de cualquier máquina inteligente y cómo optimizar el ataque.

---

[125] https://arxiv.org/pdf/1511.04599.pdf

Capítulo 7 - El futuro del aprendizaje profundo

"¿Aprendizaje profundo, cambio profundo? Mapeo del desarrollo de la Tecnología de Propósito General de Inteligencia Artificial"[126] examina las aplicaciones comerciales y el agrupamiento regional de aprendizaje profundo comparando la gran cantidad de documentos de investigación relevantes cargados en Arxiv.org con las compañías relacionadas mencionadas en Crunchbase.com, un directorio de negocios, para ver cuáles países han hecho un buen uso del aprendizaje profundo. Los autores utilizaron una red neuronal para filtrar 1.3 millones de documentos en Arxiv y redujeron los parámetros de búsqueda al analizar títulos, palabras clave, ubicaciones, etc., antes de comparar la lista con el registro de Crunchbase analizado de la misma manera.

Como se esperaba, los documentos de aprendizaje profundo cubrieron temas de visión por computadora, aprendizaje por computadora, aprendizaje automático, inteligencia artificial y redes neuronales, con los Estados Unidos produciendo alrededor del 30% de todos los documentos de investigación de aprendizaje profundo y el 30% de todos los demás trabajos de investigación no relacionados.

---

[126] https://arxiv.org/pdf/1808.06355.pdf

China fue sobrerrepresentada en la sección de aprendizaje profundo, produciendo tres documentos de aprendizaje profundo por cada uno que no está relacionado con el aprendizaje profundo. La visión por computadora y el aprendizaje por computadora fueron los temas más comunes, que en conjunto abarcaban alrededor del 70% de todos los documentos de aprendizaje profundo sobre Arxiv. California fue la ubicación más común mencionada en Crunchbase, con el 15% de todas las empresas que cotizan en bolsa que tienen su sede allí. Texas también obtuvo una alta calificación, lo que se explica por el hecho de que los californianos más desilusionados nombraron al estado de barbacoa como el destino de reasentamiento más probable en los Estados Unidos.[127].

El análisis mostró que China tiene el aumento más rápido en ideas de negocios profundas relacionadas con el aprendizaje, con países europeos que se quedan atrás y siendo Francia el peor. La explicación de este efecto es que los sectores de negocios, investigación y manufactura chinos existen en regiones muy agrupadas, con el gobierno chino que tiene regulaciones laxas en cualquier investigación que promueva el crecimiento empresarial y promueva la supremacía china en el mercado global de ideas. Este tipo de diligencia tiende a producir artículos de calidad inferior, pero fomenta la innovación, la reducción de costos y la respuesta rápida.

El documento continúa comparando el aprendizaje profundo con invenciones fundamentales como la máquina de vapor, la electricidad y el libre intercambio de información conocido como Internet, y señala que cada uno de ellos llevó al surgimiento de un imperio: el Reino Unido conquistó la mitad del mundo gracias a la máquina de vapor, Los Estados Unidos crecieron a causa de la electricidad y Silicon Valley no dominaría nada sin Internet. Esto nos haría creer que la investigación en el aprendizaje profundo y las tecnologías comerciales relacionadas con la IA impulsarán a China a

---

[127] https://www.scribd.com/document/380910605/2018-Bay-Area-Council-Poll-More-Plan-to-Exit-Bay-Area#from_embed

la posición de superpotencia mundial; cualquier país que *no tenga* una estrategia económica centrada en el aprendizaje profundo y que imite de cerca a China está obligado a quedarse atrás.

Ascenso de un nuevo imperio

Para que una invención tenga una magnitud tan grande como la electricidad, debe tener tres cualidades distintas: rápido crecimiento, difusión en nuevas áreas y un alto grado de impacto en esos campos. Las redes neuronales que utilizan el aprendizaje profundo prácticamente enseñan y crecen ellas mismas, con el beneficio adicional de que sus propietarios puedan enfrentarlos entre sí y ver qué ocurre. También encontramos que el aprendizaje profundo está obteniendo más y más aplicaciones prácticas con cada día que pasa, ya que ahora se están reexaminando algunos problemas de larga data en varias industrias que simplemente eran demasiado costosos como para abordarlos de otra manera. Finalmente, las redes neuronales y el aprendizaje profundo pueden proporcionar ideas genuinamente novedosas cuando se aplican y pueden aumentar la productividad más allá de las capacidades humanas. Los autores del artículo también respondieron afirmativamente a los tres, pero utilizando una red neuronal para analizar las fechas de publicación, la diversidad de temas mencionados y las referencias utilizadas antes de comparar los números año por año.

La máquina de vapor fue lo que inició la revolución industrial en el siglo XIX en el Reino Unido, con la fuerza muscular en bruto reemplazada por la presión del vapor, pero fue la electricidad la que ayudó a miniaturizar todos los aspectos de las fábricas en el siglo XX e Internet, que proporcionó un flujo de información instantáneo que haría del aprendizaje profundo una fuerza transformadora para el siglo XXI. Cada nuevo salto cuántico siempre estuvo marcado por el descubrimiento de nuevos materiales y formas de extraer aún más recursos de los antiguos por menos costo. Si ahora nos fijamos en el tiempo que tardó una industria en adoptar una de estas invenciones revolucionarias, podemos observar que los gigantes industriales se enfrentaron a sus costumbres y fueron incapaces de adaptarse durante varias décadas; siempre fue la competencia pequeña y ágil la que aprovechó la **ventaja del primer movimiento** en un entorno de inseguridad jurídica que permitió una experimentación desenfrenada.

En una industria bien establecida, como la producción de celulosa a través de las fábricas de celulosa y papel, los productores tienen márgenes de ganancia muy bajos debido a la cantidad de legislación existente, y los gobiernos añaden regularmente aún más. Por ejemplo, se sabe que algunos productos químicos de desecho de celulosa son tóxicos si se liberan en el agua, pero, para otros, solo hay sospecha y no hay pruebas concretas. El propietario de una fábrica de celulosa y papel se vería tentado a utilizar productos químicos nuevos y más baratos, pero potencialmente tóxicos, tanto como sea posible antes de que el gobierno los proscriba. Una vez en libertad, estos productos químicos tienen efectos desconocidos en la vida de las plantas y la salud animal, que es aún peor que si fueran venenos, ya que los venenos tienen efectos y tratamientos conocidos. No hay una solución clara para este dilema ya que necesitamos papel pero no podemos evitar contaminar cuando lo producimos. Esto nos lleva a la **tragedia de los bienes comunes**, el resultado inevitable de esa mentalidad empresarial sobre el medio ambiente y los recursos que compartimos.

El aire que respiramos, el agua que bebemos y el mismo suelo en el que vivimos se consideran propiedades conjuntas, un recurso compartido que todos necesitamos y por el que competimos, pero que en realidad no puede afectarles mucho; son los negocios los que explotarán tanto como sea posible antes de que alguien más contamine y destruya el medio ambiente en su búsqueda sin sentido de las ganancias. En 2010, "Deep Horizon", una plataforma petrolera del Golfo de México de propiedad de BP Exploration & Production, explotó matando a 11 trabajadores y liberando 4 millones de barriles de petróleo en el océano durante 87 días hasta que se tapó el pozo. Un grupo de litigantes demandó a BP Exploration & Production y reclamó daños, teniendo que pagar más de $ 20 mil millones por encima de una multa de $ 5,5 mil millones por contaminación del agua emitida por Estados Unidos y $ 8,8 mil millones por daños a los recursos naturales[128]. Entonces, ¿qué causó la catástrofe de Deep Horizon?

Los ejecutivos de cualquier compañía tienen dos principios rectores: **deber de cuidado y deber de valor**. El primero exige que hagan su debida diligencia antes de emprender cualquier proyecto para asegurarse de que su empresa no dañe el medio ambiente y contribuir de manera constructiva a una mejor sociedad para todos. Todas estas nociones de cuidado son idealistas, pero lo más importante es que son *imposibles de cuantificar*. Por otro lado, tenemos el último principio de que un ejecutivo debe hacer lo que sea necesario para aumentar el valor de la empresa, determinado mediante la comparación de los números de ingresos, *que son cuantificables*. Estos dos principios están destinados a equilibrarse, pero ese nunca es el caso y todas las compañías que sobreviven durante décadas se vuelven cada vez más explotadoras, despiadadas y manipuladoras para exprimir ese beneficio adicional del 0.1% que hace que el próximo balance trimestral dé frutos y proporcione al CEO con una gran bonificación.

Si ahora miramos hacia atrás en el mercado de consumo a lo largo de las décadas, nos daremos cuenta fácilmente de empresas, como los operadores de telecomunicaciones, que experimentaron esta transformación inevitable y se convirtieron en monstruos que sobrecargan e ignoran a los clientes hasta el punto en que sus obligaciones contractuales se encuentran en una estafa. No es que los ejecutivos disfruten alegremente de causar angustia, sino que, simplemente, cualquier compañía que quiera sobrevivir tiene que estrangular cada vez más las fuentes de ingresos existentes sin invertir nada más ni agregar valor a los clientes. Incluso Google aprendió esa lección al soltar el lema "No seas malo"; los valores morales son antitéticos a las ganancias, y las compañías que quieren

---

[128] https://www.epa.gov/enforcement/deepwater-horizon-bp-gulf-mexico-oil-spill

ganar dinero deben estar dispuestas a considerar la posibilidad de pisar la línea entre el bien y el mal, si no es que se abalanzan sobre él antes de que alguien más lo haga.

En un mercado nuevo, los clientes acuden a un competidor, pero en un mercado altamente regulado, esa compañía tiene un monopolio y *no hay alternativas*. Solo tenemos que mirar las adquisiciones de Facebook para ver cómo se desarrolla esto. En 2012, Facebook compró Instagram, una popular red social para compartir imágenes, por $ 1 mil millones y, por lo tanto, obtuvo su tecnología, marca, base de usuarios y todos los datos privados de los usuarios. Incluso cuando alguien hace una alternativa viable, los gigantes de la tecnología se lanzan y devoran la competencia como lo hace un guepardo con un antílope. Para los creadores de Instagram, esto fue un sueño hecho realidad, y están listos para la vida, pero, para los usuarios de Instagram, es como volver al antiguo paddock de Facebook.

La cuestión es que *internet es otro de esos recursos compartidos*, con la única diferencia de que no es físico, pero aun así lo necesitamos. Sin embargo, apenas existe una legislación que evite la contaminación de Internet o consagre los derechos de los usuarios normales cuando se trata de compartir información y contenido original. Al igual que con el suelo, el agua y el aire antes de la revolución industrial, cualquier empresa puede hacer lo que quiera en línea con abandono. Este es el futuro del mercado tecnológico, y con la llegada del aprendizaje profundo las cosas solo empeorarán, ya que una compañía con sede en India, China o Texas puede crear un producto mundial impulsado por el aprendizaje profundo. Cuando el producto comienza a desmoronarse en las costuras, debido a que fue empujado más allá de sus límites teóricos en busca de ganancias, las víctimas no tendrán absolutamente ninguna salida.

El desastre de Deep Horizon, muestra una conclusión inevitable de un sistema corporativo con ánimo de lucro en el que las catástrofes ambientales deben necesariamente ocurrir porque la recompensa es simplemente demasiado grande como para ignorarla. Naturalmente, las corporaciones que promueven el desarrollo y la implementación de máquinas inteligentes en el público en general no se preocupan por las consecuencias a largo plazo. ¿Por qué lo harían? Lo que importa es lo que aporte la mayor ganancia ahora, mientras se mantenga dentro de los límites legales, eso es lo único que importa, y, una vez que se convierta en la norma corporativa, es solo una cuestión de tiempo antes de que la humanidad entera se haga cargo de la investigación de las máquinas inteligentes.

Esto también implicaría que a BP Exploration & Production realmente le salió barato, ya que probablemente causaron miles de fugas de petróleo en sus imprudentes expediciones de perforación; es solo que la fuga de Deep Horizon era demasiado grande para ignorarla y pagaron el precio. Cuando esta lógica se aplica al aprendizaje profundo y las redes neuronales, obtenemos una imagen sombría de experimentación desenfrenada que puebla nuestro entorno digital con todo tipo de asistentes mal hechos, como el traductor de Google, que es probablemente el traductor más famoso.

El traductor de Google

Con un nombre con tan poca imaginación como TranslateGate[129], la controversia en torno al Traductor de Google surgió cuando alguien escribió la palabra "perro" 22 veces con un solo espacio entre cada palabra y la tradujo del maorí al inglés. El texto resultante fue: "El reloj del día del juicio final es de tres minutos a las doce. Estamos experimentando personajes y un desarrollo dramático en el mundo, lo que indica que nos estamos acercando cada vez más al final de los tiempos y al regreso de Jesús" (sic). Concedido, hay al menos otro caso en el que la misma palabra repetida una y otra vez en la escritura produce oraciones coherentes sin incluir la traducción de la red neuronal: The Lion-Eating Poet[130].

---

[129] https://www.rt.com/news/434055-google-translate-dog-apocalypse/

[130] https://www.yellowbridge.com/onlinelit/stonelion.php

El origen de la historia de The Lion-Eating Poet es un lingüista chino del siglo XIX que intenta demostrar lo difícil que es usar el chino cuando se escribe utilizando el alfabeto latino, llamado "pinyin", y se recomendó como una mejora sobre los pictogramas chinos tradicionales. Toda la historia consiste en la palabra "shi" escrita 98 veces y habla de un poeta llamado Shi que vivía en una habitación de piedra y decidió comer diez leones, comprarlos en el mercado e intentar comer su carne. Para un hablante nativo de chino, la historia hablada es perfectamente comprensible debido a varias pronunciaciones e inflexiones, pero es un desastre escrito en pinyin. Este ejemplo enfatiza qué tanto del lenguaje que usamos es contextual y que los idiomas complejos, en particular el chino, parecen estar perdiendo muchos matices con la adopción de palabras extranjeras y las costumbres escritas.

En cualquiera de los casos, TranslateGate reveló que escribir en "bi ng is be tt er" ("bing es mejor") y traducirlo del somalí al inglés produce "it is up to you" ("depende de ti") y "üüüüüüüüüüüüüüü ääääääääää ööööööööööö" del estonio al inglés dé como resultado "nightly work-outs for the most part of the project" ("entrenamientos nocturnos para la mayor parte del proyecto"). Hay muchos otros ejemplos similares en el subreddit de TranslateGate[131], pero la parte más notable es que todos consisten en la traducción de idiomas oscuros de Internet al inglés, que es considerado el idioma universal de Internet. Es muy probable que puedan surgir muchos otros lenguajes similares en los que la traducción sea parcial o totalmente incorrecta, pero es probable que nunca descubramos lo equivocado que puede estar el traductor de Google.

Por ahora, el traductor de Google está a punto de que Google lo incluya en su paquete de productos junto con Gmail y Google Docs, lo que significa que están contentos con el rendimiento. Un detalle más acerca del traductor de Google es la opción para que cualquier visitante ingrese una traducción alternativa, ayudando a la red

---

[131] https://www.reddit.com/r/TranslateGate/

neuronal. Con el tiempo, los voluntarios pueden mejorar la precisión y la visión contextual del traductor de Google, pero es poco probable que sea un producto independiente adecuado que pueda llevar su peso en un entorno del mundo real. Si Google no puede hacerlo, ¿quién puede?

Shenzhen, la potencia de China

Ubicado justo al norte de Hong Kong, el quinto puerto más ocupado del planeta es la pequeña ciudad comercial de Shenzhen. Durante la década de 1990, Shenzhen experimentó un crecimiento tremendo, convirtiéndose en un centro de investigación, desarrollo y fabricación chino que ahora cubre 750 millas cuadradas e incluye literalmente cientos de fábricas. ¿Tienes una idea genial? Hong Kong tiene empresarios inteligentes que están dispuestos a escuchar y tienen los medios para solicitar un prototipo de una fábrica de Shenzhen para el final del día. Si funciona, se pueden hacer millones de copias al final de la semana, transportarlas a Hong Kong y exportarlas a todo el mundo.

Unidos en el medio, Hong Kong y Shenzhen cubren todos los elementos básicos y comprenden una potencia de China a la que se le han otorgado exenciones especiales de los reglamentos e impuestos del gobierno chino. No hay nada parecido en el mundo, y, a menos que otros países, en particular, los de habla inglesa, se pongan a la altura, serán superados en número y en armas. Hay un inconveniente en este crecimiento explosivo y en un cambio radical: la noción de productos y servicios de menor calidad producida por millones de personas sin considerar los estándares, a veces literalmente encendiendo un fuego bajo nuestros pies.

En 2015, los hoverboards fueron la moda más genial, y todos se deslizaban en uno. Solo Shenzhen tenía 300 fábricas produciendo hoverboards 24/7, lo que equivale a más de un millón de unidades en octubre de 2015, pero sus paquetes de baterías de ión de litio eran incompatibles con los voltajes de todo el mundo, lo que provocó incendios y explosiones durante la noche. Digamos que los clientes no se animaron con la idea de los hoverboards chinos. Los clientes del Reino Unido, Estados Unidos e incluso chinos informaron de que los hoverboards se incendiaban, y cuando los Estándares Nacionales de Comercio del Reino Unido pusieron a prueba 15,000 hoverboards de Shenzhen, más del 90% de ellos tenía un sistema eléctrico o batería inferior.

Los departamentos de bomberos de todo el mundo declararon a los hoverboards un peligro de incendio. Los medios de comunicación apenas podían contener la alegría cuando mostraban las imágenes más dramáticas de una explosión en un hoverboard, y los minoristas de repente se quedaron atrapados con miles de hoverboards que no se podían mover. Irónicamente, las fábricas de Shenzhen estaban atascadas con almacenes llenos de hoverboards que no podían venderse simplemente debido a una mala reputación y la falta de estándares eléctricos, pero es un hecho que las fábricas chinas generalmente se involucran en prácticas comerciales difíciles para bloquear a la competencia. Esta vez, todos quedaron fuera del mercado internacional debido a la falta de una estrategia de fabricación general.

En marzo de 2016, los fabricantes chinos de hoverboard se unieron para crear una Hoverboard Industry Alliance que estandarizó las prácticas de fabricación de acuerdo con los estándares eléctricos de Estados Unidos y el Reino Unido y solicitaron un conjunto de reglamentos de fabricación de baterías de hoverboard, que obtuvieron en mayo de 2016 a través de UL, una empresa de seguridad con sede en los Estados Unidos. La lección aprendida aquí es que los fabricantes chinos muestran una indiferencia casual cuando elaboran productos dirigidos a los mercados internacionales, pero están dispuestos a hacer un cambio, cooperar y mantener un estándar más alto cuando las ganancias se ven amenazadas, convirtiéndolos en un competidor a tener en cuenta. Esto también implica que necesitamos un conjunto sólido de limitaciones legislativas sobre el aprendizaje profundo, las redes neuronales y la inteligencia artificial antes de que las empresas comiencen a reclamarlo.

Normalmente, la forma en que funcionan las regulaciones es bastante lenta: se introducen nuevas tecnologías y la legalidad o la forma de su uso es incierta. Cuando existe cierto daño o la posibilidad de muerte, el público exige que alguien piense en los niños y el gobierno entra con su habitual actitud de mano dura. Se inician las investigaciones, pasan los años, se forman los comités y se hacen leyes a lo largo de décadas; es simplemente cómo deben trabajar las cosas para mantener la integridad del sistema legal.

La industria automotriz tardó años en entender el hecho de que los cinturones de seguridad salvan vidas y extremidades. A pesar de que los números son inequívocamente claros al respecto, los fabricantes de automóviles lucharon con uñas y dientes para no tener cinturones de seguridad mientras las personas morían. Este período de tiempo no se puede aplicar al desarrollo de la IA, ya que evolucionará por sí solo y pondrá en peligro a todos, mientras que los legisladores manipulan sus pulgares. Si una parte importante de los humanos decide de la misma manera que "si no podemos vencerlos, nos uniremos a ellos" e implantaremos un dispositivo electrónico en su cerebro para tener un enlace directo con la IA, los humanos podrían terminar simplemente como los chimpancés, causando una mayor división entre los ricos y los pobres.

Lidiando con el avance de la IA

Los chimpancés son increíblemente similares a los humanos en que también tienen una jerarquía social altamente sofisticada, con machos superiores que tienen la primera elección de compañeros, lugares para dormir, comida y bebida; los miembros subordinados prestan mucha atención para evitar enojar o provocar a los líderes del grupo al desviar la mirada o agacharse para parecer pequeños. Los chimpancés también persiguen el estado y compiten entre sí como lo hacemos nosotros, con hombres que experimentan niveles más altos de estrés que causan aterosclerosis y presión arterial alta.

Las chimpancés se acicalan entre sí, con una mujer subordinada acariciando y arreglando el cabello de una mujer superior, tal como lo haría una peluquera humana con un cliente.

Los chimpancés también van a la guerra, y son absolutamente brutales en eso. Cuando otro grupo de chimpancés se entromete en su territorio, los machos se vuelven locos y atacan brutalmente a los alienígenas con palos y piedras hasta que se van. Hemos mejorado enormemente las armas de los chimpancés, pero lo esencial es notablemente similar, y nosotros también somos capaces de mostrar un ferviente odio hacia cualquiera que quiera tomar nuestro tronco de árbol. Todos estos rasgos de búsqueda de estatus, súplica, tribalismo y agresión provienen de una parte primordial del cerebro que comparten los humanos y los chimpancés: **el sistema límbico**.

Encontrado en la parte superior de la columna vertebral, el sistema límbico es el que alberga todos nuestros anhelos, impulsos e imaginaciones más profundos. Ya que el sistema límbico es instintivo, a menudo reacciona antes de que tengamos tiempo para pensar, pero sí creamos una historia elaborada que justifica sus acciones más adelante con nuestro neocórtex, la capa externa del cerebro en la que se envuelve el sistema límbico. El neocórtex fue discutiblemente un producto de la evolución que nos hizo aprender cómo vivir y trabajar juntos, cómo suprimir nuestros instintos y comportarnos como adultos, como, por ejemplo, demandando a alguien en lugar de tratar de sacarnos los ojos si nos molestan.

Si bien podemos considerar a los chimpancés como una rareza y preguntarnos cuánto se parecen a nosotros, no hay manera de comunicarnos con ellos ni de expresar nuestros pensamientos: las ideas y los conceptos humanos están muy lejos de los que están acostumbrados los chimpancés, que no tienen ninguna esperanza de comprendernos. Tampoco temernos a los chimpancés, ni pensamos en ellos como una amenaza, sino que los dejamos en sus propios campos y prados acogedores, es decir, hasta que necesitemos esas áreas en busca de recursos y los expulsemos. ¿Qué van a hacer, contraatacar? Nuestra tecnología superior es más que suficiente para mantenerlos completamente bajo control: tanques, aviones, cohetes y bombas nucleares pueden hacer frente a cualquier levantamiento de chimpancés en poco tiempo. Aparte de eso, podemos fingir que somos amigos, siempre que conozcan su lugar o simplemente los ignoren. ¿Cuándo fue la última vez que los humanos involucraron a los chimpancés en sus decisiones?

En caso de que algunos humanos decidan unir su capacidad cerebral con la de una IA y se conviertan en **cyborgs**, humanos mejorados con implantes electrónicos, todos los demás humanos podrían terminar como chimpancés, viviendo en un nivel tan primitivo que no pueden comunicarse con estos humanos mejorados. Los cyborgs esencialmente tendrían superpoderes y podrían estar presentes en todas partes, haciendo cosas inimaginables, lo cual es similar a lo que Oliver Curry, un psicólogo evolutivo británico, dijo en 2007.[132].

Según Oliver, la influencia de la tecnología conducirá eventualmente a una ruptura entre dos partes de la humanidad: nobles altos, guapos e inteligentes y la clase trabajadora baja, fea y muda. Este proceso ocurriría durante miles de años y esencialmente condenaría a una gran parte de la humanidad a un callejón sin salida genético. Si esto suena como la máquina del tiempo de H.G. Wells, es porque es exactamente eso. La novela fue publicada en 1895 y cuenta la historia de un científico que inventa una máquina del tiempo y se lanza hacia el futuro para presenciar a toda la raza humana dividiéndose en dos: Eloi hermoso y despreocupado que vive en la superficie y morlocks feos que viven en cuevas.

Oliver estima que alrededor del año 3000, la raza humana experimentará su punto máximo antes de comenzar un declive debido al uso excesivo de la tecnología, que esencialmente *nos convertiría en sus mascotas domésticas*, alimentándose de nuestras emociones e impulsos cerebrales para potenciarse. La vida útil aumentará a más de 120 años, las enfermedades desaparecerán, las

---

[132] http://news.bbc.co.uk/2/hi/uk_news/6057734.stm

apariencias físicas se volverán impresionantes para significar una excelente salud, y la mezcla racial eliminará diferentes colores de piel, produciendo una mezcla de personas de color café. Entre ese momento y el año 100.000 es cuando todos los humanos perderían toda apariencia de habilidades sociales gracias a la tecnología que elimina la necesidad de comunicarse cara a cara. Todos estarían encerrados en su propia pequeña cámara con el último implante de realidad virtual que les proporcionaría toda la estimulación que pudieran desear. Comparado con eso, la vida cotidiana parece completamente monótona.

En cierto sentido, esta diferenciación ya está sucediendo mientras hablamos, con aquellos lo suficientemente ricos como para comprar los teléfonos inteligentes más recientes y mejores que tienen acceso sin paralelo a bases de datos de información y poder de cómputo que nuestros cerebros ni siquiera pueden comprender. Piense en esto la próxima vez que vea a alguien caminando por la calle con el rostro hundido en la pantalla del teléfono inteligente, ajeno al mundo que los rodea y envuelto en una burbuja propia. Un hecho interesante es que los teléfonos inteligentes, las computadoras y otras tecnologías avanzadas son altamente adictivas, ya que brindan más estímulos de los que jamás hubiéramos encontrado de forma natural. No parece haber un límite superior para este tipo de adicción, y nunca hay suficiente poder de cómputo en la vida de tales adictos, pero son sus órganos humanos los que les impiden dibujar demasiado.

El proyecto ambicioso de Elon Musk, **Neuralink**[133], trata de resolver el problema de los cuellos de botella de información orgánica, como la limitación de nuestra visión natural, mediante la creación de un "cordón cerebral" que se insertaría directamente en el tronco cerebral, permitiéndole acceder directamente a Internet o viceversa. Esto es extremadamente experimental y probablemente resultaría en una total confusión del desafortunado paciente, lo que significa que

---

[133] https://www.theverge.com/2017/3/27/15077864/elon-musk-neuralink-brain-computer-interface-ai-cyborgs

hay muchas personas ansiosas por postrarse debajo del bisturí. Por lo tanto, el neuralink posiblemente se convertiría en una tercera capa cerebral, envolviendo tanto el sistema límbico como el neocórtex, pero serviría exclusivamente para conectarnos con la fuente divina del poder digital.

Lo interesante es que ciertas enfermedades cerebrales se pueden mejorar con implantes cerebrales eléctricos bastante simples que liberan cargas débiles, pero la complejidad de una interfaz cerebro-IA es por ahora solo el dominio de la ciencia ficción; es literalmente una cirugía cerebral, y ningún médico quiere asumir esa responsabilidad. Sin embargo, no necesitamos realmente abrir cráneos e implantar interfaces neuronales en el cerebro para lograr avances en el cuidado de la salud utilizando redes neuronales.

Capítulo 8 - Medicina con la ayuda de un genio digital

Las redes neuronales prometen mejorar el campo médico como ningún otro invento. La atención médica está inundada de tareas de baja categoría que deben realizarse con absoluta urgencia y precisión, como extraer sangre para controlar los niveles de azúcar o medir la presión arterial, lo que requiere un ejército de personal de apoyo que también debe mantener la higiene y hacer el papeleo. Esto crea gastos generales masivos y responsabilidad para cualquier establecimiento médico: un doctor que no tiene idea de los niveles de azúcar en la sangre o presión arterial del paciente corre el riesgo de no reaccionar a tiempo, recetando un medicamento incorrecto o una mala dosis, lo que puede provocar la muerte del paciente o, lo que es peor, una demanda por negligencia profesional.

Incluso el personal médico más humilde necesita una amplia capacitación para evitar lesionar a las personas, pero una red neuronal puede entrenarse a sí misma estudiando datos o simplemente creando un paciente sintético en su mente y practicando en él. Incluir una red neuronal en esta procesión de procedimientos médicos significaría tener un asistente fiable, objetivo e incansable que también sería capaz de proporcionar una segunda opinión sobre cualquier tipo de problema en Internet para reducir la carga legal de los médicos en todo el mundo, permitiendo que actúen con rapidez y con seguridad.

Esta falta de personal de apoyo con capacitación médica es un gran problema en los países del tercer mundo donde la medicina crucial, como la odontología, todavía la realizan los peluqueros con alicates. Las radiografías, en particular, llevan al personal calificado para analizar, y la vida del paciente, a menudo, depende del análisis adecuado. En los casos en que el personal no esté disponible, una red neuronal hará el trabajo tan bien o incluso mejor que un técnico calificado en Internet o localmente, pagándose a sí mismo en el plazo de un año y pudiendo trabajar 24/7/365. Sin embargo, no hay forma de que las redes neuronales y los implantes portátiles reemplacen a los médicos, enfermeras u otro personal médico variado. Siempre que la tecnología se ha introducido de manera sostenible y organizada, se ha llevado a un *aumento* del empleo y la productividad. El tipo de futuro en el que las máquinas y los seres humanos trabajan codo a codo para el beneficio de todos, parece no solo posible, sino el más brillante que se pueda imaginar.

Una red neuronal empleada en el cuidado de la salud podría tener acceso instantáneo a los resultados agregados de millones de casos en cualquier problema de salud dado para detectar síntomas y predecir la progresión de la enfermedad, lo cual es algo para lo que los médicos aún no están preparados. Tal ayudante podría hacer uso de exploraciones de alta definición de una manera que ningún ser humano podría hacer, acercando y explorando cada píxel en busca de signos de cambio en los tejidos, comparando los resultados con la progresión típica de la enfermedad y sugiriendo medicamentos; cuando se trata de medicina, los médicos necesitan toda la ayuda que puedan obtener.

El cuerpo humano es maravillosamente extraño y requiere un equipo de expertos médicos bien entrenados, incluso para comenzar a descubrir qué fue lo que no funcionó cuando se presenta una enfermedad. Primero notamos un leve dolor y algunas molestias antes de que el dolor en sí llegue a niveles insoportables. Eso es cuando ya no podemos funcionar normalmente y tenemos que enfrentarnos al juicio del médico. La parte interesante es que los síntomas externos pueden ser apenas perceptibles, por lo que la decisión de consultar a un médico con signos tempranos de enfermedad podría darnos una mirada de mala calidad a menos que insistamos en que se realicen pruebas de laboratorio que confirmen nuestra experiencia diaria.

Órganos separados dentro del cuerpo actúan entre sí y son impactados por el ambiente exterior en tiempo real, haciendo que la enfermedad fluya y fluya. Esto es particularmente obvio con enfermedades crónicas, como la diabetes, la interrupción del páncreas y la función hepática, que lleva a niveles incontrolables de azúcar en la sangre que hacen que las células se quemen debido a la sobrecarga de energía. El informe nacional de estadísticas de diabetes de 2017 concluyó que el 10% de la población de los Estados Unidos tiene diabetes, lo que la convierte en la séptima causa más común de muerte prematura en los Estados Unidos. La diabetes es verdaderamente una epidemia que afecta a todos, desde bebés de seis meses hasta adolescentes, y es parte de la razón por la cual la Ley de Cuidado de Salud a Bajo Precio (ACA) fue aprobada con tanta prisa: las minorías tienden a ser susceptibles a la diabetes y los empleadores evitan contratar lo que ven como arriesgado en términos de costos de atención médica.

Los ancianos son especialmente vulnerables a la diabetes, ya que afecta al cerebro, interrumpiendo su delicada regulación del azúcar en la sangre para causar demencia y alzhéimer, anudando las células cerebrales hasta el punto de que los médicos ya están compitiendo con el nombre de "diabetes tipo 3". No hay cura para la diabetes, pero se puede manejar a través de elecciones de estilo de vida saludables. El tratamiento adecuado debe involucrar a toda la comunidad para ayudar a los diabéticos a tomar los medicamentos cuando sea necesario y realizar un seguimiento de los niveles de azúcar en la sangre. No se puede confiar en que los diabéticos se cuiden a sí mismos, por lo que debe haber una red de apoyo completa que les brinde alimentos saludables y los inste a mantenerse activos, además de los profesionales médicos que controlan a los diabéticos.

El azúcar en la sangre que oscila enormemente y es causado por la diabetes también puede provocar cambios de humor, alucinaciones y ataques de ira. En las personas jóvenes, estos efectos secundarios son dolorosos, pero en los ancianos que viven solos y no saben cómo buscar atención médica, son trágicos; una vez que experimentan una pérdida de masa muscular (sarcopenia) y una pérdida de densidad ósea, corren el riesgo de sufrir una caída abrumadora que provoca una inmovilización completa y una dependencia total de la ayuda externa. Si el diabético también ha alejado a las personas que más los cuidan, la única alternativa es la atención médica del gobierno, que requiere grandes cantidades de dinero solo para mantener a esta persona en un estado miserable de subsistencia.

Los diabéticos causan una tensión masiva en cualquier sistema de atención médica, ya que en promedio gastan alrededor del 230% de lo que hacen los no diabéticos, con las estadísticas de 2012 que muestran el costo total de la atención médica para los diabéticos de los Estados Unidos en $ 245 mil millones al año. Con la esperanza de vida en aumento, parece que el futuro estará lleno de ancianos malhumorados, frágiles e inmóviles que no tienen idea de dónde están y de cómo llegaron allí, teniendo al resto de la sociedad totalmente ocupada cuidándolos. Eso es a menos que podamos hacer redes neuronales que ayuden.

Para cuando notamos los síntomas de la enfermedad, ya está en marcha, pero los implantes médicos y los portátiles podrían proporcionar un flujo constante de valores corporales a una red neuronal que podría estimar los riesgos de la enfermedad, lo que permitiría un monitoreo constante de valores bajos, como la glucosa en la sangre y la presión arterial a un costo muy bajo. Ya está sucediendo en el mercado de consumo y Apple Watch 4, revelado en septiembre de 2018, está listo para ser enviado con la capacidad de controlar el pulso y la presión arterial en busca de signos de un ataque al corazón[134]. El mercado de dispositivos médicos pulidos es completamente inexplorado, y Apple está haciendo algo inteligente para atender a los ricos y sensibles para probar la tecnología que también funciona como un símbolo de estatus.

Incluso aquellos que no pueden pagar los productos de Apple pueden beneficiarse de los dispositivos médicos usados en el hogar que informan los hallazgos al médico. Un estudio canadiense de 2009[135] examinó 26 estudios que cubrían a 5069 diabéticos y encontró que aquellos que utilizan esa tecnología de telemonitorización en el hogar tenían una calidad de vida mucho mejor en comparación con aquellos que simplemente tenían acceso a la asistencia telefónica. En general, el telecontrol domiciliario ayudó a los diabéticos a mantener su nivel de azúcar en la sangre bajo control, redujo la cantidad de incidentes que requerían hospitalización y redujo la cantidad de días que un diabético estaba hospitalizado.

La diabetes afecta a todos los sistemas del cuerpo, lo que hace que los mecanismos internos de autorregulación se desordenen, pero los puntos corporales más delicados son los pies, la piel y los ojos debido a los frágiles sistemas vasculares presentes que se ven afectados por el alto nivel de azúcar en la sangre y la presión arterial alta, así que no es sorpresa que la mayoría de los implantes portátiles se centren en mejorar el impacto de la diabetes en esos tres. La forma más común de usar estos implantes en este momento es hacer que se comuniquen con una aplicación de teléfono inteligente utilizando estados binarios: el problema está presente o no, pero las redes neuronales podrían recopilar datos de manera continua para

---

[134] https://www.zdnet.com/google-amp/article/apple-watch-4-why-digital-healths-future-depends-on-apple-finding-a-partner/

[135] https://www.researchgate.net/publication/26296275_Home_telehealth_for_diabetes_management_A_systematic_review_and_meta-analysis

crear una imagen precisa. El diagnóstico optimizado se adapta perfectamente al paciente y lo ayuda a recuperarse de la manera más efectiva posible.

El parche para la piel FreeStyle Libre de la compañía farmacéutica Abbott se usa en la parte posterior del brazo y mide el azúcar en la sangre usando un filamento diminuto que escanea el flujo sanguíneo arterial. El parche para la piel se reporta a un escáner de mano que funciona a través de la ropa, por lo que el paciente ni siquiera tiene que desvestirse, pero estos dispositivos portátiles se pueden conectar fácilmente a una aplicación de teléfono inteligente para informar del estado al diabético. Eccrine Systems, Inc. hizo un parche en la piel que toma muestras de sudor para las lecturas de azúcar en la sangre y puede liberar la insulina en el torrente sanguíneo sin usar agujas. Esto se traduce en que no habrá más pinchazos ni sangrado. GoogleX es la rama experimental de Google a cargo de todo tipo de proyectos extravagantes y dispositivos de prueba de concepto, como lentes de contacto que toman muestras de líquido lacrimógeno para medir la glucosa y ayudan a los diabéticos a ver mejor. La idea fue patentada en 2015.

Finalmente, se puede ayudar a los diabéticos con calcetines inteligentes para mantener la diabetes bajo el talón. El hormigueo y la mala circulación periférica en los pies son los primeros signos de una diabetes inminente, y la causa exacta también es un alto nivel de azúcar en la sangre y presión arterial. Si se deja sin tratar, uno o ambos pies, o incluso las piernas, tienen que ser amputados para evitar que la podredumbre se propague al abdomen. Los calcetines con sensores de calor incorporados serían capaces de detectar el flujo de sangre debajo de la piel y advertir a la persona a través de una aplicación de teléfono inteligente para que comience a moverse para poner en marcha la circulación o detenerse en un solo pie mientras ayuda a encontrar pequeños cortes que se infectan en diabéticos a un nivel alarmante.

Suena a mentira, pero algunas de las mentes más inteligentes en tecnología están trabajando en calcetines inteligentes para diabéticos, ya que los costos de simplemente mantenerlos con vida son tan inmensos que una mera reducción del 1% sería digna de un premio Nobel. Imagine doctores alemanes del Instituto Fraunhofer y doctores estadounidenses de la Universidad de Arizona reunidos para crear un calcetín inteligente con los sensores más avanzados del mercado y ser frustrados por una lavadora. Hasta ahora, ningún diseño de calcetines inteligentes ha sobrevivido al lavado repetido, pero Smart Sox debería permanecer en los cajones de los calcetines de los consumidores para el año 2021.

¿Por qué detenerse en prendas portátiles? Actualmente la tecnología es lo suficientemente segura como para ser implantada directamente en el cuerpo bajo anestesia local sin hospitalización que ocuparía una cama preciosa. Simplemente deje a la persona diabética en su hogar, revíselo por Internet y haga gotear el medicamento de forma remota; ni siquiera tienen que levantar un dedo. En este momento, los medicamentos para la diabetes vienen en forma de bombas o inyecciones, dependiendo de lo que necesite el diabético para administrar la dosis correcta en el momento adecuado. Sin embargo, imagínese a alguien en esa condición que se va de vacaciones y cargado de kits de insulina: es suficiente para enviar sus niveles de estrés hasta el techo. La primera idea detrás de la tecnología implantable para diabéticos es un páncreas artificial.

Viacyte está preparando VC-01, un páncreas artificial que aún se está probando en cuatro valientes voluntarios diabéticos que están enfermos y cansados de administrar insulina; contiene células madre y debería llegar al mercado en 2021. Joan Taylor, de la Universidad De Montfort de Leicester, es un profesor del Reino Unido que investiga implantes médicos mínimamente invasivos. En este caso, se le ocurrió un páncreas del tamaño de un reloj que consiste en un gel biológicamente compatible que libera gradualmente la insulina basándose en los niveles de glucosa en la sangre. Intarcia está desarrollando ITCA 650, un implante de insulina del tamaño de una cerilla que goteará exenatida, un medicamento auxiliar comúnmente tomado con metformina, el medicamento principal para tratar los síntomas de la diabetes. La forma habitual de administrar exenatida es pinchando el abdomen una o dos veces por semana, pero el ITCA 650 durará hasta un año antes de necesitar un reemplazo.

¿Debemos confiar en este tipo de tecnología? Toda la tecnología tiene una pequeña posibilidad de fallos catastróficos, ya que la electrónica es particularmente vulnerable a las descargas eléctricas del sol (también conocidas como erupciones solares) y otras perturbaciones magnéticas. Esto se aplica también a los dispositivos médicos e implantes, pero la idea siempre es tener sistemas redundantes listos para activarse si fallan los componentes electrónicos. Es una buena idea hacer una copia de seguridad de todo en papel o en un formato fuera de línea para un "por si acaso". El almacenamiento es muy barato y hace que cualquier fusión tecnológica sea una molestia en lugar de un desastre. El software utilizado en todas las computadoras tiene errores y, aunque esto no se aplica técnicamente a las redes neuronales, aún pueden experimentar el equivalente humano de los fallos mentales y comenzar a producir resultados incomprensibles debido a causas desconocidas, como vimos con TranslateGate.

Depende de cada persona reflexionar sobre la tecnología inteligente, como los calcetines y los dispositivos implantables, y decidir si eso es lo que realmente necesitan en su cuerpo. Solo si las ventajas son mayores que las desventajas, esa tecnología potencialmente intrusiva será parte de nuestra existencia; no debemos abrazar ni desechar abiertamente nada que pueda cambiar nuestra vida de manera fundamental. Mientras tanto, la investigación sobre cómo implementar redes neuronales en el cuidado de la salud continúa.

Radiografías de tórax

Un documento titulado "¿Puede la inteligencia artificial realizar un reporte de manera fiable de los rayos X de tórax?"[136] Examina el caso de una red neuronal entrenada con 1,2 millones de imágenes de

---

[136] https://arxiv.org/pdf/1807.07455.pdf

rayos X y el proceso de aprendizaje profundo para ayudar a los radiólogos donde hay escasez de personal o donde el personal no tiene experiencia. La red neuronal se entrenó específicamente para detectar nueve anomalías torácicas y luego se probó en una muestra de 2000 radiografías sin uso contra la mayoría de los tres radiólogos humanos, que muestran un rendimiento comparable al de los humanos. La idea es que las áreas de bajos recursos del mundo tengan mayor acceso a las máquinas de rayos X que el personal capaz de leerlas correctamente, por lo que una red neuronal de este tipo podría acceder a imágenes remotas de rayos X de pacientes y brindar un diagnóstico instantáneo en casos como la tuberculosis, donde una radiografía puede proporcionar más información sobre el progreso de la enfermedad que cualquier otra prueba clínica.

Estimación de la enfermedad pulmonar

"Aprendizaje profundo de las proporciones de la etiqueta para la cuantificación del enfisema"[137] muestra cómo un grupo de médicos daneses entrenaron una red neuronal utilizando el aprendizaje profundo para identificar la gravedad del enfisema (agrandamiento anormal del tejido alveolar) en los pacientes. La red neuronal se entrenó primero utilizando muestras etiquetadas por médicos humanos, como "enfisema del 1-5%" y luego se probó de forma independiente en muestras etiquetadas usando métodos tradicionales, como la densitometría pulmonar. La red neuronal superó a todos los métodos conocidos para evaluar el enfisema en un 7-15% gracias a una capa de arquitectura oculta que estimó el volumen de enfisema a partir de muestras etiquetadas proporcionadas por humanos y podía predecir correctamente la propagación de la enfermedad a la par de los especialistas humanos.

"Cuantificación de las anomalías pulmonares en la fibrosis quística mediante el uso de Deep Networks"[138] es un trabajo de investigación

---

[137] https://arxiv.org/pdf/1807.08601.pdf

[138] https://arxiv.org/pdf/1803.07991.pdf

en colaboración de médicos holandeses, portugueses y daneses que intentan salvar cualquier tejido pulmonar que sea viable en pacientes afectados por fibrosis quística (FQ), un trastorno genético que afecta más comúnmente a los caucásicos. La FQ se materializa como una mucosidad anormalmente espesa secretada en los pulmones que obstruye los capilares alveolares finos, causando infecciones y problemas para respirar; El moco normalmente es resbaladizo y fluye libremente para evitar que las membranas mucosas se sequen. Existen medicamentos para tratar la FQ, pero se administran diariamente mediante inyecciones venosas que pueden dañar las venas y causar una pérdida catastrófica de la autoconfianza. Dado que la FQ es genética, no hay cura, pero el tratamiento temprano puede ayudar enormemente a salvar los pulmones del paciente y, por lo tanto, su calidad de vida.

Se asignaron dos capas a la tarea en la red neuronal. La primera fue etiquetada como tejido sano y enfermo, mientras que la segunda clasificó tres problemas diferentes en el tejido dañado: daño a las vías respiratorias, obstrucciones de moco y deflación de alvéolos, grupos similares a la uvas que absorben oxígeno en la sangre. Se necesitaron diferentes capas para ajustar con precisión la detección de enfermedades que de otra manera estarían demasiado inclinadas hacia resultados falsos positivos. Mediante el uso de 194 tomografías computarizadas con píxeles de mapa de calor de niños con FQ que tenían un promedio de nueve años de edad, a la red neuronal se le enseñó cómo reconocer los síntomas tempranos, el progreso y la ruta más probable de desarrollo. De los 194 pacientes, 50 no mostraron ningún signo de la enfermedad, por lo que se utilizaron como prueba.

Se colocó una rejilla fina sobre las exploraciones pulmonares, y cada cuadrado medía aproximadamente ½ por ½ pulgada. Se enseñó a la red neuronal a reconocer diferentes texturas y se le indicó que marcara cada casilla como enferma si más del 50% de su superficie mostraba dicha textura. Al tejer cuidadosamente dos capas y midiendo los patrones de aprendizaje de la red neuronal, los autores del artículo lograron una precisión casi un 50% mayor en el análisis de la exploración de la FQ que una red neuronal de una sola capa utilizada en procedimientos similares.

Estimación del tumor cerebral

Los tumores también se pueden medir utilizando redes neuronales entrenadas en el aprendizaje profundo, como se muestra en "Redes neuronales convolucionales 3D para la segmentación de tumores que utilizan un contexto 2D de largo alcance"[139]. Las redes neuronales entrenadas tradicionalmente muestran una asombrosa precisión en la evaluación de tumores a partir de imágenes de RM secuencial (resonancia magnética), pero su costo computacional impide que el concepto se amplíe. Sin embargo, las redes neuronales entrenadas con aprendizaje profundo pueden superar las limitaciones de la arquitectura para combinar imágenes en 2D en una representación de vóxeles en 3D del órgano, en este caso, del cerebro y las partes afectadas por los gliomas, el tipo más común de tumor cerebral. La red puede incluso llenar los vacíos en los que faltan algunas de las imágenes de RM, ya que sus nodos votan sobre el resultado más probable y evalúan los votos. La mayor ventaja de esta red neuronal es que estandariza el trabajo que realizan normalmente los seres humanos, que difieren mucho en su estimación de las áreas afectadas.

Detección de soplo cardíaco

"Detección de soplos mediante redes neuronales recurrentes y convolucionales paralelas"[140] propone una forma novedosa de detectar irregularidades en los latidos del corazón que pueden escucharse a través del tórax mediante un dispositivo de escucha, por lo que los médicos usan estetoscopios. Los soplos cardíacos se producen debido a causas fisiológicas, como el estrés, o debido a

---

[139] https://arxiv.org/pdf/1807.08599.pdf

[140] https://arxiv.org/pdf/1808.04411.pdf

defectos graves, como la deformación de las válvulas cardíacas. Este último es particularmente grave y puede indicar que la persona sufre de problemas de salud como fiebre, anemia, problemas de tiroides y presión arterial alta. El médico determina esto al escuchar la actividad del músculo cardíaco que debe consistir en dos golpes fuertes debido a las contracciones y los sonidos menores causados por el flujo sanguíneo y la actividad de la válvula. Se requieren años de experiencia para distinguir las causas benignas de las malignas del soplo cardíaco, que es donde entran las redes neuronales.

El documento de detección de soplos sugiere presentar el latido del corazón de cualquier paciente como una forma de onda, lo que significa un conjunto de puntos de datos en dos dimensiones que se pueden dividir visual y acústicamente en segmentos particulares para la evaluación de grano fino. Los datos acústicos se recopilaron a partir de conjuntos de datos médicos de código abierto con un total de 3040 registros normales y 143 soplos, se procesaron un poco para eliminar cualquier ruido y se enviaron a dos redes neuronales distintas que trabajan juntas para distinguir una de la otra. Terminaron teniendo una eficiencia de 87-98% cuando se trataba de buscar coincidencias en los datos de normal con lo normal y soplos con soplos.

Evaluación del cáncer de próstata

"Segmentación del epitelio que usa el aprendizaje profundo en muestras de próstata teñidas con H&E con inmunohistoquímica como estándar de referencia" [141] sugiere una manera de ayudar a estimar el grado de cáncer de próstata utilizando redes neuronales. Considerada como la forma más común de cáncer que solo afecta a los hombres, el cáncer de próstata tiene 1.1 millones de nuevos diagnósticos mundiales al año y el primer signo de problemas es un alto nivel en la sangre de un determinado antígeno, probado con análisis de sangre o agrandamiento de la próstata, que se analiza manualmente.

---

[141] https://arxiv.org/pdf/1808.05883.pdf

La forma tradicional de confirmar el cáncer de próstata es mediante la inserción de una aguja hueca en la próstata para tomar una pequeña muestra de tejido que luego se tiñe con hematoxilina y eosina (H&E), que cambian de azul a rojo según la composición del tejido. Esto permite un fácil reconocimiento del citoplasma, músculo, colágeno, etc., por un médico profesional. Cada uno de estos portaobjetos teñidos se clasifica para estimar la propagación del cáncer de próstata y las posibilidades de remisión. Esta es una parte crítica, tediosa y que consume mucho tiempo, ya que la muestra de tejido de la próstata se repite hasta una docena de veces en un solo paciente para confirmar los hallazgos anteriores.

El problema de la detección automática del cáncer de próstata es que una diapositiva generada a partir de una muestra de tejido prostático puede tener muchos puntos de datos ruidosos, como componentes inflamatorios. Dichas diapositivas tendrían que ser laboriosamente anotadas por expertos médicos para ayudar a entrenar la red neuronal, pero los autores del artículo resuelven este problema al intentar el análisis de imágenes en un nivel de píxeles. El conjunto de datos de entrenamiento utilizó 102 diapositivas digitalizadas de muestras de tejido de próstata, y la red neuronal logró una precisión del 89%, y los autores señalaron que las diapositivas de tinción deberían tener una resolución más alta para permitir un acercamiento adecuado para una mayor precisión. El objetivo es, eventualmente, tener un algoritmo de detección de cáncer de próstata totalmente automatizado que describa las áreas potenciales de cáncer en las diapositivas con una precisión del 99-100% y el médico confirme el diagnóstico.

Predicción de la enfermedad de alzhéimer

Mencionamos la diabetes y cómo afecta al cerebro, en particular, cómo hace que las proteínas se acumulen en ciertos tejidos del cerebro para provocar nudos que conducen a la enfermedad de alzhéimer (EA), convirtiendo a una persona en una sombra de lo que era antes. Predecir no solo la enfermedad de alzhéimer, sino también la forma en que resultará un paciente, es una tarea ingrata porque cada enfermedad tiene una serie de síntomas comunes y una especie de florecimiento que es exclusivo de esa persona y tiene que ver con sus genes, entorno, hábitos, etc. Los doctores comúnmente buscan estos puntos en común y los tratan, pero ignoran el florecimiento, lo que significa que la enfermedad ha sido moderada, pero no derrotada.

Esta combinación de síntomas comunes y un efecto único es la razón por la que los médicos brindan una línea de tiempo aproximada de regresión mental en los casos de EA, pero las redes neuronales pueden ayudarnos a analizar los detalles, desentrañar la progresión de esta enfermedad maligna y conocer el camino exacto que la EA tomará en cualquier caso dado. El documento de investigación "Uso del aprendizaje profundo para el pronóstico completo y personalizado de la progresión de la enfermedad de alzhéimer"[142] examina los datos de 1908 pacientes con deterioro cognitivo o EA y trata de descubrir cómo las pruebas cognitivas, los resultados de laboratorio y los signos clínicos, predicen la progresión de cada paciente de su dolencia.

A la red neuronal se le proporcionan todos los datos del paciente y se le permite usar un aprendizaje no supervisado para predecir cómo se correlacionan las pruebas, los resultados y los signos, lo que permite a los profesionales médicos avanzar rápidamente a cualquier punto futuro en el estado de un paciente con AD y ver su condición. Este modelo de simulación se denomina apropiadamente "medicina computacional de precisión" e involucra datos médicos altamente preprocesados en cada paciente, como los niveles de colesterol, potasio, hemoglobina y triglicéridos en sangre, peso, edad, región geográfica y frecuencia cardíaca, dando predicciones y asignando probabilidades a cada uno.

---

[142] https://arxiv.org/pdf/1807.03876.pdf

La conclusión fue que la red neuronal mostró correctamente hasta 18 meses de progreso de demencia y se desempeñó a la par de las redes neuronales de capacitación supervisadas, lo que ayudó a los profesionales médicos a construir perfiles detallados de AD y estimaciones de riesgo en profundidad. Es muy probable que este tipo de enfoque de redes neuronales conduzca a la creación de una medicina personalizada donde no haya pruebas innecesarias, esperas angustiosas y medicamentos desperdiciados, ya que los médicos finalmente pueden evitar esta y otras enfermedades en el pase.

Generación sintética del paciente

Un hospital moderno en un centro urbano tiene una gran cantidad de pacientes y un problema crónico de registrar todos sus síntomas. Es posible que el personal médico no preste atención a todos los datos, los médicos no tengan la letra más legible e incluso a los pacientes mismos no les importe el papeleo; solo quieren que todo se solucione lo antes posible. En resumen, esto crea un desorden que se agrava a medida que los pacientes continúan llegando y todas las enfermedades se mezclan en una gran mancha. ¿Cómo digitalizamos estos datos? ¿Cómo alguien busca o clasifica cualquier dato relacionado con esto?

"Generación sintética de pacientes"[143] presenta la idea de utilizar redes neuronales para crear perfiles de pacientes detallados y todos los síntomas asociados con una enfermedad determinada. La red neuronal se alimentó por primera vez con datos médicos precisos que abarcan nueve años de funcionamiento del hospital de Tanzania y luego se capacitó para reconocer patrones subyacentes. Los datos consistieron en género, edad, síntomas, diagnóstico, época del año, pruebas ordenadas, sus resultados y tratamiento. La idea era completar y aclarar las dudas en los casos en que los datos médicos del paciente son desconocidos o estimar el diagnóstico utilizando datos de perfil de fondo, no con absoluta certeza, sino con un alto grado de certeza.

---

[143] https://arxiv.org/ftp/arxiv/papers/1808/1808.06444.pdf

La red neuronal utilizada para esta tarea consistía en un codificador que transformaba todas las entradas de datos en vectores de dimensiones inferiores que luego alimentaban al decodificador y la salida se comparaba con la entrada, por lo que se entrenaba y probaba la red de una sola vez. Los datos sin procesar y decodificados que se muestran juntos en un diagrama de dispersión muestran cómo la red neuronal, al principio, agrupó todos los datos decodificados, pero luego, finalmente, aprendió a distribuirlos en los resultados puntuales que estaban ligeramente apagados. Sin embargo, por lo demás, no se distinguen de los datos reales del paciente. Al final, se pidió a los médicos que evaluaran un conjunto de datos de los síntomas del paciente que consistía en perfiles reales y sintéticos, con el objetivo de distinguir cuál es cuál. Los médicos identificaron el 20% de los perfiles sintéticos como sintéticos, el 23% de los perfiles reales como sintéticos y el 80% de los perfiles sintéticos como reales.

Predicción de los efectos de la medicación

La compañía farmacéutica tiene que invertir mucho tiempo y dinero para impulsar la medicación en un mercado abierto. Dado que cada cuerpo reacciona de manera diferente a la misma sustancia, existe un gran riesgo inherente al tratar de predecir los efectos y los efectos secundarios. Es una apuesta que vale la pena. Viagra (sildenafil) en realidad se probó como un medicamento para la hipertensión en la década de 1990 hasta que los voluntarios informaron de erecciones potentes, por lo que la compañía farmacéutica lo comercializó como tal para recuperar los costos de investigación originales que pueden llegar a miles de millones y no producir un medicamento que valga la pena. Viagra obtuvo $ 2 mil millones solamente en 2008.

"Aprendizaje profundo para la predicción in vitro de formulaciones farmacéuticas"[144] apunta a un objetivo elevado de entrenar una red neuronal para analizar los efectos secundarios de los medicamentos

---

[144] https://arxiv.org/ftp/arxiv/papers/1809/1809.02069.pdf

conocidos e inferir lo que sucederá cuando se administre un nuevo medicamento a los humanos. Al igual que vimos en otros ejemplos, donde una red neuronal está involucrada en el procesamiento de datos, no existe una certeza absoluta, sino un grado de posibilidad que conlleva un riesgo de error. El ahorro de precios que implica alejarse de los ensayos clínicos costosos debería ser suficiente para compensar el riesgo. Con la ayuda de la computación clásica para crear medicamentos desde cero, los médicos pueden analizar miles de medicamentos diferentes y descartar inmediatamente los más dañinos mientras usan los informes acumulados de los medicamentos que se probaron para encontrar las sustancias más prometedoras.

Las redes neuronales se utilizaron previamente en una vena similar para predecir el posible daño hepático de los medicamentos con un buen efecto, mejor que cualquier otro modelo de aprendizaje automático. Dado que este tipo de datos generalmente no está disponible para un análisis fácil, la red neuronal puede completar los espacios en blanco de los datos existentes y estimar la trayectoria clínica futura de cualquier medicamento nuevo. En este caso, la red neuronal se probó para predecir la solubilidad en agua de los medicamentos mediante el uso de 276 descripciones conocidas recopiladas de los repositorios de conocimientos médicos; el conjunto de datos de prueba consistió en nueve valores separados para cada medicamento que describieron su complejidad, como el peso molecular y los recuentos de enlaces de hidrógeno. La red neuronal predijo correctamente la solubilidad para el 95,57% de las pastillas orales de disolución rápida y el 82,02% para las de disolución lenta.

Análisis de ultrasonido fetal

Saber que ella carga en su vientre una gran alegría puede ser la experiencia más emocionante para una mujer y que también la llena de inquietudes e incertidumbres. Los médicos pueden hacer muy poco para garantizar el desarrollo adecuado de un bebé, excepto observar, que generalmente se realiza con ultrasonido. Ver a su bebé en una pantalla granulada de baja resolución es generalmente una ocasión solemne para la feliz pareja, incluido el padre que asiente y sonríe, pero los médicos utilizan el ultrasonido para evaluar el desarrollo de la cabeza del bebé, el indicador más delicado de todos acerca de las posibles deformidades. Si el médico no está seguro, ordenará pruebas, más pruebas e incluso más pruebas, pero con la ayuda de redes neuronales, esto podría ser completamente innecesario.

"La evaluación automática de la biometría de la cabeza fetal a partir de imágenes de ultrasonido con aprendizaje automático"[145] tiene como objetivo ayudar a los médicos que, hasta este punto, tenían que medir y estimar manualmente la circunferencia de la cabeza del bebé, el signo más obvio de la salud. Los artefactos mencionados anteriormente en las imágenes de ultrasonido son otro problema, pero las redes neuronales tienen una dosis sólida de tolerancia al error y una forma de reemplazar los datos perdidos con estimados al azar difusos. Las redes neuronales generalmente se benefician de tener un conjunto de datos bien anotados, lo que significa que deben capacitarse o permitir entrenarse a sí mismos utilizando datos de alta calidad, pero en el caso de la ecografía fetal, este tipo de datos a menudo es incompleto o falta.

La red neuronal se entrena utilizando lo que se conoce sobre la anatomía de la cabeza fetal para detectar los píxeles del límite de la cabeza en la imagen y luego dibujar una elipse alrededor de la cabeza. En los casos en que el médico haya colocado un ultrasonido en una posición incorrecta, la red neuronal usará reglas conocidas de propagación de ultrasonido para diferenciar el tejido materno, como la placenta, de la cabeza del bebé.

Esta prueba se realizó con 102 imágenes reales de ultrasonido para bebés tomadas con la máquina de ultrasonido Samsung WS80A en

---

[145] https://arxiv.org/pdf/1808.06150.pdf

Seúl. Se utilizaron 70 imágenes adicionales para la prueba. Esta consistió en identificar correctamente el cráneo y las partes del cerebro del bebé: cavum septum pellucidum y cisterna ambiental. A dos médicos se les administró de forma independiente el mismo examen y luego se evaluó por separado el trabajo de la red neuronal. En promedio, los médicos encontraron que el 87.14% del trabajo de la red neuronal es correcto; en comparación, los doctores encontraron que el trabajo de cada uno era correcto al 100%.

Detección de autismo

Dustin Hoffman hizo un trabajo fenomenal al retratar a un joven autista-sabio al que legaron millones en Rain Man, hasta el punto en que la película obtuvo cuatro premios de la Academia en 1989, pero la vida no es de color tan rosa para los autistas reales. A menudo, no pueden funcionar en un nivel básico sin un cuidador. A pesar de que el autismo tiene el potencial de ser una enfermedad profundamente debilitante, todavía no tenemos la menor idea de qué es lo que la causa, razón por la cual el autismo generalmente se considera como un "trastorno del espectro", con algunos autistas que tienen discapacidades leves que pueden ser ayudados por la disciplina y otros que han perturbado gravemente la química cerebral. Los primeros signos de autismo se observan tan pronto como el niño es capaz de realizar movimientos motores finos, ya que a menudo acumula o alinea las cosas de acuerdo con sus propias reglas insondables, pero hasta ahora no había una forma definitiva de establecer un diagnóstico. El énfasis está en el "era", ya que ahora tenemos redes neuronales.

"Interpretación de biomarcadores cerebrales para TEA usando Aprendizaje Profundo y IRMf"[146] postula el uso de redes neuronales como una forma de asomarse a los cerebros de niños con un trastorno del espectro autista (TEA) y descubrir qué está sucediendo. El primer paso para abordar el TEA es comparar los cambios en el

---

[146] https://arxiv.org/pdf/1808.08296.pdf

flujo sanguíneo en los cerebros de individuos que funcionan normalmente y en aquellos con TEA mediante una técnica de diagnóstico por imágenes conocida como IRMf (IRM funcional). Ochenta y dos niños con TEA y cuarenta y ocho sanos se sometieron a imágenes del flujo sanguíneo cerebral mientras seguían un conjunto de puntos en la pantalla, y las imágenes se comparaban mediante la red neuronal que encontraba la diferencia en las regiones cerebrales activadas. En general, los niños con TEA mostraron un 50-100% más de regiones cerebrales activadas en comparación con individuos sanos, lo que implica que el autismo es cuando el cerebro se pone a toda marcha por una serie de causas desconocidas.

Detección de cáncer temprana

El cáncer es una enfermedad vil, una que se desarrolla subrepticiamente en el cuerpo y secuestra los sistemas corporales uno por uno, modificando la expresión génica en las células de tal manera que se vuelve imparable. Por ejemplo, las células tienen una fecha de caducidad y un gen para la apoptosis, que es, en esencia, un botón de autodestrucción, pero el cáncer desactiva la apoptosis y hace que la célula sea inmortal. Las estadísticas de Cancer Research UK[147] del 2013-15 muestran que cada dos minutos se produce un nuevo diagnóstico de cáncer solo en el Reino Unido, que llega a unos 366,000 casos nuevos cada año y casi la mitad de ellos se diagnostican en etapas avanzadas cuando el tratamiento se convierte en una lucha desesperada por sobrevivir. Los médicos realmente están empezando a perder la carrera contra el cáncer, y todo parece perdido hasta el punto de que podrían comenzar a hacer trampa utilizando redes neuronales para la detección temprana.

"Aprendizaje estructural adaptativo de la red de creencias profundas para los datos de exámenes médicos y su extracción de conocimientos mediante el uso de C4.5"[148] sugiere que se

---

[147] https://www.cancerresearchuk.org/health-professional/cancer-statistics/incidence#heading-Zero

[148] https://arxiv.org/pdf/1808.08777.pdf

proporcionen datos completos de pacientes con cáncer a una red neuronal especialmente diseñada y que permita determinar cuándo y dónde se manifestará o manifestó el cáncer en el cuerpo y rastrear la causa. Dado que los pacientes con cáncer pasan mucho tiempo en un hospital, hay una enorme cantidad de datos médicos sobre el progreso del cáncer, pero los factores que conducen a su aparición siguen siendo difíciles de alcanzar. Incluso cuando los estudios controlados exponen a los ratones a estos factores carcinogénicos conocidos, no se sabe cuánto se aplica a los seres humanos, ya que nos movemos libremente y podemos estar expuestos a cantidades mínimas de cualquier factor, cuyas combinaciones podrían conducir al cáncer propiamente dicho.

La FDA encarga un informe sobre carcinógenos cada pocos años, por lo que en mayo de 2018, el Departamento de Salud y Servicios Humanos de los Estados Unidos redactó un informe sobre Helicobacter pylori[149], una bacteria resistente que invade el tracto digestivo de los seres humanos y se come el forro protector que causa acidez estomacal y calambres, úlceras, e incluso cáncer de estómago. Alrededor del 36% de la población de los Estados Unidos y el 50% de la población mundial total tienen H. pylori sin darse cuenta debido al mal saneamiento y la mala calidad del agua[150], lo cual es un problema enorme en áreas aisladas de la nación y con minorías, pero se ha encontrado incluso en grifos y agua embotellada en Suecia, con algunas investigaciones que sugieren que puede sobrevivir a la cloración. Existe cierta controversia en cuanto a cuánto contribuye H. pylori a cualquier tipo de cáncer dado, pero dos investigadores en realidad ganaron un Premio Nobel en 2005 por vincular definitivamente a este desagradable invasor con úlceras gástricas, e indirectamente, con el cáncer.

---

[149] https://ntp.niehs.nih.gov/ntp/roc/draftmono/hpyloridraftmonograph_508.pdf

[150] https://ntp.niehs.nih.gov/pubhealth/roc/listings/hpylori/index.html

De todos modos, los autores de este artículo decidieron utilizar el enfoque de caja negra para construir una red neuronal adecuada, con la idea de que los factores cancerígenos se pueden representar como funciones y se pueden aproximar adecuadamente de una manera que nadie realmente entiende, pero que produce resultados válidos con un alto grado de certeza. Los datos médicos de los pacientes, como el IMC, la altura, la salud visual y la frecuencia auditiva se dividieron en categorías y se representaron como flotantes, enteros o códigos para simplificar a un total de 100.000 personas y sus 5.900.000 datos recopilados durante los chequeos médicos rutinarios en Hiroshima, Japón, en el transcurso de tres años. Cada persona también hizo cuatro imágenes: tomografía computarizada de rayos X de pulmón, mama y estómago, y los médicos humanos evaluaron cada imagen y la etiquetaron como "normal" o "anormal". Los datos se dividieron aleatoriamente en 80.000 registros utilizados para el entrenamiento y 20,000 utilizados para las pruebas.

Las pruebas demostraron que la red neuronal, llamada "Adaptive Deep Belief Network", reconoció con precisión qué pacientes desarrollarán cáncer de pulmón en el 95,5% de los casos y en el 94,3% de los casos de cáncer de estómago. El ajuste preciso de la red neuronal con dos algoritmos aumentó la precisión aún más: 98.1% de tasa de detección de cáncer de pulmón y 98% de estómago. Los dos algoritmos funcionaron esencialmente como parches de software tradicionales mediante la reparación de ciertos circuitos neuronales, la red neuronal desactivada, el pensamiento inútil y sin profundizar en la arquitectura de la caja negra.

Las conclusiones finales fueron que la red neuronal descubrió anomalías en los glóbulos blancos como la señal más frecuente de cáncer en general; niveles anormales de enzimas hepáticas GOT, GPT y gamma-GPT como signos de cáncer de estómago; y albúmina y niveles totales de proteínas como signos de cáncer de pulmón. Aunque estos niveles de análisis de sangre no se asocian comúnmente con el cáncer, la coincidencia interesante es que los médicos han informado de estas anomalías en pacientes con cáncer antes de la investigación de la red neuronal. Debido a que los médicos generalmente son cautelosos a la hora de sacar conclusiones, estos hallazgos serán corroborados aún más por los exámenes médicos antes de ser incluidos en el arsenal de herramientas para luchar contra el cáncer.

Conclusión

El aprendizaje profundo y las redes neuronales prometen un futuro interesante. La forma convencional en que hacemos ciencia resultaba ser extremadamente inexacta hasta el punto en que obtenemos respuestas muy diferentes simplemente cambiando la forma en que redondeamos los números, pero el consenso científico hasta el momento era descartar estas irregularidades como errores estadísticos en lugar de exigir un cambio de paradigma. Los científicos ahora se están centrando en crear inteligencia artificial, una máquina de pensamiento que pueda realizar las matemáticas por nosotros y presentar sus hallazgos de una manera completamente objetiva, sin sesgos personales. Sin embargo, las cosas pueden ir muy mal, pero no de una manera *tipo terminator*.

Un futuro potencial que podríamos enfrentar con las redes neuronales es el de redes estrechamente definidas y entrenadas que se utilizan apresuradamente para las que no están destinadas a capitalizar los sentimientos de la euforia, creando una gran cantidad de asistentes digitales lobotomizados que se consideran brillantes. Al menos en el futuro de *Terminator*, a las víctimas se les otorgaría la dulce liberación de la muerte, pero en nuestra línea de tiempo, podríamos sufrir la tiranía del hardware costoso vendido como revolucionario solo porque tiene acceso a una red neuronal que no funciona como se anuncia; fingiremos que lo hace porque es lo nuevo y atractivo que está de moda.

La idea principal de experimentar con las redes neuronales y la inteligencia artificial es que los humanos son falibles, y eso está bien. No podemos alcanzar la perfección, excepto en teoría, lo que significa que cualquier acción concreta que realicemos con ese propósito, como intentar crear un asistente digital perfecto, podría causarnos un estrés excesivo. La verdadera fuente de peligro provendría de las corporaciones preparadas para ganar tanto dinero de la locura de las redes neuronales y, al mismo tiempo, poner en peligro la esencia misma de nuestra existencia digital.

Aunque hemos creado estructuras que sirven para suavizar el golpe de la presión evolutiva en los seres humanos, el mundo de los negocios corporativos es de lo más implacable, reavivando el instinto asesino de los ejecutivos corporativos que no pueden comenzar su día sin una adquisición hostil. Combinado con la inteligencia artificial como una tecnología abstracta altamente maleable, podríamos alcanzar un futuro en el que el impulso por las ganancias supere todas las imposiciones legislativas, sociales, morales y religiosas para crear un entorno con cantidades obscenas de contaminación digital, una World Wide Web llena de estupidez artificial. Parafraseando a Aldous Huxley, "si quieres una imagen del futuro, imagina golpear un teclado durante toda la eternidad".

Si disfrutaste de este libro, ¿podrías, por favor, dejar un comentario?

Haga click aquí para dejar un comentario/una reseña sobre el libro.

¡Gracias por tu apoyo!

Glosario

Adicción: un impulso antinatural y no esencial de hacer algo que, en última instancia, perjudica a la persona. Todos los modelos de negocios modernos se centran en la creación de adicciones en los usuarios.

Algoritmo: secuencia de comandos escritos para que el software los siga. Cualquier error en el algoritmo inevitablemente produce errores o problemas técnicos durante la ejecución.

Inteligencia artificial: Capacidad del cerebro digital para realizar tareas por sí mismo. Hasta el momento, solo existe una IA estrecha (en comparación con la IA general y la IA súper). Existe una posibilidad real de que la IA estrecha pueda comercializarse como IA general.

Caja negra: programa o dispositivo donde, aunque no se sabe o sí cómo funciona, el énfasis está en sus resultados. Se acepta un cierto margen de error.

Interpretación de Copenhague: una forma de evitar pensar o hablar sobre las paradojas y las implicaciones de la física cuántica en la vida real. Se puede resumir como "no pienses, simplemente calcula". El gato de Schrödinger es un ejemplo de un científico que rompe este voto de silencio.

Ciberespacio: representación digital del universo casi sin restricciones de tiempo, espacio o recursos naturales. Permite una evolución sin control.

Cyborgs - Organismos Cibernéticos: el término denota un humano que se ha fusionado con la tecnología hasta el punto de que no hay distinción entre los dos. Ver Neuralink.

Aprendizaje profundo: enfoque de la caja negra para la programación que crea software adaptable capaz de evolucionar. Sucede en el ciberespacio. Sinónimo de aprendizaje automático, pero suena mucho más fresco.

Experimento de doble rendija: el experimento científico que demostró que observar electrones los convierte en partículas, pero, de lo contrario, se comportan como una onda, lo que implica que la conciencia humana puede cambiar la realidad. El origen de la física cuántica. Los intentos de engañar a un electrón para que muestre su verdadera naturaleza revelaron el entrelazamiento cuántico.

Deber de atención: uno de los dos principios fundamentales para los directores ejecutivos que establecen que deben ejercer la debida atención al medio ambiente, a los demás seres humanos y a toda la humanidad. Ver deber de valor.

Deber de valor: uno de los dos principios fundamentales para los CEOs que establecen que deben hacer lo que no sea estrictamente ilegal para aumentar los ingresos. Pretende estar equilibrado con el deber de cuidado, pero siempre lo supera.

Evolución: la auto-optimización de los seres vivos para el manejo más ingenioso del medio ambiente. Sucede en una escala de tiempo de importancia geológica. El aprendizaje profundo y el aprendizaje automático son intentos de hacer que el software siga su camino directo para terminar con los resultados evolutivos.

Ventaja en primer lugar: la ventaja de los pequeños competidores para superar a los gigantes establecidos. Por lo general, se ve obstaculizada por una malla legal integral que exige enormes inversiones de capital para simplemente iniciar el negocio. Muy fuerte en zonas con inseguridad jurídica.

Correlación de flujo: una forma de desanonizar a los usuarios de Tor.

IA General: Inteligencia digital pensada para ser tan inteligente como un humano. Aún no se ha creado, pero se ha propuesto que evolucione a una súper IA casi al instante.

Redes adversas generativas: entrenando máquinas inteligentes haciendo que luchen y aprendan unos de otros. Un giro en el concepto es tener la máquina en batalla.

Bosón de Higgs: Partícula teórica que de alguna manera causa la gravedad. También conocido como "partícula de Dios". Ver **Gran Colisionador de Hadrones**.

Ig Nobel: Ceremonia de entrega de premios para el artículo o invento científico más ridículo, celebrado por los actuales premios Nobel. Tiene un matiz alegre. Un juego sobre la palabra "innoble": no es noble en calidad, carácter o propósito.

Teorema del mono infinito: concepto de evolución no restringido por el tiempo, el espacio o los recursos naturales. Es impensable en el mundo real pero bastante posible en el ciberespacio.

Intranet: Red que se separa de internet.

Gran Colisionador de Hadrones: el dispositivo científico más grande jamás creado. Pretende encontrar el **bosón de Higgs** y revelar la verdadera naturaleza de la gravedad y, por lo tanto, del universo.

Ley de causa y efecto: la idea de que todo sucede por una razón discernible y predecible. Avance científico potenciado durante al menos 2000 años. Comparar con el entrelazamiento cuántico.

Aprendizaje: el proceso de asociar la información observada a reglas universales que fomentan la **evolución.** Lento y laborioso para los humanos. Comparar con **el aprendizaje automático.**

Sistema límbico: núcleo cerebral en humanos y otros animales. Instintivo y obsesionado con la supervivencia. Controles de respiración, frecuencia cardíaca, transpiración, etc.

Lógica: una forma de descubrir reglas universales de eventos y propiedades fácilmente observables.

Aprendizaje automático: término general para todos los procesos destinados a evolucionar los programas informáticos a través de la interacción con el mundo real o entre ellos en una configuración de **caja negra**. Ya está en uso en sitios web de redes sociales (como, por ejemplo, **la red neuronal** de reconocimiento facial de Facebook). Nombre pintoresco para el **aprendizaje profundo**.

Prueba de malvavisco: el experimento de la década de 1960 que consiste en dejar a un niño con malvavisco durante diez minutos para probar su fuerza de voluntad. Supuestamente el experimento mide el autocontrol y el éxito posterior en la vida. Llamado a la duda en 2018.

Determinación mecanicista: una idea simplista pero viable de cada estado o acción en la naturaleza que es matemáticamente predecible. Comparar con la **física cuántica**.

Monte Carlo: algoritmo que busca en todas las acciones disponibles y sus consecuencias para encontrar la mejor. Computacionalmente oneroso e inviable en juegos altamente probabilísticos.

Neocórtex: La capa externa del cerebro humano. Contiene funciones superiores, como rasgos de personalidad y procesamiento de la visión. Lucha constantemente por controlar **el sistema límbico**.

Fluctuación de red: congestión de paquetes de red que hace que algunos de ellos lleguen tarde al destino.

Neuralink: implante cerebral de gran ancho de banda para fusionar el hombre y la máquina, creando un cyborg. Anunciado por Elon Musk. Inviable en un futuro próximo.

Red neuronal: programas informáticos creados para imitar la función, aunque no necesariamente la forma, de un cerebro vivo. Las subrutinas individuales dentro de la red neuronal cumplen la función de las neuronas en el cerebro. Entrenado utilizando **aprendizaje automático**.

Neurotransmisor: sustancia química del cerebro, como la dopamina, que causa la actividad cerebral.

Paradoja: una conclusión aparentemente imposible que, sin embargo, parece ser obtenida a través de la **lógica**. La causa suele ser una mala definición inicial de los términos.

Revisión por pares: práctica académica de científicos que examinan nuevos textos para determinar la experiencia del autor antes de aceptar sus conclusiones. Depende de que haya suficientes críticos dispuestos a criticar.

Enredo cuántico: noción de que las partículas pueden tener "almas gemelas"; afectar o simplemente medir uno afecta instantáneamente al otro en distancias arbitrariamente grandes y atrás en el tiempo. Einstein lo llamó "acción espeluznante a distancia". Actualmente inexplicable.

Experimento de borrador cuántico: experimento de **doble rendija**, con una elaborada variedad de cristales, espejos y detectores. Mostró el **entrelazamiento cuántico**. Implica que el universo cambia de comportamiento cuando se observa.

Salto cuántico: cambio cualitativo observable pero inexplicable, un cambio importante para mejorar lo que aparentemente sucedió sin ninguna razón. La evolución del primate al hombre es uno de esos ejemplos. Comparar con la ley de causa y efecto.

Física cuántica: un nuevo paradigma científico que establece que las reglas normales de la física no se aplican a nivel molecular. Lleva a los físicos clásicos a la pared. Comenzado por el **experimento de doble rendija**.

Crisis de replicación: un problema de larga data de estudios científicos que tienen resultados o métodos que nadie puede repetir. Puede convertir a los científicos en una nueva clase de sacerdotes.

Robot: trabajador mecánico. Originario del robotnik checo, que significa "trabajador forzado".

El gato de Schrödinger: experimento experimental con un gato que está vivo y muerto hasta que alguien lo observa. Una excepción a la **interpretación de Copenhague** destinada a refutar la física cuántica. Puede causar un dolor de cabeza si se reflexiona demasiado.

Método científico: recopilación de datos para crear una teoría reproducible en un entorno controlado. La base de toda civilización y progreso tecnológico.

Espectrograma: representa señales de variables de tiempo en un gráfico 2D.

Experimento en la prisión de Stanford: experimento psicológico de 1971. Supuestamente se demostró que los humanos son intrínsecamente psicópatas, pero nadie pudo replicar los resultados.

Esteganalisis: descifrando datos ocultos de fuentes públicas. Opuesto a la **esteganografía.**

Esteganografía: tejiendo datos en comentarios, imágenes, etc. aparentemente inocuos, que se publican para que otra persona los decodifique utilizando el **esteganálisis.**

Súper IA: la inteligencia digital ascendió a niveles divinos. Se espera que surja de la IA general. Puede volverse completamente inestable o cambiar el curso de la evolución.

El efecto mariposa: la idea de que las acciones aparentemente inocuas tienen consecuencias globales a largo plazo. El término proviene de un modelo de pronóstico del tiempo en el que un solo número redondeado cambió completamente el resultado dos meses después. Comúnmente mal entendido como "todo sucede por una razón", pero el verdadero significado está más cerca de "no podemos saber todo perfectamente".

Tor: el enrutador de cebolla. Una forma supuestamente anónima de navegar por Internet utilizando una red de nodos de retransmisión.

Tragedia de los bienes comunes: destrucción persistente y de bajo nivel del medio ambiente a gran escala. Conclusión lógica de una vasta red de empresas en competencia que comparten recursos comunes limitados y descargan su riesgo para las generaciones futuras.

TranslateGate: descubrimiento de mensajes siniestros, bizarros y directamente pervertidos al traducir insumos sin sentido de somalí, estonio, maorí, etc., al inglés en el traductor de Google. La causa real es que la red neuronal que impulsa el traductor de Google no está lista para su uso en tiempo real, pero Google no puede resistirse a rellenar su cartera de productos con un servicio de traductores.

Aprendizaje no supervisado: proceso extremadamente rápido de una **red neuronal** que asocia diferentes puntos de datos. Se desconoce cómo funciona realmente el aprendizaje no supervisado; el enfoque está en el hecho de que lo hace.

Voxel: píxel volumétrico, también conocido como "**píxel en 3D**". Utilizado principalmente en videojuegos y modelado gráfico hasta este momento.